나의 투자는 새벽 4시에 시작된다

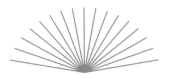

나의 투자는 새벽 4시에 시작된다

3년 만에
300억으로
돌아온

유목민의
투자
인사이트

유목민 지음

리더스북

'다음 단계'를 보여드릴게요

서른넷, 무일푼.

2011년 10월 오랜 고시 생활을 청산하고, 아르바이트로 사회생활을 시작했습니다. 첫 월급은 세전 100만 원. 가진 것 없는 흙수저 출신, 결혼은 꿈도 못 꿨습니다. 초고령 막내였지만 한 번 망한 인생 나이 신경 쓸 시간에 최선을 다하자는 생각으로 누구보다 열심히 일했습니다. 빨리 승진했습니다. 연봉을 크게 올리며 이직도 빠르게 해냈습니다. 하지만 여전히 가난했습니다. 2015년 결혼하고 싶은 사람이 생겼는데, 전세 마련할 돈도 없었어요. 처음으로 돈을 많이 벌고 싶었습니다. 그렇게 주식을 선택했고, 결국 그것이 저를 월급에서 독립시켜줬습니다.

30억.

2015년 480만 원 가지고 본격적으로 주식을 시작했습니다. 그리고 3년 만인 2017년 말, 30억 원이라는 상상도 못 한 수익을 얻었습니다. 시드머니가 얼마 없던 저에게 가치 투자는 사치였습니다.

길어야 5일 가져가는 단타로 이뤄냈습니다. 테마주 위주로, 빠른 회전율을 기반으로, 누구보다 압도적인 공부량으로 돈을 벌어갔습니다.

2017년 5월에 누적 10억 수익이 됐을 때 서울에 아파트를 샀습니다. 자산을 잃을지 모른다는 공포감 때문이었어요. 잃기 전에 안전 자산으로 옮기자는 이유 하나였습니다. 그런데 수익은 2017년 10월이 되자 누적 20억으로 늘었고, 같은 해 12월 말에는 30억이 되어 있었습니다. 처음 10억을 버는 데는 2년 5개월 걸렸지만, 그다음 10억을 버는 데는 5개월, 그다음 10억을 버는 데는 약 2개월 걸린 거죠.

70억.
2017년 9월, 다니던 회사에서 퇴사했습니다. 꿈에 그리던 '월급 독립'을 이뤘습니다. 이듬해인 2018년에는 한 달에 10억 가까운 수익을 거두기도 했습니다. 1월에 가상화폐가 처음 테마가 됐고, 곧이어 바이오 테마가 터졌습니다. 그리고 남북 평화 무드로 대북 테마주가 형성됐습니다. 무려 4개월 연속 강한 테마장이 이어졌습니다. 그렇게 2018년 한 해 동안만 40억 원 가까운 돈을 벌었습니다. 수익은 누적 70억이 됐습니다.

그때 왼쪽 눈에 실명 위기가 찾아왔습니다. 날짜도 기억합니다. 2018년 4월 30일. 월 10억을 찍는 순간이었습니다. 매수 버튼이 보이지 않았습니다. 병원에서는 잠을 자지 않아서 생긴 염증 증상이라고 했습니다. 주식을 시작한 이후 그날까지 가장 많이 잔

날이 3시간 정도였습니다. 저는 태생적 '쇼트 슬리퍼(short sleeper)' 인 줄 알았습니다. 이날부터 수면 시간을 늘렸습니다. 오후 8시에 자서 새벽 3시에 일어났습니다. 매일 밤 쓰러져 잠들 때까지 주식 공부를 했는데, 그걸 통째로 바꿨어요.

시력이 걸리니까 습관은 단번에 바뀌었어요. 하지만 버는 속 도는 확연히 줄어드는 것 같았습니다. 초조함이 생겼습니다. 주식 으로 돈 버는 실력을 갖췄지만, 스트레스를 다스리는 능력은 없었 던 거죠. 주식이 불로소득이라고요? 정신노동의 극치가 주식 투자 입니다.

워런 버핏의 명언이죠. "잠자는 동안에도 돈이 들어오는 방법 을 찾아내지 못한다면 당신은 죽을 때까지 일을 해야만 할 것이 다." 저 대신 돈을 벌어주는 수단을 찾고 싶었습니다. 진짜 자본소 득, 불로소득을 찾고 싶었어요. 그래서 사모펀드와 비상장 투자를 알아보기 시작했습니다. 창업가에게 자본을 투자하면 그들이 열 심히 일해서 회사의 가치를 올립니다. 저는 LP로서 유동성 공급자 가 되고 그 회사가 커질 수 있는 자본을 투자하는 거죠. 좋은 회사 만 찾아내면 스트레스 없이 돈을 불릴 수 있었습니다.

친한 지인의 소개로 하나금융투자 클럽원을 만나게 됐습니 다. 그리고 아직 상장 전이었던 에이비엘바이오라는 회사(현재는 상장됨)에 투자했습니다. 야놀자, 펫프렌즈, 에스엠랩에도 투자했 습니다. 지금은 핑크퐁컴퍼니로 이름을 바꾼 스마트스터디, SK가 대주주가 된 공유 주차장 스타트업 파킹클라우드에도 투자했습니 다. 사이다경제라는 경제 콘텐츠 회사에도 투자했고요. 클럽원 시그니처팀은 저의 가장 큰 파트너가 됐습니다.

85억.

2019년 1월, VR(가상현실) 게임을 개발하는 회사(비상장)에 취업했습니다. 이사 직함이었습니다. 이 회사의 미래 성장성을 확신했습니다. 연봉은 1000만 원을 받기로 했습니다. 대신 스톡옵션을 받고 따로 구주를 매입했습니다.

펀드와 비상장 투자를 시작하니 다른 기회들이 보이기 시작하더라고요. 상장 주식 투자와는 다른 매력을 발견했습니다. 초기 투자를 한다면 수십 배는 물론 수백에서 수천 배 수익까지 가능한 알파의 영역이 있다는 걸 깨달은 거죠. 디앤디파마텍이라는 바이오 회사에 당시로서는 거금을 투자했습니다.

2019년 4월에 『나의 월급 독립 프로젝트』를 출간했고, 많은 분이 읽어주셨습니다. 하지만 연간 투자 수익은 약 14.5억에 그쳤습니다. 회사 일을 하니까 오전에만 1시간 정도 매매했거든요. 이 회사에서도 누구보다 빨리 출근했습니다. 다만 퇴근은 일찍 했습니다. 주식을 덜하니 스트레스가 크게 줄었습니다. 회사 일을 하니 성취감도 있었습니다. 주식 수익이 줄어들었지만 펀드와 비상장이라는 씨앗을 뿌렸습니다. 누적 수익은 85억이 됐습니다.

100억.

2020년 3월, 코로나19 확산으로 회사에서 재택근무 지침을 내렸습니다. 그 덕에 다시 제 개인 사무실로 출근했습니다. 그리고 테마를 잡아서 매매하기 시작했습니다. 폭락하는 2020년 3월 장에서 오히려 저는 8억의 수익을 거뒀습니다. 장이 무너져도 지수가 망가져도 그날의 시황에 따라 움직이는 테마가 있다는 것을 더욱 명확히 깨달았습니다. 이어지는 4월부터 대세 상승장이 시작되었고, 2020년에만 100억 원이 넘는 돈을 벌었습니다. 정확하게는 123억 원을 벌었어요. 누적 200억이 된 거죠.

상장 주식으로 버는 만큼 사모펀드와 비상장사 투자를 늘렸습니다. 에스엠랩에 더 큰 규모로 투자했고, 인공지능(AI) 투자 회사인 크래프트테크놀로지스, 글로벌 국적의 전동 킥보드 회사 빔모빌리티, 마이크로LED 개발 회사 유니젯에도 투자했고요. 게임 〈배틀그라운드〉로 유명한 크래프톤에 3.4조 원 밸류(기업 가치)로 투자했습니다.

200억.
2021년 1월이 되기 전 누적 수익 200억 원이 됐습니다. 그리고 2021년의 저는 더 노련해졌어요. 주식에 대해서 더 많이 알게 됐고 대형주 투자가 늘었습니다. 2021년에는 총 97억 정도 수익을 올렸습니다. 단타도 물론 했지만, 스윙과 장기 투자가 더 많아졌습니다. 월 단위로 간다면 웬만하면 손실 보지 않을 것 같다는 자신감도 조금은 생겼습니다. 실제로 2017년 1월부터 손실로 마감한 월은 단 1개월도 없었고요. 무엇보다 달라진 것은 200억 원이 넘어가자 '월급 독립'이 아닌 '돈 독립'이 이뤄지더라고요.

2021년에는 사모펀드와 비상장 투자에 심혈을 기울였습니다. 좋은 회사를 찾으려고 더욱 노력했어요. MZ세대의 최대 관심사인 스니커즈 리셀 분야 글로벌 최대 플랫폼 회사에 초기 투자를 할 수 있었던 게 가장 큰 수확이었습니다. 전 이 회사가 유니콘을 넘어서 데카콘˙이 될 거라 생각했거든요. MZ세대에게 핫한 외식업체 카페 노티드, 웍셔너리 등을 서비스하는 회사 GFFG에도 투자했습니다. 팬심을 다루는 메이크스타는 MZ에 확실히 먹히는 투자처라고 생각해서 투자했고요.

이외에도 여러 바이오 회사에 투자했고, 다들 아시는 오늘의집, 리디북스, 직방에도 투자했습니다. 집에 있는 시간이 느는 만큼 광고 회사가 성장할 거란 생각이 들더라고요. 모티브인텔리전스와 IGA웍스에 투자해뒀습니다.

배터리얼은 이차전지 섹터에서 가장 기대하는 초기 투자입니다. 국내 팹리스 스타트업의 총아 파두에도 역대급 투자를 합니다.

또한 블록체인 투자를 본격적으로 시작했습니다. 세계 최대 블록체인 전문 투자사 해시드가 만든 블라인드 펀드에 출자했고, 업비트를 운영하는 두나무와 람다256에도 펀드를 통해 투자했습니다.

300억.
2022년 1월이 되기 전 누적 수익은 300억 원을 돌파했습니다. 그

● 유니콘은 기업 가치가 10억 달러(1조 원) 이상인 신생 비상장 기업을 뜻하며, 데카콘은 기업 가치가 유니콘의 10배인 10조 원 이상인 비상장 기업을 뜻한다.

리고 프롤로그를 다시 쓰고 있는 지금, 자산은 400억에 가까워졌습니다. 2018년도부터 뿌려놓은 사모펀드와 비상장 투자가 엑시트(투자금 회수)하면서 큰 수익을 주기 시작한 거죠.

올해 상반기에는 평소 꼭 기회를 잡고 싶었던 프라이머사제파트너스의 초기 블라인드 펀드에도 출자할 수 있었습니다. 그리고 바인벤처스라는 신생 벤처 캐피털(VC)에 초기 자본금 투자를 했고요.

그다음.
지금까지 투자를 보면 일반 주식 투자 수익 비중이 큰 것 같지만, 어느 단계부터는 한계를 만나게 됩니다. 제가 직접 겪고 있지만, 매년 상장 주식으로 벌어들이는 속도가 줄어들어요. 제 체력의 한계도 있지만, 특히 한국은 박스피가 숙명이죠. 2020~2021년의 장세가 언제 다시 올지 모르지만, 2022년은 분명 거친 시장이 될 겁니다.

이 거친 시장에서도 뿌려놓은 펀드가 앞으로 수년간 큰 수익을 줄 것이라 예상합니다. 현재 가지고 있는 사모펀드와 직접 비상장사에 투자해 가지고 있는 지분 가치는 350억 원 수준입니다. 전환 전 가치(투자 원금)이기 때문에 각 회사가 IPO로 상장하거나 인수합병(M&A) 등으로 매각되면 그때 엑시트할 수 있게 됩니다. 지난해 상장한 크래프톤은 약 8배로 엑시트했습니다.

이 책에서는 제가 30억을 벌었던 2017년까지의 단타는 물론 그 이후의 매매인 스윙과 장기 투자 등의 상장 주식 투자에서부터 지금의 사모펀드, 메자닌, 비상장 주식 등으로 이어지는 일련의 투자에서 터득한 방법론과 투자 철학을 전하고자 합니다. 각각 다른 세계의 투자처럼 느껴지겠지만, 이 모든 것이 하나로 연결돼 있다는 것을 말씀드리고 싶었어요. 결국 투자는 삶, 라이프스타일과 강력하게 이어져 있습니다. 대가들일수록 앞으로 바뀔 라이프스타일을 예측하고 투자하고 있음을 깨달았습니다.

480만 원으로 시작한 평범한 개인 투자자가 3년 만에 꿈의 30억 원을 달성했고, 그로부터 3년 후 300억 원을 더 벌어들였습니다. 지금으로부터 3년 후 어디에 서 있을지는 저도 모르겠습니다.

그 관점의 확장, '어나더 레벨'의 세계로 함께 출발해보시죠.
이 책을 통해서 분명 그다음 투자 세상에 연결될 것이라고 확신합니다.

2022년 3월
유목민

이 책은 제가 어떻게 투자의 시그널을 찾고 수익을 내는지 알려드리기 위해 쓴 책입니다. 많은 분이 방법을 물어보셨거든요. 그래서 제 방법에 관해 썼습니다. 그런데 먼저 알아두실 점은 무엇을 상상하든 그 이상이라는 것입니다.

제가 해온 길은 제가 생각해도 무식한 방법입니다. 하지만 공부에 왕도가 있겠습니까? 얄팍한 키워드나 차트 기법 등 원 포인트 레슨을 기대하시면 안 됩니다. 그야말로 모든 것을 공부하는 방법입니다.

공부 스타일은 그 사람의 인생과 맞닿아 있습니다. 같은 인생을 살지 않았고 환경이 같지 않은데 같은 공부를 할 수 있을 리가 없죠. 다른 성공한 투자자는 어떻게 공부해왔는지를 간접적으로 겪어보고 그다음 길은 스스로 열어야 합니다. 제가 제 방법론을 이렇게 소개하는 이유는 여러분이 간접 체험을 통해 자신만의 공부 방법을 찾길 바라기 때문입니다.

중국 속담을 빌려 말해볼게요.

"스승은 문까지 안내할 뿐이다. 문으로 입장하는 것은 제자가 할 일이다."

초보자도 읽을 수 있도록 썼지만, 그렇다고 '주린이'의 걸음마를 돕는 데서부터 설명하지는 않았습니다. 읽다 보면 궁금한 게 많이 생길 겁니다. 그때마다 물어보고 싶겠죠. 하지만 떠오른 의문점 대부분은 검색이나 다른 책이 해결해줍니다. 이후에는 직접 해보는 경험이 해결해줍니다.

첫 책을 내자 정말 많은 분이 저에게 메일이나 DM을 보내 질문했습니다. 책 내용에 관한 질문도 많았지만, 무턱대고 도와달라, 종목을 추천해달라, 방법을 알려달라, 만나달라 등등의 요청을 하는 분이 참 많았습니다. 하지만 모든 사람에게 하루는 24시간으로 동일합니다. 자신의 시간을 소중히 쓰지 않는 사람이 남의 시간도 함부로 쓰려고 합니다. 투자든 무엇이든 스스로 공부하여 터득하는 시간이 방향을 결정짓습니다.

이 책은 2021년 9~12월 동안 집중적으로 집필했고, 이후 출간 직전까지 조금씩 수정했습니다. 주식의 세계가 워낙 하루하루 바뀌다 보니 자꾸 덧붙일 내용이 생기더라고요. 감안하고 읽어주시기 바랍니다.

늦었다고 조바심 내지 마세요. FOMO(Fear of Missing Out, 나만 뭔가를 놓치고 있다는 두려움)에 사로잡힐 수 있습니다. 그저 성실히 일하며 살다 주위를 둘러보니 갑자기 '벼락거지'가 된 느낌에 무리한 투자를 결정할 수도 있습니다. 하지만 명심하세요. 주식시장은 1년 후에도 3년 후에도 10년 후에도 열려 있습니다. 충분히 준비되었을 때 사자의 마음으로 투자하실 수 있습니다.

마지막으로, 공부가 스스로의 것이듯, 어떤 투자 결정을 내리더라도 투자의 책임은 스스로에게 있다는 것을 잊지 말아주십시오.

PART 1 주식 잘하는 법 ──────

1장   관점의 확장   21

없다가 생긴 것, 있다가 사라진 것
아! 시황 • 5년 전으로 돌아간다면 • 역사는 반복된다 • 주식 잘하는 법

거인은 라이프스타일에 투자한다
아직 오지 않은 삶의 형태 • 인간의 24시간을 훔친 기업들 • 이미 너무 오른 종목이라고?

2장   나만의 투자 메커니즘   41

지식 - 투자의 핵심
시그널 - 지식을 깨우는 트리거
실행 - 전략에 정답은 없다
주시 - 시장에서 눈을 떼지 말 것
감지 - 오픈 마인드를 유지해야 보인다
대응 - 완벽하게 기계적으로
반성 - 구멍을 채움으로써 얻는 자신감
반복 - 그릿을 해빗으로

PART 2 관점 업그레이드 ─────

PART 3 실전에서의 신호와 소음 ─────

PART 1

주식 잘하는 법

1장

관점의 확장

없다가 생긴 것,
있다가 사라진 것

우리가 주식 투자를 하는 이유는 과정이야 어찌 됐건 투자를 통해 수익을 거두기 위함입니다. 따라서 개인 투자자의 경우 첫 시작은 다들 비슷합니다. 직장 동료나 친구, 어르신 등 지인들에게 '정보'를 얻거나 나름 합리적 추론을 통해 매매를 결정합니다. 그러면서 얼마를 살지, 수익률은 얼마로 할지 등 다양한 '상상'의 나래를 펼치면서 시작하죠.

첫 투자로 운 좋게 수익을 거둘 수도 있고 아닐 수도 있지만, 결국 시간이 지나 보면 겨우 본전이거나 작건 크건 손실로 마감돼 있을 겁니다. 특히나 이 주식 투자란 것이 인지편향과 확증편향, 확대해석이 지배하는 영역이라 첫 투자로 돈을 번 게 오히려 큰 독이 되어 돌아오는 경우가 허다합니다.

저도 처음엔 그랬습니다. 깡통도 두 번 찼습니다. 다행히 투자 금액이 각각 100만 원, 300만 원이었기 때문에 삶에 타격은 없었지만요(이렇게 위안하시는 분들 많죠). 제대로 주식 투자를 시작한 것은 2015년부터입니다. 이때부터 제대로 '공부하며' 투자를 한 것이죠. 2017년에는 월 1억 원의 수익을 거두기 시작합니다. 그러면서 주식에 대한 관점이 어느 정도 자리 잡았습니다.

관점이라고 해서 대단한 것은 아니었습니다.

1 현재 거래량이 충분하거나 터질 때 천만 주 이상 터지는 종목
2 차트가 바닥이거나 좋은 조정을 받은 종목
3 재료를 가지고 있어 테마 형성 시 급등을 기대할 수 있는 종목

이 세 가지가 익숙한 독자도 있을 겁니다. 『나의 월급 독립 프로젝트』를 쓴 2017년의 유목민이 가장 믿었던 내용입니다. 이렇게 저만의 관점이 생기면서부터 확실히 시장에 덜 휘둘리게 되더라고요. 이 관점은 흔히 말하는 '주식 철학'이자, 결국 자신만의 주식 공부법과 같은 것이기도 했습니다. 거래량과 차트, 재료가 갖춰진 종목을 찾는 것 자체가 반복적인 공부였던 셈이죠.

아! 시황

그러던 중 갑자기 한 가지 중요한 관점을 더 깨닫게 돼요. 2019년 3월, 투자하는데 엇박자가 너무 심해서 깊은 자괴감에 빠져 있었

습니다. 주식이 너무 안 돼서 정말 힘들어하던 시기였더랬습니다. 내가 사면 빠지고 팔면 바로 오르거나 하루 이틀 후에 급등하고, 대체 왜 이러지?

그러다 어느 날 퇴근길 엘리베이터를 타는데, 갑자기 깨달음이 왔습니다. '**아! 시황!**' 제가 사는 섹터의 시황이 그날은 약했는데, 저 세 가지 조건만 보고 들어갔던 거죠.

시황의 사전적 의미는 '상품이나 주식 따위가 시장에서 매매되거나 거래되는 상황'입니다. 시황을 읽는다는 것은 그날 어떤 주식이 매매되고 있는가를 파악하는 것을 말합니다. 매매하는 그날의 테마, 즉 매매 당일 다수 시장 참여자가 관심을 갖는 공통된 주제를 파악하는 것이죠.

가령 당일 코로나19 테마가 강하면 코로나19 시황인 겁니다. 그렇다고 테마와 시황이 동일한 개념은 아닙니다. 테마와 시간의 의미가 합쳐져야 시황입니다.

예를 들어 진원생명과학이라는 종목이 거래량이 충분하고 차트도 바닥인 데다 mRNA 백신 임상 1상을 통과했다는 기사가 나왔다고 가정해보세요. 대박이죠? 하지만 코로나가 종식된 후 이 책을 읽는 분에게도 대박일까요? 그때는 주가가 아무런 반응이 없겠죠?

평화산업이 수소충전 신기술을 개발했다는 뉴스가 떴다고 해보죠. 그날 수소 섹터가 강한 날이라면 평화산업도 강하게 가겠지만, 그날 수소 섹터가 잠잠하거나 오히려 하락 중이라면 별다른 주가 반응을 보이지 못할 겁니다.

맞습니다. 그날의 시황이 꼭 필요했던 거예요. 시장에서 그 섹터에 아무런 관심을 갖고 있지 않는데 나 혼자서 좋다고 생각해봤자 시장의 흐름을 거스를 수는 없었던 거죠. 반면에 모두의 관심이 쏠려 있는 섹터에서 나온 호재라면 당연히 수급이 몰리게 되는 거고요.

그리하여 2019년 저의 '단타' 주식 관점은 이렇게 네 가지로 어느 정도 완성이 됐습니다.

1 현재 거래량이 충분하거나 터질 때 천만 주 이상 터지는 종목
2 차트가 바닥이거나 좋은 조정을 받은 종목
3 재료를 가지고 있어 테마 형성 시 급등을 기대할 수 있는 종목
4 당일 시황

그런데 2020년 갑자기 코로나19라는 전염병이 터집니다. 코로나는 전 세계를, 세상을 바꿨습니다. 저는 또 한 번 새로운 관점을 깨닫게 됩니다. 주식 투자에서 수저가 바뀔 정도로 큰 수익의 기회를 포착하는 방법이 있었어요.

5년 전으로 돌아간다면

만일 여러분이 5년 전으로 시간을 돌릴 수 있다면, 그리고 주식 딱한 종목만 살 수 있다면 뭘 고르시겠어요? 아마 5년 전에는 없었

지만 지금은 누구나 쓰고 있는 무언가를 만든 회사를 고르지 않을까요?

주식으로 큰돈을 버는 요체가 여기 있습니다.

없다가 생긴 것
있다가 없어진 것

여러분이 앞으로 저 두 가지를 누구보다 빨리 눈치챌 수 있다면 압도적인 초과수익을 얻을 수 있습니다.

코로나19가 아주 큰 예죠. 이전에 없었던 규모의 강력한 질병이 나타나자 세상이 완전히 변했죠. '포스트 코로나'가 아니라 이제는 그냥 코로나 시대인 겁니다. 모두가 패닉에 빠졌을 때 코로나라는 것이 가져올 변화를 눈치채고 수혜가 되는 업종을 골라낸 사람들의 재산은 엄청나게 불어났습니다.

언택트라는 문화가 전 세계를 뒤덮으면서 관련 기술을 가진 회사들은 한국, 미국, 중국 할 것 없이 모두 큰 폭의 가치 상승을 이뤘습니다. 온라인화는 이미 있었지만, 더욱 가속시킨 거죠. 페이스북, 마이크로소프트, 구글, 애플, 넷플릭스, 아마존, 줌 등이 모든 악재를 씹어 삼키며 역사적 신고가를 써 내려갔습니다. 또 백신을 만드는 화이자, 모더나, 존슨앤드존슨 등의 주가도 끝을 모르고 올라갔죠. 특히 모더나를 모르는 투자자는 없을 것입니다. 모더나는 코로나19 mRNA 백신을 만든 미국의 벤처 상장사죠. 이 시기에 무려 10배 이상 주가가 상승했습니다.

한국도 마스크를 만드는 회사부터 진단기, 백신 등 조금이라도 연관된 회사들은 주가가 많게는 30배, 적게도 5~6배씩 상승했습니다.

변방의 작은 기업이었던 씨젠은 미국에 진단기 회사로 소개되며 1만 원대 주식이 16만 원까지 치솟았습니다. 신풍제약은 피라맥스가 코로나19 치료제가 될 수 있다는 희망에 6000~7000원 하던 주식이 21만 원까지 올랐고요. 셀트리온은 말할 필요도 없습니다.

모임과 외출이 사라졌습니다. 집콕 생활이 시작되면서 대신 인테리어 수요가 폭발하죠. 관련주들이 모조리 신고가를 기록합니다. 재택근무로 갑자기 노트북이나 PC 수요가 폭증하면서 반도체 품귀 현상이 전 세계적으로 일어났습니다. 그 결과로 삼성전자와 SK하이닉스를 비롯, 미국의 마이크론, 대만의 TSMC는 역사상 신고가를 기록했고요. 또 그간 여러 이권 때문에 막혀 있던 원격 진료는 한시적이지만 전면 개방하게 됩니다. 그러면서 원격 진료 관련주들 역시 몇 배씩 상승하죠.

역사는 반복된다

이 사태를 보면서 저는 없다가 생긴 것, 그리고 있다가 사라진 것을 찾는 데 주력합니다.

저는 어떤 것을 발견하면 가능하면 최대한 과거까지 역사를 들춰보는 성격입니다. 역사는 반복된다는 것을 철석같이 믿거든요. 매일 새벽 시황을 살피는 '시그널 리포트'를 작성하는 이유이기도 합니다. 만들다 보면 자연스레 반복되는 역사가 정리되고, 작게 발현된 새로운 이슈가 저에게는 아주 큰 시그널로 다가오거든요.

타미플루를 아실 겁니다. 2009년 전 세계를 공포로 몰아넣은 신종 플루의 치료제로 널리 알려진 약이죠. 이 약을 개발한 회사는 길리어드 사이언스입니다. 창업 초기인 1992년 길리어드 사이언스는 시가총액 2억 달러 남짓의 중소형 제약사에 불과했죠. 1996년 만들어둔 타미플루로 인해 길리어드 사이언스는 10배 이상 급성장하게 됩니다. 신종 플루는 특히 한국에서 큰 문제였어요. 국내에서만 74만 명이 감염되면서 시장에 엄청난 공포를 가져왔습니다.

하지만 타미플루의 출현은 자본시장 측면에서는 치료제가 '없다가 생긴 것'이지만, 질병 측면에서는 '있다가 없어진 것'으로 만드는 계기가 됐습니다. 다시 산업이 정상화되는 요소였죠.

미세먼지는요?

미세먼지가 생기면서 심지어 아직 현실화되지도 않은 인공강우 관련주인 드라이아이스 만드는 회사들의 주가가 급등하기도 합니다.

아프리카돼지열병은요?

2016년 이후 미동도 없었던 조류독감과 돼지열병 관련주들에게 역사적 시세를 만들어내기도 합니다.

갑자기 생긴 대선 후보는요?

2021년 20대 대통령 후보로 부상한 최재형 전 감사원장과 윤석열 전 검찰총장은 없다가 새로 생긴 후보인 만큼 거의 모든 관련주들이 급등하게 되죠.

거시적인 측면에서도 이 '없다가 생긴 것'의 관점은 커다란 기회를 포착하는 데 도움이 됩니다.

2020년 3월 코로나19로 갑자기 재난지원금이 생겨날 때, 미국에서 현금 보너스가 들어올 때 생긴 일들이 대표적인 예죠. 역사상 가장 엄청난 현금 유동성으로 미국 증시 전체가 크게 상승했습니다. 현금 보너스가 들어올 때마다 다우와 나스닥 지수가 신고가를 경신한 사실이 이를 증명합니다.

그리고 이제 우리가 맞닥뜨릴 2021년 10월 이후 미국의 현금 보너스 중단과 2022년 초에 생길 미국 연방준비제도(Fed, 연준)의 금리 인상과 테이퍼링은 '있다가 없어지는' 일들의 임팩트를 우리에게 줄 것입니다. 결국 시장 전체를 움직이는 주가의 등락은 이 커다란 두 가지 요인으로 움직이는 것을 느끼실 수 있을 것입니다.

주식 잘하는 법

다시 한 번 말씀드릴게요. 주식 잘하는 방법입니다. **없다가 생긴 것과 있다가 없어진 것을 구별할 수 있는 눈을 가지시면 돼요.**

듣기에는 쉽죠? 하지만 그런 눈을 갖는 것은 매우 어렵습니다. 그리고 이 관점이 더 예리해지면 '없어질 것 같다', '생길 것 같다'라는 시그널을 캐치하게 됩니다.

이를테면 '망치로 못 박기'입니다. 쉽죠. 하지만 처음 못 박기까지의 길은 알고 보면 간단하지 않습니다. 망치를 드는 근력, 집중력, 힘 조절, 제어 능력 등이 필요하고, 누가 못 박는 원리를 말로 가르칠 수도 없죠.

그런데 가장 핵심은 따로 있습니다. **바로 매일 한다는 것입니다.** 못질을 처음 시도해볼 만한 십 대가 될 때까지 근력 향상을 단 하루도 쉬는 날이 있나요? 움직이잖아요? 걷고 뛰고 숨 쉬고요. 집중력 훈련 안 하는 날 있나요? 힘 조절은요? 매일 숟가락, 젓가락 쥐고 반찬을 집어먹잖아요. 영양 섭취로 체력도 쌓고 있고요.

주식을 잘하기 위해서도 반드시 해야 하는 것, 그것도 매일 하루도 빠지지 않고 해야 하는 것이 있습니다. **바로 '관찰'입니다.** 매일 관찰하셔야 해요. 무엇을? 주식과 관련된 모든 것입니다. 당신이 주식으로 월급 독립을 하고 수저를 바꾸길 바란다면 그 욕심만큼 관찰해야 할 범위가 넓어질 것입니다. 용돈벌이, 월 100만 원, 아니면 월급만큼, 나아가 월 천, 월 억 등 목표가 커질수록 관찰해야 할 것들이 많아집니다.

그 관찰을 매일 기록하고 쌓아나가다가 어느 날 이상 현상을 발견하고 그 이상 현상을 과거에 쌓아온 데이터와 비교하여 주가를 예측하는 것입니다.

현재의 아주 작은 '시그널'을 포착하고 과거의 사례와 '연결'시켜 미래를 '상상'해낸다.

이 관찰이 저에게는 매일 새벽 작성하는 시황 리포트인 것이고, 누적된 관찰이 바로 '지식'입니다. 그리고 이 지식은 주식 투자 메커니즘의 핵심이 됩니다(이 메커니즘은 2장에서 자세히 소개하겠습니다).

거인은
라이프스타일에 투자한다

지금까지 주식시장을 관찰하면서 자본소득을 일궈낸 많은 투자자들의 공통점을 발견하게 되었는데요. 그들은 자신만의 투자 원칙을 가지고 있었고, 표현과 과정은 다르더라도 결국 인간의 '라이프스타일'에 투자하고 있었습니다.

투자의 대가들뿐만 아니라 단돈 1달러를 들고 투자하는 개인투자자도 스스로는 눈치채지 못할지언정 결국 라이프스타일에 투자하고 있다는 사실도 깨달았습니다.

이 라이프스타일이란 간단하게 말해서 사람들의 행동 양식입니다. 하루 동안 가능한 한 많은 사람이 비슷한 행동 양식을 보일수록 시장이 커지고, 그 커진 시장에서 가장 많은 사람의 선택을 받는 회사들의 가치가 올라갑니다.

자산이 커질수록 이러한 라이프스타일에 투자하는 게 매우 안전하고 안정적이며 이상적인 투자라는 것을 대가들은 인지하고 있었습니다. 그런데 대가들은 현재의 익숙한 라이프스타일에 대한 투자를 선호하는 게 아니었습니다.

대가들일수록 앞으로 바뀔 라이프스타일을 예측하고 대비하고 있었어요. 아직 대다수 사람들이 부정적이거나 모호하다고 생각하고 있을 때 대가들은 다가올 변화에 투자하고 있었던 거죠. '작은 변화'의 순간을 일찍 눈치채고 남들보다 빠르게 그 시장을 선점해나갔던 것이죠.

아직 오지 않은 삶의 형태

비디오 시대를 넘어서 DVD가 도래하고 블루레이라는 미디어가 도래했을 때 여전히 대중은 해당 미디어를 빌리거나 구매해서 보는 데 그쳤습니다.

누구나 (심지어 한국도) 매장에 가서 개당 가격으로 비디오를 빌리고 다시 매장에 반납하는 행동이 전 세계 공통의 라이프스타일이었습니다. 당시 미국에는 '블록버스터'라는 공룡 비디오 대여점이 있었죠. 블록버스터는 미국 전역 9000개의 오프라인 매장에서 매년 30억 달러를 벌어들이는 규모로 성장했습니다. 우리나라도 비디오 대여점과 만화책을 빌려주는 업종이 크게 성장했었죠.

그런데 넷플릭스는 새로운 사업을 시작했습니다. 한 달에 몇 개의 비디오를 빌려도 가격이 균일했습니다. 거기에 직접 오프라인 매장을 방문할 필요도 없도록 우편으로 배송해줬습니다. 회수도 우편으로 대체했고요.

처음에 모두가 넷플릭스는 망할 것으로 생각했습니다. 가뜩이나 느린 미국 우편 배송 시스템은 비디오 대여업에 어울리지 않는다고 생각했거든요. 하지만 사람들은 조금 느리더라도 편안하게 원하는 타이틀을 구독할 수 있다는 데 열광했습니다. 시간이 흐른 뒤 결국 블록버스터는 파산했고 넷플릭스는 그 자리를 꿰차고 지금의 독보적인 위치에 오르게 되고요.

넷플릭스는 **개별 대여 시스템을 정기 구독 형태로 만들었고(구독 형태가 없다가 생김), 오프라인 방문 시스템을 우편 배송 형태로 바꿨습니다(배송 서비스가 없다가 생김)**. 광대역 인터넷 보급과 더불어 전 세계에 온라인 구독 모델을 만들었고요. 특히 아마존프라임이 있었음에도 현지화 전략을 통해 더 크게 자리 잡게 됩니다.

애플은 어떤가요?

아이폰 전과 후로 인류 역사가 나뉘죠? 인류가 스마트폰을 몸에 붙이고 살다시피 할 정도의 라이프스타일을 만들어낸 회사입니다.

마이크로소프트는? 윈도라는 것을 만들어냈죠. 전 세계 기업의 절반이 이 회사의 운영체제(OS)를 사용합니다. 기업의 라이프스타일을 만들어낸 회사네요.

인간의 24시간을 훔친 기업들

왜 라이프스타일을 장악한 기업들이 성공하게 될까요?

인간에게 24시간은 누구에게나 동등합니다. 그리고 이 24시간 중에서 일부를 점유하는 기업들은 전 세계 어디서나 압도적인 시총을 자랑하게 됩니다. 즉, 인간의 한정적인 24시간을 점유하는 기업들이 시장을 지배하는 것입니다.

누구나 알 만한 종목을 예로 들어볼까요?

애플은 깨어 있는 시간 대부분을 점유합니다. 그래서 세계에서 제일 시총이 높습니다. 무려 3000조 원을 넘어선 적도 있습니다. PC를 쓰는 사람은 마이크로소프트의 윈도 운영체제를 사용합니다. 최근에는 윈도365를 출시하면서 클라우드 영역까지 제패하려고 하고 있습니다. 마이크로소프트의 시총 역시 3000조 원에 육박합니다.

구글은 또 어떻고요. 검색 플랫폼은 구글이 전 세계적으로 압도적인 이용률을 보이고 있습니다. 구글의 모회사 알파벳의 시총은 1000조 원입니다. 나이키도 다 아실 겁니다. 스포츠 하면 떠오르는 브랜드 나이키 역시 가장 많이 팔리며 사용되고 있습니다. 시총은 300조 원입니다. 넷플릭스는 OTT 중 가장 높은 점유율을 차지하고 있습니다. 시총은 250조 원을 넘어섰습니다.

최근 5년 내 갑작스레 사람들의 라이프스타일을 가져가버린 기업들을 살펴볼까요.

테슬라는 100년간 공고한 지위를 유지하던 내연기관을 빠르게 전기 구동 자동차로 바꾸고 있습니다. 사람들은 테슬라가 바꿔가는 새로운 라이프스타일에 환호하고 있고요. 그에 화답하듯 테슬라의 시총은 1000조 원을 넘어섰고, 일론 머스크는 세계 최대 부호 자리에도 올랐죠. 아마존은 어떤가요? 미국인이 가장 많이 이용하는 온라인 상거래 플랫폼이죠. 미국뿐만이 아닐 겁니다. 아마존은 외국인이 가장 많이 사용하는 해외 쇼핑몰이기도 합니다. 아마존의 시총 역시 1000조 원을 넘어섰습니다.

인간의 라이프스타일에 따른 자본의 이동은 신규 상장주에서도 그대로 이어지고 있습니다.

이제 쿠팡 없는 삶을 상상이나 할 수 있을까요? 한국의 쿠팡은 엄청난 적자에도 미국 뉴욕 증시 상장을 통해 100조 원의 전무후무한 기업 가치를 인정받았습니다.

세계적 코인 거래소 코인베이스 역시 미국 나스닥 상장 후 110조 원의 기업 가치를 인정받았죠. 미국 개인 투자자들에게 가장 많이 사랑받는 트레이딩 앱 로빈후드는 37조 원에 상장 후 불과 일주일 만에 시총이 약 80조 원으로 급등한 바 있습니다.

한국에서는 기존 은행의 관념을 파괴하고 MZ세대에게 압도적 지지를 받은 카카오뱅크가 전 세계 은행 업종의 시총을 다 깨고 첫날 상한가로 마감, 한국에서는 쉽지 않은 33조 원의 시총을 인정받았습니다.

정말 대단한 기업들이죠?

쿠팡과 코인베이스, 로빈후드, 카카오뱅크도 처음에는 모두가 모호해하고 '되겠어?'라고 생각했지만 라이프스타일에 큰 변화를 일으키면서 시장에 안정적으로 안착하게 된 거죠.

'지금은 작은 변화지만 결국 모든 사람들이 쓰게 되는 무언
가'를 갖는 기업이 시장의 지배자가 됩니다.

이미 너무 오른 종목이라고?

한 발만 멀리 떨어져 볼까요?

앞서 살펴봤던 기업들 중 애플, 마이크로소프트, 구글, 나이키,
넷플릭스 등은 이미 굳건한 시장 지배적 기업이죠. 몇몇은 우리가
태어나기 전이나 사회생활을 시작하기 전, 자본시장에 관심을 두
기 전부터 시장을 지배하고 있었으니 어쩔 수 없다고 칩시다.

하지만 테슬라, 아마존의 경우는 어떨까요?

2019년 말까지 대다수의 애널리스트들은 테슬라는 곧 망할
것이라고 했습니다. 하지만 현재 테슬라는 전 세계에서 가장 사랑
받는 자동차 회사가 됐고, 수십, 수백 년 넘은 모든 자동차 상장사
들의 시총을 가볍게 눌러주고 있습니다.

배터리 부족, 충전소 부재 등 안 될 이유가 산재했지만 환경
에 대한 전 세계적인 공통 관심사 대두와 이산화탄소 저감 정책
등이 더해지면서 테슬라는 지속적으로 성장할 수 있었고, 이제는
전기차 판매만으로도 흑자를 내는 회사가 됐습니다.

아마존도 마찬가지입니다. 2019년 초까지만 해도 아마존은
고평가된 회사로 유망하지 못하다는 평가를 받았습니다. 투자의

거인이자 오마하의 현인이라 불리는 워런 버핏은 아마존에 대해 혹독한 평가를 하기로 유명했죠.

하지만 2019년 5월 그가 버크셔해서웨이 주주총회를 며칠 앞두고 CNBC에서 진행한 인터뷰에서 아마존을 매입했다는 이야기를 한 후 주가는 당일 급등 이후 지속적으로 상승했습니다.

저평가 가치주에 장기 투자하는 그의 투자 철학과 완전히 상반되는 아마존 주식의 매입은 시장에 큰 충격을 줬습니다. 당시 PER* 100이 넘고 이익은 적은 회사에 왜 투자하는지 많은 궁금증을 자아냈습니다.

이 두 회사는 2019년에 주가가 바닥이었다는 공통점이 있습니다. 그리고 세계적 투자자들 중 극소수가 이 두 회사의 지분을 크게 확보합니다. 대표적으로 크레디트스위스가 그렇게 했죠.

2019년 아마존은 매출 증가 폭에 비해 이익이 계속해서 줄었습니다. 과도한 투자와 지출 증가에 대해 많은 애널리스트들은 비관적 전망을 쏟아냈죠. 테슬라 또한 마찬가지입니다. 탄소배출권으로 이익을 내고 연명하는 데 그쳤을 뿐 그들의 자동차는 조잡한 마감과 자동차 업계의 눈높이를 못 맞추는 품질로 언제나 냉혹한 평을 들어야만 했습니다.

하지만 이 두 회사에는 이런 혹평 외에도 또 다른 공통점이 있었습니다. 아마존의 CEO 제프 베이조스는 물류창고 자동화를

● 주가수익률. 현재 주가가 '주당순이익'과 비교해 몇 배 수준인지를 보여주는 지표로, PER이 높을수록 주가가 비싸다, 즉 고평가되었다고 본다.

위한 투자를 몇 년째 이어가던 중이었습니다. 이를 통해 당시 미국 시장의 느린 물류와 배송 시스템을 획기적으로 개선할 수 있을 것이라고 발표했죠.

테슬라 역시 마찬가지였습니다. 중국 상하이 공장 신설을 위해 많은 지출을 했습니다. 두 회사 모두 물류창고와 생산공장 증설을 위해 큰 투자를 하느라 매출이 증가해도 이익이 증가하지 않았던 거죠.

그렇게 아마존과 테슬라는 많은 투자자 사이에서 인기가 없어지고 조용한 주식이 됐습니다. 하지만 2019년 물류창고가 완성되고 상하이 생산공장에서 전기차가 뽑아져 나오자 상황은 역전됐습니다. 그 후 단 2년간 두 회사의 주가는 3배가량 상승하게 됩니다.

대부분의 사람이 혹평을 내리던 회사였지만 두 회사의 물류센터와 상하이 공장 신설은 주가 상승을 예고하는 '시그널'이었던 거죠.

투자의 기회는 언제나 모호성과 불확실성에서 1등을 할 수 있는 기업에서 나와요. 논란이 많다는 이야기는 모호성과 불확실성이 있다는 이야기입니다. 바로 이때가 기회인 거예요.

2장

나만의
투자 메커니즘

저는 2019년까지만 해도 그냥 좋은 주식을 싸게 사고, 수익이 나면 매도한다는 생각으로 주식을 매매했습니다. 그렇기 때문에 수익이 나면 가능한 한 재빠르게 매도하는 단타 전략에 치우쳤고요. 해당 종목의 목표가나 매도가·매수가는 아예 제 고려의 대상이 아니었습니다.

그러다가 어느 순간 깨닫게 됐어요. 주식의 메커니즘을요.

모든 사물의 움직임에는 메커니즘이라는 게 있잖아요? 어떤 사물이 어떻게 작동하는지에 대한 원리를 말하는 건데요. 이게 주식에도 있더라고요. 앞서 말씀드렸던 것처럼 주식은 관찰을 통해 지식을 쌓아야 합니다. 그래야 없다가 생기거나 있다가 없어지는 변화의 순간을 발견할 수 있어요.

그런데 이 변화의 순간을 감지하게 되는 작은 '이벤트'가 있습니다. 코로나19 감염 확산이라든가, 이에 따른 미국 정부의 현금 보너스 지급 정책 결정 등을 예로 들 수 있을 거예요. 이것을 저는 '시그널'이라고 부릅니다.

자신이 가지고 있는 지식이라는 과거의 데이터베이스를 기반으로 현재 발생한 시그널을 포착해서 미래를 예상하는 것, 이게 바로 투자의 메커니즘이었던 거죠.

저는 이것을 다시 세분화합니다.

● **투자의 메커니즘** ●

1 꾸준한 관찰을 통해 '지식'을 쌓고,

2 없다가 생기고, 있다가 없어지는 '시그널'을 발견하고,

3 매매를 결정하기 위해 자신만의 '실행 전략'을 결정합니다.

4 매매에 들어가면 자신이 생각한 대로 흘러가는지 '시장을 주시'하고,

5 내가 생각한 것과 다른 것이 생기는지 '변화를 감지'해야 합니다.

6 변화가 생겼을 경우 다각도로 검토 후 '대응'합니다.

7 이후에는 꼭 매매일지를 남겨 '반성'합니다.

8 그리고 다시 관찰하고 지식을 쌓으며 '반복'합니다.

이 여덟 단계 중 하나라도 놓칠 경우 99% 실패하는 투자가 된다고 생각합니다. 그리고 이 메커니즘대로 하지 않았지만 우연히 수익이 난 경우는 '실수'라고 생각해요. 내 실력이 아닌 거죠.

이처럼 자신만의 원리, 원칙을 세우지 않으면 끝없이 상한가 따라잡기 하고 급등주만 매매하다가 결국 제풀에 나가떨어질 겁니다. 저 원리를 완벽히 자신의 것으로 만들어야 테마주를 매매하든 가치주를 매매하든 안정적인 수익이 날 것이라고 확신합니다.

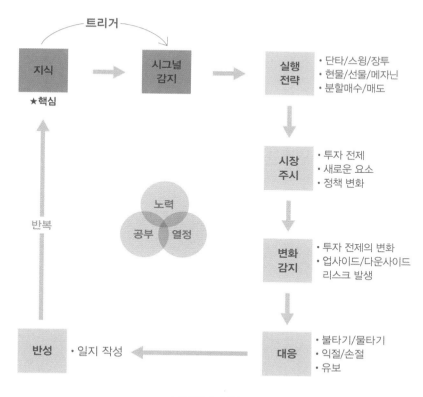

△ 투자의 메커니즘

지식
- 투자의 핵심

주식 투자의 핵심은 지식입니다.

간단히 말하면 '아는 만큼 보인다'는 뜻입니다.

우리가 흔히 말하는 '정보'도 지식의 영역입니다. 어떤 뉴스를 보고 관련주를 떠올리거나 정부 정책에서 향후 특정 섹터의 호재나 악재를 예상하는 것, 지인이 다니는 회사의 이야기를 듣는 것 모두 정보의 영역입니다. 하지만 대부분의 개인 투자자는 정보에 매우 취약합니다. 정보의 질뿐만 아니라 정보를 다루는 능력도 그렇죠.

정보에서 가장 중요한 것은 시장이 아직 모르는 정보여야 한다는 것입니다. **남들도 알고 있는 것은 이미 주가에 반영돼 있다고** 가정해야 합니다. 이를 모르고 시장에 진입하는 것은 전쟁터에 맨몸으로 뛰어드는 것과 다를 바 없습니다.

아직 시장이 모르는 것이 확실하다면, 그 정보가 그 회사의 운명을 바꿀 만한 것인지 판단해야 합니다. 매출 일부가 조금 늘어날 것 같다거나 아직 구현되지 않은 신사업 진출 정도라면 대부분 별로 중요하지 않은 정보입니다. 투자 못하는 사람들이나 크게 생각하는 거죠.

많이 알기 위해서는 정말 열심히 공부하는 수밖에 없습니다. 되도록 많은 시간을 주식과 관련한 경제 공부에 쏟아야 합니다. 남들 다 보는 웹툰, 영화, 드라마 나도 즐기면서 경제적 자유를 누리는 것은 불가능합니다.

지식을 쌓는 일은 끝이 없습니다. 그야말로 무한이죠. 지식의 영역도 너무 광범위해요. 그렇기 때문에 시작은 자신이 잘 아는 분야로 한정하는 게 현명합니다. 모든 종목과 섹터에 관심을 가져야 하는 것은 아니에요. **일단은 자기가 가장 잘 아는 영역을 선택하는 게 좋습니다.** 그리고 그 영역은 바로 자신의 직업 영역이 될 확률이 높은 거고요.

제가 처음 관심을 갖고 매매한 것은 게임주입니다. 게임 전문지 기자로 사회생활을 시작했고, 이후 게임 회사로 이직한 만큼 게임에 대한 지식만큼은 자신 있었거든요. 늦게 시작한 만큼 누구보다 많은 사람을 만났고 열심히 일했어요.

게임사로 이직한 후에는 사람을 안 뽑아줘서 혼자서 11개 게임 라이브를 홍보하고 26개 자회사를 홍보했어요. 월요일부터 금요일까지 정말 단 하루도 빠지지 않고 점심 미팅, 오후 티 미팅, 저녁 미팅을 했어요. 미팅이 많은 날은 시간 단위로 11개를 한 적도 있습니다. 그때는 사람들이 저보고 물속에서 코만 내놓고 일하는 것 같다고 할 정도였어요. 하지만 그 과정에서 제 업에 대한 이해도를 남들보다 빠르게 높였습니다. 그 덕에 지금도 가장 자신 있는 섹터 중에 게임이 빠지지 않습니다.

많은 개인 투자자가 현재 자신의 직업이나 회사를 무시하는 경우를 왕왕 보게 됩니다. 하지만 그건 옳지 않아요. 자신이 속한 그룹에서조차 자리를 잡지 못하는 사람이 주식이라는 망망대해에서 자리를 잡을 수 있겠느냐고 저는 되묻습니다.

성공한 투자자라면 자신의 포트폴리오와 전략에 대해 철저하고 완벽한 지식을 갖추고 있을 겁니다. 한번 돌이켜 생각해보세요. 자신이 정말 깊숙하게 파악하고 있는 종목이나 산업군에 대한 투자 성과가 어땠는지. 반면 자신이 잘 모르고 귀동냥이나 지인 추천으로 매매한 종목의 성과는 어땠는지요. 대부분 전자가 압도적으로 좋은 성과를 거뒀을 겁니다.

같은 뉴스나 보고서, 정보를 접하더라도 자신이 아는 만큼만 해석할 수 있고 주문을 낼 수 있다는 이야기입니다.

한 가지 예를 들어볼까요.

미·중 무역전쟁의 여파로 중국이 미국을 지지하는 호주에 대해 '호주산 석탄 수입 금지' 명령을 내렸습니다. 그런데 중국은 석탄 소비가 많기 때문에 석탄 가격 급등으로 오히려 애를 먹었어요. 그런데 이 때문에 한국의 시멘트 업계가 곤경에 처하게 됐습니다. 왜 그럴까요?

시멘트를 만들기 위해서는 석회석과 제철 부산물 등을 고온으로 가열해야 하는데요. 이때 석탄의 한 종류인 유연탄을 사용하기 때문입니다. 그런데 유연탄 가격이 상승하니 시멘트의 제조 원가도 상승한 것이죠.

이제 시멘트 관련주에는 악재로 반영되는 게 당연해 보이죠?

하지만 미스터 마켓은 변덕쟁이입니다. 주가는 오릅니다.

제조원가가 오르니 시멘트의 가격이 올라서 '매출'이 늘어나니 호재로 인식되고, 따라서 시멘트 관련주들 주가도 강세를 보이는 것이죠.

원자재 가격 급등, 가격 상승 압박에 시멘트株 상승세

시멘트 원자재 가격이 급등하면서 시멘트 관련주가 강세다. 시멘트 업계에 따르면 국제 유연탄 가격은 글로벌 경기 회복세와 맞물려 급등세를 보이고 있다. 유연탄은 휘발유 성분을 함유한 고효율 석탄으로 시멘트 제조 과정의 주요 원자재다.

출처: 머니투데이, 2021.6.15.

이런 흐름을 모르면 관련 매매에서 제대로 수익을 낼 수 있을까요? 여러분도 '나중에 알고 보니 기회였구나!' 하고 이마를 친 경험을 많이 하셨을 겁니다. 물론 이렇게 깨닫는 경험도 공부를 하고 나서야 얻을 수 있는 특권입니다.

저는 **단타에서도 가장 중요하게 생각하는 것이 '지식'**입니다. 어떤 사실을 보더라도 이 정보가 어떤 종목에 영향을 미치는지 파악하는 게 핵심이죠. 이렇게 지식을 쌓기 위해 매일 리포트를 만드는 거고요. 하루도 빠짐없이 정리한 데이터를 기반으로 당일 새롭게 발생한 시그널을 과거 데이터와 비교해서 미래에 얼마만큼 시세를 줄 수 있을까 예상하는 거죠.

어떤 키워드가 중요한 게 아니라, **과거에 큰 시세를 준 사실이 시간이 지나 오늘 다시 비슷한 사례로 발생한 것을 감지하는 게 중요하다는 뜻입니다.** 즉, 지식을 바탕으로 없다가 생긴 것, 있다가 없어진 것, 불확실성과 리스크를 구별해내는 겁니다.

또한 '지식'은 매도 영역에서도 중요한 판단 지표입니다. **남들보다 먼저 알고 있던 '지식'이 어느 순간 남들도 알고 있는 '정보'가 되어 있다면, 바로 그때가 매도할 순간입니다.** 예를 들어 내가 알고 있던 지식이 뉴스화된다든가 공시가 난다든가 애널리스트의 보고서로 등장하는 등 별다른 수고 없이 정보를 알 수 있는 때가 되면 주저 없이 매도해야 합니다.

그 순간이 수익인지 손실인지는 아무 상관 없습니다. 지식 기반 매매를 했는데 그 지식이 모두에게 퍼졌을 때 주가가 더 오를 수는 있겠죠. 하지만 떨어질 수도 있습니다. 그렇기 때문에 자신의 원칙을 세워야 하는 것이고요. 애초에 고점에서 매도하려는 욕심을 갖지 마세요. 신도 최고점에서 팔 수 없습니다.

시그널
– 지식을 깨우는 트리거

시그널은 지식을 깨우는 트리거입니다.

구슬 서 말도 꿰어야 보배가 된다는 말이 있죠. 이 말은 주식에도 훌륭하게 적용됩니다. 열심히 쌓아둔 지식을 연결해서 다른 사람이 보지 못하는 무언가를 발견해내는 과정이 주식 투자라고 생각하거든요.

주식시장에서 '시그널'은 다양한 뜻으로 해석됩니다.

기술적 분석을 신봉하는 트레이더들에게는 추세선을 돌파하는 순간이나 5일선, 20일선, 120일선을 지지하는 순간 등을 의미하기도 하고요. 가치 투자자들에게는 실적 턴어라운드를 하는 순간이라든가, 신제품이 나오는 시기, 어느 상품이 기대치보다 높은 매출을 올리는 경우 등이 될 수 있습니다.

어떤 산업 전반이 크게 개선되는 가운데 장비를 증설하는 것도 회사의 가치를 새로 매기는 시그널로 보기도 합니다. 앞서 언급한 테슬라의 상하이 공장 신축, 아마존의 물류창고 증설 역시 주요한 시그널로 볼 수 있죠.

국가마다 다르기도 합니다. 대표적인 예가 바이오주입니다. **한국은 투자 심리에 따라서 주가가 움직이고, 미국은 펀더멘털에 따라서 주가가 움직입니다.** 한국의 경우 미국 식품의약국(FDA)에 임상1상, 2상, 3상을 '신청'하는 것만으로도 바이오주가 급등하는 시그널로 해석합니다. 하지만 미국은 신청한 것만으로는 상승하지 않습니다. 아직 데이터가 나온 게 아니거든요. 또 한국은 실제 임상 데이터가 좋게 나와도 테마 형성이 되지 않으면 많이 오르지 않습니다. 이미 신청 단계에서 올랐거든요. 하지만 미국은 임상 데이터에 따라 주가가 크게 출렁입니다. 바이오 회사의 재무나 지분은 한국에서는 크게 중요하지 않지만 미국에서는 중요한 기준이 되고요.

이처럼 **해당 종목이나 섹터의 가치를 바꾸는 어떤 변화**, 이것이 바로 **시그널**입니다. 이 시그널을 남들보다 빠르게 캐치할 수 있다면 큰돈을 벌거나 손실을 막을 수 있겠죠.

시그널을 알아차리는 것은 투자자의 '관점'입니다. 같은 사안을 자신만의 관점으로 해석하는 거죠. 이 관점을 정립하는 것이 주식 투자에서 가장 어려운 일인 동시에 꼭 필요한 일입니다.

이 '관점'을 얻는 방법을 많이들 물어봅니다. 하지만 관점이라는 것은 누가 알려준다고 생기지 않아요. 지식과 경험의 산물이죠.

간단한 예로 정치 성향이 있겠죠. 진보와 보수, 좌파와 우파 같은. 한쪽의 성향으로 세상을 볼 때 같은 사안도 완전히 다른 것으로 보이잖아요.

주식도 마찬가지입니다. 많은 지식과 경험을 쌓아야 자신만의 관점이 생기고, 자본이 움직이는 하나의 순간을 캐치할 수 있는 능력이 생깁니다. 생각만 해도 멋지지 않나요? 멋지지만 그냥 얻을 수는 없습니다. 그렇다고 불가능한 능력은 아니에요.

이 부분은 많은 예시가 필요해요. 뒤에서 따로 설명해나가겠습니다.

실행
– 전략에 정답은 없다

지식을 바탕으로 시그널을 발견했다면 어떻게 투자할지를 결정해야 합니다.

투자 전략은 사람마다, 상황마다 다 달라요. 어떤 사람은 단타로 접근할 수 있고, 어떤 사람은 스윙이나 장기 투자로 접근할 수 있습니다. 매수·매도 역시 분할로 접근할 수 있고 한꺼번에 실행할 수도 있습니다. 이처럼 HTS에서 직접 주식 종목을 사고팔아 수익을 내는 것 외의 방법도 있죠. 채권을 매매할 수도 있고, 현물(상장 주식)이 아닌 선물, 옵션에 투자할 수도 있습니다. 또 펀드로 대표되는 간접투자 방식도 있습니다. CB(전환사채) 등 메자닌, 사모펀드나 투자조합 등을 통해 상장사나 비상장사에 접근할 수도 있습니다. 최근에는 장외시장에서의 비상장 주식 거래 규모도 커지고 있죠. 한편 가상화폐인 코인이나 토큰으로 접근할 수도 있겠죠.

54

제가 초기에 잘못 생각한 부분이 '주식은 단타가 생명'이라고 믿고 다른 길은 생각하지 못했던 거예요. 그런데 자산이 늘어나면서 어쩔 수 없이 여러 종류의 매매를 시도하게 되었고, 결국 투자 방식에 정답은 없음을 깨닫게 되었어요. 다 나름의 철학과 방법이 있더라고요. 각자가 자신에게 맞는 방법으로 주식을 하면 됩니다. 결국 투자라는 것은 자본을 증식시키면 되는 것이니 방법은 선택의 문제라는 것입니다.

저는 500만 원에서 30억 원까지는 단타로 접근했고, 이후 70억 원까지는 단타와 스윙, 펀드를 섞었습니다. 그리고 이후에는 비상장 주식과 펀드 투자 비중이 상장 주식보다 10배가량 많아졌습니다. 2021년 말부터는 해시드벤처스의 블라인드 펀드*를 중심으로 다양한 블록체인 업계에 눈을 돌리면서 투자 포트폴리오를 다변화하고 있습니다.

어떤 전략을 취하건 무조건 실전 매매를 많이 해야 합니다. **실전에 필요한 느낌은 오로지 실전을 통해서만 배울 수 있거든요.** 그래서 저는 모의 투자를 권하지 않습니다. 아예 처음부터요. 모의 투자는 불가능한 경험만을 안겨줄 뿐, 도움되는 게 하나도 없다고 생각합니다.

● 자금을 먼저 모은 이후 투자하는 방식의 펀드.

주시
– 시장에서 눈을 떼지 말 것

아주 초심자가 아닌 한 어느 종목이나 섹터를 하루에 혹은 단번에 목표량만큼 편입하지는 않을 겁니다. 일단 정찰병부터 보내고 시황과 업황에 따라 물량을 조절할 겁니다. 고확신 트레이더라면 자신의 생각에 맞게 주가가 오를 때 더욱 물량을 늘려갈 것이고, 단타 트레이더라면 조금이라도 주가가 상승할 때 물량을 늘리기보다는 수익 실현에 집중할 겁니다.

일단 종목을 편입했다면 그러한 결정에 근거가 되어준 사실들이 유지되는지 끊임없이 관심을 기울여야 합니다. 매수를 결정하고 편입했다고 이제 잠재적 매도자로 남는 게 아니라는 뜻입니다. 이제 시작이라는 거죠.

이후에 어떤 판단을 하게 되든 자신이 편입한 포트폴리오는 꾸준히 주시해야 합니다. 실수로 공시나 뉴스를 못 봐서 매도할 타이밍을 놓쳤다거나 추가 매수 기회를 놓쳤다거나 하는 것은 모두 평계에 불과합니다. 평계로 성공한 사람은 가수 김건모 말고는 없습니다. 평계는 이미 "나는 실패했다"라는 소리라고 생각하시면 대부분 맞습니다.

효과적인 투자 전략이었는지, 자신만의 원칙을 지킨 매매였는지, 나와 잘 어울리는 전략이었는지 살펴보는 것은 기본입니다. 그리고 내가 모든 원칙을 잘 지켰더라도 시장이 너무 과열되고 있는지, 반대로 시장의 투심이 차갑게 식어버리는 이벤트가 있는지 등을 계속 살펴야 합니다.

저는 매일 두 번의 리포트를 준비합니다. 장이 시작하기 전 '시그널 리포트'를, 장이 마감될 즈음 '이브닝 리포트'를 작성하는데, 이를 위해서도 어쩔 수 없이 시장을 계속 지켜봅니다. 그러면서 내 투자 전제는 유지되고 있는지, 새로운 요소가 더해졌는지, 내 포트폴리오를 둘러싼 정부 정책에 변화가 있는지 계속 관찰합니다.

월급쟁이 시절에는 시장을 늘 지켜볼 수 없었습니다(물론 코로나 시절에는 재택근무가 활성화된 만큼 조금 더 나았겠지만요). 그렇기 때문에 직장인이고 시장을 계속 주시할 수 없는 분이라면 투자의 범위를 극단적으로 한정 지어야 합니다. 저는 그 한정 범위가 바로 자신의 업무와 맞닿은 영역이라고 생각합니다. 자신의 업무 범위를 아우르는 영역의 투자라면 일을 하는 중에도 직간접적으로 체크가 가능할 겁니다.

하지만 저는 욕심이 좀 더 많았습니다. 직장 다니던 시절에도 외주를 통해 매크로 프로그램을 짜서 제 종목에 관한 모든 뉴스를 자동으로 클리핑해서 텔레그램으로 실시간 전달되게끔 했습니다. 반복 작업에 불과하다면 모두 자동화했습니다. 크몽 등에 의뢰하면 몇십만 원에 만들어주는 사람이 많습니다. 지금은 회사에 프로그래머가 합류해 함께 일하는 덕에 필요한 것을 직접 만들어 쓸 수 있게 되었습니다.

감지
– 오픈 마인드를 유지해야 보인다

매일 리포트를 만들다 보면 변화에 매우 민감해집니다.

2021년 7월은 장이 정말 안 좋았습니다. 하지만 8월에 접어들고 이삼일 지나자 바로 변화를 감지할 수 있었습니다. 지수와 상관없이 시장에서 리스크 온* 성향이 강해진다고 봤습니다. 2021년 8월 6일에는 관련 내용을 리포트에 적었습니다.

SIGNAL REPORT   2021.8.6.

- -

굿모닝.
모든 것은 예측대로 돌아가고 있습니다. 대형주의 시간도 맞고 메타버스의 시간도 맞습니다.
그리고 여전히 다 좋고, 9월 초까지 마지막 스퍼트가 맞지만 연고점 3316을 벗기는 게 쉽지

● Risk on. 시장에서 위험 감수 성향이 강해지는 것. 지수가 오르는 신호로 해석한다.

는 않을 것입니다.

하지만 한국 시장의 수급이 좋은 것은 사실입니다. 갈라파고스 중국을 벗어난 수급들이 한국으로 급격하게 들어와 있기 때문입니다.

그런데 미국이 막 그렇게 좋진 않아요. 그래서 횡보가 나올 확률이 여전히 큽니다. 여전히 전세계 펀드들이 미국을 팔고 있습니다.

지금 오르는 것이요? 개인이 수급 주체입니다. (며칠 전 한국 수급 이야기와 비슷한 논리네요.)

대형주들은 계속해서 9월 초까지 차익 실현 + 불안감을 타고 오르는 상승이 나올 것이며 더 빠지지 않는다는 기대심리는 'Risk on'의 심리를 만들어냅니다.

> 그 증거가 7월까지 호재 뉴스나 공시가 나오면 Sell on the news였지만, 8월부터는 호재 뉴스와 공시에서 BUY로 바뀌었습니다.
> 카페24가 그렇고 에스엠이 그렇고 다나와가 그렇습니다. 또 디스플레이텍(현대차)도 그렇습니다. 과매수 구간에서도 매수 버튼이 거침없이 나가는 것이죠.
> 메타버스는 전체적으로 전부 그렇습니다. 테마 자체가 벌겋게 달아올라 있지만, 개인-기관 가릴 것 없이 메타버스 수혜 업종에 손이 올라갑니다.

'빠지면 기회다'라는 말을 종종 드립니다. 9월 초까지가 마지막 그런 기회입니다.
9월 추석 지나면 아마 주식 못 할 겁니다.

여러 이유가 있지만 99.99% 어떤 경우의 수라도 테이퍼링과 긴축이 시작될 것입니다.
0.01%의 다른 길도 있습니다. 바로 2020년 3월처럼 높은 치명률과 함께 코로나가 재유행해서 다시금 봉쇄되는 것입니다.
이 경우 긴축을 안 하겠지만, 이는 이대로 경제 전망에 대한 암울함으로 인해 일시적 충격은 반드시 옵니다. 그다음 다시 오르겠죠. 할 게 주식밖에 없어서;;

그러나 99.99%의 길은 돈을 거둬들이기 시작하고 머리 좋은 순서대로 돈을 빼서 부동산에 넣을 것이기 때문에 주식시장은 안 좋을 거예요.
물론 한국은 대선이라는 빅 이벤트가 있어서 재미를 열심히 보고 있겠지만요.

△ 시그널 리포트. 리스크 온에 관한 코멘트.

하지만 9월로 접어들고는 바로 리스크 오프[•]를 감지했습니다.

● Risk off. 시장에서 안전 지향이 강해지는 것. 지수가 떨어지는 신호로 해석된다.

굿모닝.

> 9월이 이제 이틀 지났죠. 1일과 2일을 겪어보니 시장이 8월보다 리스크 오프 경향이 있
> 네요. 8월은 전체적인 약세성 횡보에서도 호재가 나오면 강하게 반응했는데요. 9월은 호
> 재에 반응하기는 하지만 몸을 사리고 있다고 보입니다.

실제로 '주가가 상승할 때마다 현금화를 하고 있는 사람들이 늘고 있구나'라는 생각을 하게
합니다. 반도체에서 상당히 좋은 소식이나 배터리 업계에서 좋은 소식이 들려도 그때뿐이고
계속해서 현금화를 하는 것 같아요.

다만 그건 상위 시총주에 있어서고요. 대다수 조 단위 회사들과 중소형주에서는 리스크 온
현상이 확실하게 나타나주고 있습니다. 이미 6조에 접어든 펄어비스와 20조가 훌쩍 넘은 크
래프톤, 40조에 가까운 카카오뱅크 등이 그 증명을 하고 있고요.

앞으로 성장이 확실하거나 기대되는 종목들에 대해서는 계속해서 좋게 판단해도 좋다. 혹시
시장이 급락해서 빠질 경우 바닥 확인을 하면 최우선으로 편입하는 친구들로 생각하면 된
다…. (언제 이런 종목들 리뷰를 하면 좋겠네요.)

여튼 시장은 어제와 다를 게 없습니다.
너무 좋게 볼 필요도 없고 너무 나쁘게 볼 필요도 없습니다. 대중이 좋게 보는 종목은 거리를
두시고, 대중의 관심에서 멀어지는 종목 중 향후 업황이 좋아진다면 눈에 담아두세요.

9월 추석 전에는 웬만하면 주식 0으로 해두시고요.
9월은 몇 종목 잘 골라서 매매하는 것만으로 충분하다. 이렇게 생각하시면서 매매하시면 좋
겠습니다.

△ 시그널 리포트. 리스크 오프에 관한 코멘트.

　　　실제로 8월은 지수가 하락했음에도 대형 공시나 호재 뉴스가
나올 때마다 종목이 큰 폭으로 상승했습니다. 하지만 9월로 접어
들자마자 어떤 종목에서 호재 공시나 뉴스가 나와도 사람들은 매
도하는 데 급급했습니다.

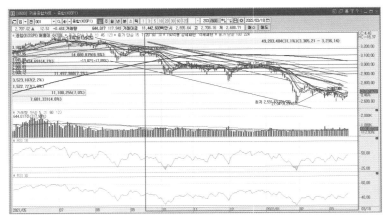

△ 추석 즈음부터 지수가 지속적으로 하락하는 것을 볼 수 있다.

에코프로비엠이 10조 매출 계약을 성사시켰음에도 공시가 나
온 당일에 장대 음봉을 만든 게 대표적 사례죠(물론 다음 날부터 쭉
쭉 올랐습니다).

ıll

이렇게 매크로적 변화를 감지하는 것은 어디까지나 시황을
읽기 위한 한 가지 방편에 불과합니다. 진짜는 자기 포트폴리오와
관련된 변화를 감지해야죠. 자기가 샀을 때의 전제조건이 달라지
거나 연결된 업황이 변화하는 조짐을 느끼는 등 자신의 투자 판단
과 관련된 모든 것에 안테나를 펼쳐두고 바뀌는 것을 있는 그대로
인지해야 합니다. 이제 그 변화가 업사이드 리스크* 인지, 다운사이

● 시장 상승에도 손실을 입는 위험.

드 리스크[•] 인지 차분히 판단합니다.

변화를 감지하는 데 가장 중요한 것은 겸손과 신중함입니다. 오만과 편견, 강한 자아가 분명 알아차릴 수 있는 변화를 못 보게 막기 때문입니다.

이미 손실이 진행 중임에도 고집을 꺾지 않아 돌이킬 수 없을 정도로 손실을 키우는 경우를 주변에서 숱하게 봅니다. 또 겸손이 부족하면 목표를 비현실적으로 가져가기 일쑤입니다. 적당한 낙관론은 필요하지만 과도한 낙관은 한 치 앞 낭떠러지를 못 보게 눈을 가릴 수 있어요.

따라서 세 가지를 반드시 명심해야 합니다.

내가 틀릴 수 있다.
실수를 인정한다.
견해를 바꾸는 건 창피한 게 아니다.

겸손함이 단단하게 바닥에 깔려야 신중함이 생길 수 있습니다. 신중함은 겸손에서만 나올 수 있는 인성적 요소입니다. 겸손하기 위해서는 무엇보다 '오픈 마인드'가 필수입니다. 모든 가능성을 열어두고 상황을 볼 수 있는 자세죠.

사실상 오픈 마인드가 아닌 사람은 주식을 할 수 없다고 보는 게 맞습니다. 주식은 누구나 잘할 수 있는 게 아닙니다. 전 세계의

● 시장 하락에 따른 손실 위험.

날고 기는 천재들과 겨뤄야 하는 게임이에요. 자신의 바운더리를 깨부수는 열린 마음으로 세계의 지식을 받아들이고 자신의 것으로 만들려는 마음가짐이 필요합니다.

투자자들이 자주 걸리는 심리적 함정이 있습니다. 바로 '자신이 가졌던 처음 의견을 계속 지키려고 하는 것'입니다. 예를 들면 시장의 각종 지표를 분석한 뒤 시장이 하락한다고 예상했고 꾸준히 하락에 베팅하고 있는데 지표가 올라도 좀처럼 포지션을 바꾸지 못합니다. 지금 포지션을 변경하면 바로 시장이 하락해버릴 것만 같은 기분이 들거든요.

그래서 '**견해를 바꾸는 것에 감정을 섞지 않는 것**'이 맞다고 생각합니다. 시장이 올라간다는 지표를 보여준다면 애써 부정하지 마세요. 시장이 언제나 옳습니다.

아이러니하지만, 그렇기 때문에 저는 **감정에 휘둘리지 말아야 한다는 원칙을 가져가는 동시에 제 감정을 매매에 분명히 참고합니다.** 제가 어떤 종목을 매매할 때 나도 모르게 굉장히 낙관적이거나 큰 수익을 꿈꾸고 있다면 지금은 '과열'이라고 판단하고 무조건 비중을 50% 줄입니다. '익절'하는 거죠. 반면 제가 해당 종목에 대해 불안이나 두려움을 느끼면 오히려 호재일 수 있다고 생각해서 소액이라도 정찰병을 보냅니다.

제가 아무리 매매를 오래 했다지만 여전히 호구개미 본능이 깊숙이 남아 있다는 걸 스스로 알기 때문에 원초적 기분에는 반대로 행동하려고 노력하고 있습니다. 스스로 심리적 함정에 자주 걸린다는 걸 잘 알고 있는 거죠.

대응
— 완벽하게 기계적으로

변화를 감지하면 반드시 어떤 행동이든 해야 합니다.

업사이드 리스크가 발생한 경우 익절할 것인지, 더 높은 목표로 재설정한 후 불타기*를 할 것인지 정해야 합니다.

다운사이드 리스크가 발생한 경우에는 손절할 것인지, 물타기**를 할 것인지 결정해야 합니다.

어떤 이벤트가 발생했는데 아무런 행동을 하지 않는 사람은 그냥 먹이가 될 수밖에 없다는 걸 명심해주세요.

대응을 할 때는 무엇보다 감정을 분리해야 합니다. 저는 감정을 필요한 요소로 생각합니다. 실행 전략을 짤 때만입니다. 제가

- 예상보다 높은 가격에 주식을 사 물량을 늘리는 것.
- ●● 평균 단가보다 낮은 가격에 주식을 사서 전체 평단가를 낮추는 행위.

너무 낙관적으로 보고 있다면 매매를 줄입니다. 반면 비관적으로 본다면 오히려 정찰병을 보내봅니다.

하지만 **대응의 영역에서는 완벽하게 기계적 마인드로 움직여야 합니다.**

주식 투자는 매우 힘든 감정노동입니다. 정확히는 감정 '소모' 노동입니다. 상장 주식 투자는 고통의 대가로 수익을 맛보는 것이지, 순수한 의미의 자본수익이라고 생각하지 않습니다. 살 떨리는 금전적 손실의 위험을 감내하며 수익을 추구하는 것입니다. 힘든 결정을 내리고 나서야 수익이라는 찬란한 행복을 맛볼 수 있고요.

ııl

대응에서 가장 중요한 것은 애착을 버리는 일입니다. 누구나 자기가 선택한 포지션에 애착을 갖습니다. 하지만 이 애착은 판단력을 흐리게 하는 대표적인 감정입니다. 이미 상황이 변해서 대응을 해야 하는 순간만큼은 철저히 기계적으로 객관적 사실만을 봐야합니다. 주가가 올라서 판단이 흔들린다면 이미 감정에 지배당하기 시작한 겁니다. 그때는 포트폴리오를 줄이는 게 맞습니다.

손실에 대한 두려움을 버려야 합니다. 이 말은 '반드시 벌어야 하는 상황'과 같은 말입니다. 등록금이나 생활비를 마련하기 위해 주식을 하거나 빚을 낸 돈으로 주식을 하는 상황에서는 감정을 버릴 수 없죠. 그런 상황이라면 아예 주식을 해서는 안 되는 겁니다. 그런 사람은 이미 잃고 시작하는 거니까요.

조급함도 버려야 합니다. 자신의 현재 대응이 확실한지, 이성적으로 판단했는지, 인내심을 갖고 검증해야 합니다. 시장이 요동친다는 이유만으로 섣불리 대응해서는 안 됩니다. 담력이 있어야 하지만 용기에는 근거가 있어야 합니다. 제대로 판단했다면 더 참고 인내할 수 있어야 합니다. 불필요한 거래를 줄이고 정말 필요한 거래인지 한 번 더 자문해보세요. 손끝을 최대한 덜 써야 합니다.

손절한 트레이딩에 후회를 둬서는 안 됩니다. 주식을 하다 보면 손절 후에 주가가 크게 오르는 일을 종종 겪게 됩니다. 그러면 일반적인 투자자들은 원인을 찾다가 자괴감에 빠지기도 합니다. 원인을 찾으면 다음번에는 더 잘할 거라고 생각하겠지만, 그것은 착각입니다.

손절 후 주가가 올라도 미련을 둬서는 안 돼요. 손절 자체를 괴로워하지 마세요. 원칙에 따라 작은 손실을 확정하고 향후 쌓일 큰 손실을 막았다고 생각해야 합니다. 원칙을 지킨 매매에 자부심을 가져야 해요.

손절한 게 잘못한 트레이딩이 아니라는 뜻입니다. 100% 다 맞는 트레이딩은 존재할 수 없어요. 심지어는 내 원칙대로 모든 걸 다 했는데도 손실이 날 수 있는 게 주식 투자입니다. 자신이 선택한 기준에 다다르면 기계적으로 손절하겠다는 원칙을 세웠고, 그대로 했다면 잘한 겁니다.

반성
– 구멍을 채움으로써 얻는 자신감

모든 일련의 과정을 거친 후 실패한(손실로 마감한) 매매나 실수로 이익을 거둔 매매는 반드시 복기하는 매매일지를 써야 합니다.

특히 진입은 했지만 살펴보니 왜 진입했는지 이유를 모르는 트레이드는 정말 크게 반성해야 합니다. 그것이 바로 자신의 약점이에요. 그 부분을 꾸준히 채워가야 합니다.

이렇게 약점을 채워가면서 얻는 게 있습니다. 바로 자신감이죠. 이 자신감이야말로 투자자로서 트레이더로서 가장 중요한 정신적 자본입니다. 이 정신적 자본이 마이너스인 경우에는 자신감 상실 때문에 어떤 매매를 해도, 결정을 해도 잘될 리 없습니다.

반성은 정신적 자본을 쌓아가는 가장 중요한 반복 행위라고 생각합니다.

저는 매매 실수나 혹은 불운으로 큰 손실이 났을 경우, 저나

가족을 위해 소비를 합니다. 100만 원을 잃으나 101만 원을 잃으나 차이가 있겠습니까. 1억을 잃으나 1억 100만 원을 잃으나 같잖아요. 오히려 이번 실수로 무언가를 배웠을 거라 생각하고, 자괴감 대신 다음 승부를 기약하는 작은 선물을 스스로에게 줍니다. 이런 과정들을 거치며 저만의 강점이 생겼고, 지금도 계속해서 저의 관점은 진화하고 있는 중입니다.

여러분에게도 매일 매매일지 쓰시는 것을 추천합니다. 그렇게 하다 보면 자신의 강점이 분명히 보입니다. 남들은 약하면서 자신은 강한 지점에서 매매한다면 승률이 높아지지 않을까요? 모든 부분에서 잘할 필요는 없습니다. **자신만의 강점을 찾는 게 더 중요합니다.**

저는 실제로 2016년 후반까지 1년 넘게 **매매한 모든 종목을 엑셀에 기입해서 진입 가격과 매도 가격, 진입 이유 등을 꼼꼼히 적었습니다.** 이후에는 상한가를 기록한 종목과 거래량 천만 주를 넘긴 종목을 매일 정리했습니다. 단 하루도 빼놓지 않고요.

그 덕에 지금은 웬만한 종목들이 움직이는 이유와 빠지는 이유, 조금은 말이 안 된다고 보이는 주가 상승이나 하락의 원인에 대해서 구체화가 됐습니다.

이렇게 만든 주식 관련 에버노트 기록이 1만 5000개가 넘어갑니다. 이렇게 매일 관찰하고 반성한 내용이 몇 년째 쌓이면서 지금의 저를 만들었습니다.

한편 이 과정을 반복하면서 한 가지 확신을 갖게 되었습니다. 바로 **주식은 적중률 싸움이 아니라는** 것입니다. 초보들은 어떤 기법이 얼마나 맞는지 퍼센티지를 요구하지만, 그런 건 필요 없습니다. 주식 투자에서 중요한 건 적중률이 아니라 '돈을 버는 것' 그 자체입니다. 똑똑한 사람이 될 필요 없습니다. 남에게 말한 자신의 예측이 맞을 필요도 없습니다. **오직 '당신이 돈을 버는가'만이 중요합니다.**

반복
- 그릿을 해빗으로

마지막으로 필요한 것은 **반복**입니다.

　누군가 저에게 가장 자신 있는 게 뭐냐고 묻는다면, 어릴 때도 지금도 '끈기'입니다. 저는 지치지 않을 자신이 있어요. 무언가를 해내야 한다면 그에 상응하는 어려움과 괴로움, 고난이 반드시 있을 것이고, 그것들이 제 예상보다 실제로는 훨씬 강력할 거라고 생각합니다.

　아주 잘될 거라고 너무 높은 기대를 하지 않아요. 그렇다고 너무 낮게 기대하지도 않습니다. 제가 믿는 것은 '내가 노력하는 만큼만 하느님이 이뤄주실 것'이라는 사실입니다. 그래서 저는 최대한 노력합니다. 기대하는 만큼이 아니라 노력하는 만큼 이뤄낼 것이라 믿기 때문이죠.

　중학교 1학년 때였던 것 같습니다. 아버지가 제 책상에 "만에 하나"라고 적은 종이를 붙이곤 이게 무슨 뜻인 것 같냐고 물으셨죠. "만 개 중의 하나, 확률 아닌가요?"라고 대답했더니, 아버지가 이렇게 말씀하셨어요.

"네가 앞으로 살면서 만 가지 일을 계획하면 그중 한 개만 네 맘대로 되고 9999개는 다 맘대로 안 된다는 소리야. 그러니 너는 저 9999개가 잘되도록 매번 더 많은 노력을 해야 한다."

지금도 그렇게 믿고 있습니다. **절대로 내 맘대로 될 리 없다는** 것을요.

그래서 지금도 투자를 할 때 몇 번이나 검토하고 나서 결정합니다. 저 혼자 하지 않고 주변의 지인들에게도 몇 번이나 물어보고 신중하게 결정하고요.

주식만 그럴까요? 세상만사 모든 일에서 성과를 내려면 아주 힘들 겁니다. 지금까지 투자와 전혀 상관없는 삶을 살아왔다면, 주식에서 성과를 내는 건 어쩌면 몇십 배 더 힘들 거예요. 그럼에도 주식에서 성과를 내고자 한다면? 어쩔 수 없습니다. 열심히 하셔야 해요. 부단히 노력하셔야 해요.

노력이란 것도 마음먹는다고 되는 건 아니죠. **열정이 있어야 지속됩니다.** 돈에 대한 열망만이 아니라 주식 자체에 대한 재미와 흥미, 도전 정신 따위가 계속하는 힘이 됩니다. 열정이 남들보다 더 열심히 노력하고 창의적인 무언가를 찾아내게끔 하죠. 스스로 전자공시를 뒤지고, 사람들을 만나서 투자 아이디어를 논하고, 직접 IR 담당자에게 노크하는 겁니다.

돈만 보고 주식하는 사람들은 자신이 직접 찾으려고 노력하기보다는 남들의 손과 귀와 입을 빌려서 어떡하든 시간을 단축하고 효율화하는 데 집중합니다. 그러면 시간이 지날수록 실력 차이는 더욱 벌어집니다.

열정을 가진 투자자는 매우 비효율적인 투자 방법을 추구할 겁니다. 제가 그렇습니다. 지금도 매일 80~100페이지의 리포트를 만들어내는데, 제가 봐도 엄두가 안 납니다. 누구더러 하라고는 못해요. 하지만 저는 이 작업이 즐겁습니다. 매일 전 세계의 시장을 보면서 하나씩 알아가는 즐거움이 고된 과정을 잊게 합니다.

열정이 있기 때문에 즐거운 것이고, 즐겁기 때문에 노력할 수 있는 겁니다. 그리고 이렇게 계속 반복해야 합니다. 주식시장에 있는 한 평생 공부해야 하는 거죠.

저도 처음에는 어려웠어요. 직장 다니면서 주식하는 것도, 새벽 4시에 일어나는 것도 어려웠습니다. 그때 필요한 게 바로 그릿(grit, 근성)이에요. 처음에는 그릿의 힘으로 나를 맞춰가는 겁니다.

딱 100일만이라도 해보세요. 어느 순간 그릿은 해빗(habit, 습관)으로 바뀝니다. 습관이 되는 순간 더는 고통스럽지 않아요. 매일 아침 일어나서 무의식적으로 양치하고 샤워하는 것처럼, 주식에 대한 공부도 그렇게 시작하는 겁니다.

열정을 기반으로 즐거움과 노력, 근성, 습관을 가진 투자자는 그렇지 않은 투자자들에 비해 엄청난 우위를 갖고 시장에 참여하는 것입니다. 열정을 찾으시길 바랍니다.

물론 시간 확보는 반드시 필요합니다. 아무리 주식 공부가 재밌고 열정이 넘치더라도 일주일에 겨우 몇 시간 투자할 수 있는 사람은 절대 시장을 따라잡을 수 없습니다.

　사실 저는 주식을 하겠다는 사람이 있으면 말리는 편입니다. 생각보다 너무 어렵고 공부도 많이 해야 하거든요. 그래도 하고 싶다는 사람들에게는 3년은 공부한다 여기며 자기만의 방법을 찾아야 한다고 조언해줍니다. 베끼는 것으로는 절대로 성공할 수 없다고요.

3장

시그널을 보는
눈

새벽 4시, 하루의 시작

매일 새벽 4시, 알람이 울리면 바로 일어납니다. 집 근처에 사무실이 있어 새벽 4시 30분 정도에는 출근합니다. 같이 일하는 사람들도 새벽 4~6시 사이에 출근해서 데이터를 정리하고 리포트를 준비합니다. 정말 출근이 빠르죠?

누구 하나 늦거나 빼먹으면 저희가 매일 발행하는 '시그널 리포트'가 제시간에 나가지 못하기 때문입니다. 2019년 처음 서비스를 시작한 이래로 단 하루도 빼놓지 않고 발행했는데요. 해외 출장을 갔을 때도, 상가에 가느라 지방에 내려갔을 때도, 심지어 제가 입원한 경우에도 매일 발행했습니다.

이 일일 리포트는 제가 필요해서 만들기 시작했어요.

증권사나 기관들은 매일 새벽에 전략이 정해집니다. 각 부서 회의를 통해 어느 섹터, 어느 종목을 사고팔지 이미 다 결정하고 움직이죠. 하지만 개인 투자자들은 상당수가 그날 9시 장이 열려서야 전략을 짜는 등 기관에 비해 상대적으로 너무 늦거나, 아예 전략이 없거든요. 그래서 매일 아침 전략을 미리 짤 수 있는 일일 리포트가 필요했어요.

그런데 개인 투자자에게 맞는 리포트는 없었어요. 정말 열심히 찾았는데 없었습니다. 있었으면 제가 그 발행인을 찾아갔거나 구독을 하거나 했을 거예요. 그래서 '그냥 내가 만들자' 하고 생각한 그날부터 만들었습니다. 그게 2019년 5월 2일이에요.

SIGNAL REPORT   2021.8.30.

- -

갤럭시 폴드3 + 플립3 관련주
주변에서 이번 신제품에 대한 평이 아주 좋네요. 디테일 면에서는 애플보다 떨어지지만,
그건 애플을 써본 사람들 입장이고요. ㅎㅎㅎ
애플을 써보지 않은 사람들은 이번 신제품에 대한 평이 최고입니다.
그래서 최근 관련주들이 많이 오르고 있는데요.
에버노트를 찾다 보니, 두 가지 종목에서 초과수익 가능성이 엿보여서 등록합니다. 방점
은 여러분이 직접 IR에게 전화를 해서 답을 구하셔야 하고요.
저도 해보긴 할 겁니다.

첫 번째 종목은 에스코넥인데요. 지난 7월 16일 IR과 통화할 때 플립3에 대한 공급 승인
을 진행 중이라고 했는데요. 팔로업이 안 됐습니다. 공급을 하고 있다면 호재가 되겠죠.
또 아모센스도 눈에 띕니다. 무선충전 차폐 원천기술로 최근 S20까지 공급했다는데요.
이번 신제품에도 공급한다면 시세를 줄 수 있겠죠.
둘 다 확인을 해야 하는 이슈입니다.

'초반 흥행돌풍' 삼성 폴더블폰, 없어서 못 판다 ★★★★★

삼성전자에 따르면 지난 17일부터 23일까지 일주일간 진행된 갤럭시Z 폴드3 · 플립3의 사

전판매량은 약 92만 대에 달했다. 이는 지난해 출시된 갤럭시노트20 사전판매량 대비 1.3배, 갤럭시S21 사전판매량 대비 1.8배 수준이다. SK텔레콤 관계자는 "24일 사전개통일 당일에 바로 제품을 받을 수 있는 바로도착 배송 서비스를 선택한 고객은 사전예약 첫날, 당일 전체 예약자의 약 30%를 차지하며 하루 만에 준비한 물량이 조기 마감됐다"고 말했다. 이동통신 매장 관계자는 "갤럭시Z 폴드3와 갤럭시Z 플립3에 대한 '역대급 관심'에 오프라인 판매처에선 물량 부족을 호소하고 있다"며 "매장을 찾은 이용자들에게 지금 구매해도 9월은 되어야 상품을 받아볼 수 있다는 안내를 하고 있다"고 밝혔다.

◎ 관련주

[특징주] KH바텍, 갤럭시Z 폴드3 흥행 기대에 '52주 신고가'

[특징주] 세경하이테크, 갤럭시 커버필름 독점 공급 부각에 15% ↑

[특징주] 폴더블폰 흥행에 부품주 2거래일째 상승… 이녹스첨단소재 9% ↑

[특징주] 파인테크닉스, 폴더블 스마트폰 부품 생산 부각에 15% ↑

[특징주] 갤럭시 신작 폴더블폰 부품주 강세… 증권가 호평

[특징주] 파인텍, 갤폴드3 역대급 인기에 세계 최초 폴더블 장비 개발 부각

[클릭 e종목] "인터플렉스, 갤럭시Z 폴드3 펜 적용… 실적 개선 기대"

[특징주] 디케이티, 갤럭시 폴더블폰 인기에 삼성전자 FPCA 전담 업체 부각

캠시스, 갤럭시Z 폴드3 · 플립3 품귀… 카메라 모듈 공급 수혜 기대감 '상승세'

덕산네오룩스 주식 매수 의견 유지, "삼성디스플레이에 신소재 공급"

[특징주] "우리 힌지 공급하는 것 맞다"… 한투 리포트 반박에 에스코넥 10% ↑

△ 시그널 리포트 예시.

제가 매일 하는 정리의 일부분입니다. 처음에는 제 강의를 듣는 수강생들이나 지인들에게 보내주다가, 결국 구독을 원하는 분들이 많아지면서 이 리포트를 서비스하는 회사를 차리게 됐어요. 이른바 '덕업일치'랄까요?

회사 사업이 되고 나니 뛰어난 파트너들과 함께 자료를 만들고 고도화하게 되었고요. 지금은 경제 콘텐츠를 만드는 스타트업과도 함께하고 있습니다. 앞으로 경제·주식 정보는 물론 블록체인과 비상장 주식 관련 리포트로까지 확장해보려고 해요.

제가 만드는 리포트는 매일 생기는 이슈를 정리한 것인 만큼 기본적으로 단기 매매에 최적화돼 있습니다. 하지만 이렇게 쌓인 정보가 몇 년째 이어지다 보니 단기뿐 아니라 중기, 장기 투자, 펀드, 메자닌, 비상장 등 모든 방면에 적용되도록 진화한 것 같아요.

'리포트'는 이렇게 만듭니다

이 리포트를 어떻게 만드는지 궁금해하는 분이 많았습니다. 사실상 제 주식 공부법이자 시그널을 포착하는 과정이므로, 여기에서는 리포트를 어떻게 작성하는지 조금 상세히 소개해보겠습니다.

리포트 작성 시 가장 중요하게 생각하는 것은 언제나 '시그널' 입니다.

1 없다가 생긴 것, 있다가 없어진 것
2 불확실성이었는데 리스크로 바뀐 것

그걸 찾기 위해 매일 오후 3시 30분 장이 끝난 후 나오는 대한민국의 모든 뉴스(정말 모든 뉴스)와 모든 공시(정말 모든 공시)를 다 봅니다. 말이 안 되는 것 같죠? 그런데 이게 됩니다. 안 해서 그렇지, 돼요. 그래서 새벽 일찍 출근하는 것이기도 하고요. 다만 이제는 조금 더 효율화되고 분업화되었습니다. 인공지능의 도움을 받고 있고요.

처음에는 저 혼자 만들었지만, 현재는 각 분야의 전문가들이 모여서 함께 만들고 있습니다. 국내 대형 로펌의 변호사, 현직 병원장과 의사 두 명, 국내외 제약사 연구원, 회계사, 세무사, 국내 굴지의 대기업 임원, 월 억대 트레이더 세 명과 월 천대 트레이더 세 명 외에 공무원 출신도 있어요. 그리고 저까지.

매일 새벽 3시 전에 저희 회사에서 개발한 알고리즘에 따라 모든 데이터가 모입니다. 그걸 회사 팀원들과 앞에서 소개한 파트너들이 빠르게 검토하고 분석해서 정리합니다. 꾸준히 개선하고 있고, 2021년 말 기준 다음과 같은 내용들로 구성됩니다.

● **시그널 리포트 카테고리 분류** ●

1 당일 시장 포인트

2 전체 리포트 요약

3 전일 시장 이슈(등락표, 주도 종목 등)

4 3번의 변동이 생긴 이유 분석

5 전일 시간 외에서 변동이 있었던 종목과 이유

6 당일과 다음 날 주식시장 일정

7 차트 관심주

8 테마별 주요 뉴스

경제 일반 섹션	국제 – 미국
경제 변화/인구구조 변화	국제 – 유럽
부동산	국제 – 중국
국제 – 미·중 패권전쟁	국제 – 그 외

원자재	CO_2/신재생[..]
국방	미래차
대북 경제 협력	우주항공
정부 정책	삼성전자/반도체
대선 – 여론조사[.]	IT/반도체
정치 – 윤석열	가상현실/가상자산
정치 – 이재명	IP/엔터
정치 – 제3지대(안철수 등)	코로나19
정치 – 여당	바이오
정치 – 야당	M&A 및 주요 공시
정치 – 그 외	기타

[.] 선거 끝나면 대선 관련은 사라질 섹션이 되겠죠.
[..] 탈탄소와 원자력 같은 게 여기 들어가겠죠.

정보들이 항목에 따라 배치되면 중요한 내용에 제가 별(★)표와 코멘트를 따로 달면서 주요 인사이트나 놓치기 쉬운 것들을 언급하곤 합니다. 분량은 평균 A4 100페이지입니다. 좀 많지요? 하지만 이 정도는 해야 돈을 벌죠.

보통은 오전 6시 30분 정도에 완성해 업로드하고 있습니다. 이렇게 몇 년을 해오다 보니, 시장을 보는 눈이 첨예해지는 것은 물론이고 동료들도 주식으로 수익을 얻는 선순환이 생기더라고요.

만드는 방법을 묻는 분들께 저는 간단하다고 말합니다. 모든 뉴스와 공시를 보고, 그 뉴스와 공시 중 주식시장과 연결될 것만 고르면 된다고요. 그럼 대부분은 이렇게 반문합니다. 그 뉴스와 공시 중 주식시장과 연결될 것을 어떻게 고르느냐고요.

가장 중요한 것은 앞서 설명했던 것처럼 '지식'입니다. 어떤 뉴스를 봤을 때 어떤 사람은 이를 돈 되는 정보로 생각하겠지만, 대부분은 '그냥 뉴스구나' 하고 지나가거든요. 이 돈으로 연결되는 필터를 머리에 갖고 있느냐 아니냐가 주식 인생의 성공과 실패를 결정한다고 생각해요.

저는 몇 년간 하루도 빼놓지 않고 주식시장에서 상한가와 천만 주 거래량 터진 종목들을 공부했어요. '왜 이 종목이 상한가(거래량 천만)를 기록한 거지?' 이걸 분석했어요. 이유를 못 찾았다? 그건 본인이 부족한 겁니다. 분명 이유는 있습니다. 어딘가에 숨어 있어요. 이유 없는 변동성은 없습니다. 긴 시간 그걸 찾다 보니 어느 순간 어떤 정보와 뉴스가 어느 종목에 변동성을 주겠다는 걸 자연스럽게 체득하게 된 겁니다.

한마디로 '수작업'입니다. 빠르게 밤 사이 쌓인 정보와 뉴스들을 스크리닝하며 각 목차에 배치하고, 시장에 확실하게 영향을 줄 것과 주겠지만 시간이 걸리는 것 등을 따로 구분해요.

리포트 만드는 알고리즘이 딱! 정해져 있을 거라 여기는 분들이 많더라고요. 단순하게 사람들이 많이들 언급하는 '제3자배정', 'FDA 승인', '코로나19' 같은 키워드로 연결할 수 있을 거라 기대하는 겁니다.

만일 어떤 키워드만을 빠르게 캐치해서 주식시장에서 돈을 벌 수 있다면 인공지능이 지배하지 않을까요? 우리가 아무리 빨라도 인공지능보다 빠를 수 있을까요?

게다가 주식은 같은 '제3자배정', 'FDA 승인', '코로나19' 키워드가 같은 종목에서 나오더라도 어떨 때는 오르지만 어떨 때는 급락하기도 합니다. 어떨 때는 오르지도 떨어지지도 않고 무반응을 보여요. 그날의 시황은 물론 그날의 섹터 시황, 즉 업황도 알아야 대응이 가능한 영역입니다. 그리고 시황과 업황 파악은 10년 차 애널리스트에게도 쉬운 일은 아닙니다. 그런 걸 주식을 이제 시작한 분이 '쉽게' 알 수 있을 거라고 생각한다면, 이미 시작부터 꼬이는 거죠.

나만의 리포트 만들기

정리해볼게요.

저처럼 리포트를 스스로 만들고 싶은 분들이 있을 겁니다. 물론 하실 수 있습니다. 하지만 알고리즘으로 데이터를 모으고 분석하는 것보다 파트너들이 수작업으로 분류하는 게 훨씬 중요합니다. 뉴스 한 줄을 봤을 때 '이 뉴스는 어느 섹터에 들어가야 하고, 관련 종목은 이거야' 하고 떠올릴 수 있다면, 누구나 자신만의 리포트를 만드실 수 있어요. 개인이 저희처럼 긴 분량을 만들 필요는 없습니다. 관심 있는 섹터들부터 시작해보면 어떨까요? 단, 어떠한 정보나 뉴스를 보고 이 뉴스가 영향을 미칠 가장 끝단까지 머리에 떠올릴 수 있도록 부단히 훈련하셔야 합니다.

처음에 여러분이 할 일은 잠들기 전에 상한가와 거래량 천만 주를 기록한 종목을 찾고 그 이유를 찾아 상세하게 정리하는 것입니다. 저는 에버노트에 각종 자료와 기사 링크를 북마크하고 코멘트하는 방식으로 기록했습니다. 각자에게 맞는 방식으로 정리하시면 됩니다.

제 경우 최종적으로 리포트를 만들 때는 당일 시황과 맞는 것들을 부각하고 일주일 내 혹은 한 달 내, 분기 내, 반기 내, 1년 내 등의 기준을 스스로 세워서 스쳐 지나가는 뉴스라도 다시 봐야 하는 시점을 일깨우기도 합니다.

무엇보다 수면 시간을 관리해야 합니다. **되도록 일찍 주무시고 일찍 깨야 합니다.** 하루 업무를 시작하기 전, 하루 장이 시작하기 전 충분한 시간을 가져야 합니다.

저는 9시, 늦어도 10시에는 잠자리에 듭니다. 그래야 새벽 4시에 일어날 수 있거든요. 수면 시간은 충분히 채우면서 일도 해야 하고 주식도 해야 하니까 선택한 저의 라이프 사이클입니다.

신호인가
소음인가

'무수하게 쏟아지는 뉴스와 공시, 정보에서 어떤 것이 돈으로 연결될 것인가?'

돈으로 연결한다는 것은 단순하게 주식에만 통용되는 게 아닙니다. 가상화폐일 수도 있고, 비상장 주식이나 펀드일 수도 있습니다. 부동산일 수도 있죠. 돈이 아니라 이성과의 연애라고 한다면, 상대방의 말이나 행동, 몸짓 등에서 진짜 마음을 읽어내는 것과도 같겠죠.

무수한 데이터에서 노이즈가 아닌 진짜 시그널을 찾는 능력이 있으면 어느 영역에서건 게임 체인저가 됩니다.

이 책이 출간될 2022년에는 아마 미국의 테이퍼링, 중국의 부동산 문제(헝다 등), 한국과 미국의 금리 인상, 오미크론을 넘어서는 새로운 코로나의 부상, 전 세계 긴축으로 인한 경기 침체 가능성 등 다양한 이슈가 쏟아질 겁니다. 그 속에서 시장 참여자들은 매일 아니 하루에도 몇 번씩 울고 웃고를 반복합니다. 하지만 시간이 지나고 보면 대부분의 이슈가 그저 노이즈에 불과했음을 깨닫게 됩니다.

거시적이고 전 세계적인 사건만 우리를 흔드는 것이 아닙니다. 심약한 개인 투자자들은 매일 일어날 수밖에 없는 일에도 일희일비합니다. 주식시장이 아주 조금만 흔들려도, 환율이 움직이거나 장기 채권 금리가 움직여도, 기관-외인의 매매 동향에도 크게 요동치죠.

이뿐일까요? 정치 이슈나 국제 정세 문제나 대내외 경제 이슈가 발생하면 호들갑을 떨면서 '망무새("망할 거야!")'가 됩니다. 또 발생했던 이슈가 사그라들면 '껄무새("그때 살걸!")'로 바로 돌변하죠. 증시가 조금 하락하면 세상 망한 듯 괴로워하다가 다음 날 시장이 급반등하면 또 따라잡기로 매수합니다.

이런 마음으로 주식을 할 때 문제는 계좌가 줄어드는 게 아닙니다. **가장 치명적인 문제는 '투자 심리의 번아웃'이 온다는 것입니다.** 인간의 정신력은 무한하지 않습니다. 한계가 있어요. 투자 번아웃이 오면, 아주 작은 증시 변동에도 '모든' 주식을 포기하는 상황이 발생합니다. 한 번쯤은 겪어보셨을 겁니다. 버티고 버티다가 아무것도 아닌 악재에 자포자기로 전 종목 손절해버리는 상황요.

그래서 주식 인생에서 노이즈와 시그널을 구별하는 눈을 갖는 건 대단히 중요하다고 생각합니다. 물론 하루아침에 되는 건 아니겠죠. 완벽한 경지라는 것도 없을 거고요. 저 역시 반성과 반복을 통해 조금 더 나은 투자자가 되어가는 과정에 있을 뿐입니다.

매도 바이블

완벽하지는 않지만, 제가 매수·매도에서 시그널과 노이즈를 구별하는 기준이 몇 가지 있습니다. 저는 이를 편의상 '**바이블**'이라고 부르는데요. 지키지 않으면 크게 후회하는 경우가 많아서 그렇게 부릅니다.

저도 흔들릴 때가 많습니다. 저조차 처음 보는 상황이 자주 벌어지니까요. 그런 갑작스러운 상황에서 매도와 매수 결정을 하려면 바이블이 매우 중요합니다.

매도를 결정할 때의 '기본적' 바이블은 아래의 두 가지입니다.

● '기본형' 매도 바이블 ●
1 주식시장에 영향을 주는 것은 뉴스나 언론 보도가 아니다. 영향을 주는 것은 펀더멘털이다.
2 그러므로 언론 보도는 회사의 펀더멘털에 영향을 주는 것인가를 가장 먼저 판단해야 한다.

보통 매수를 할 때 무지성으로 한 게 아니라면 자신의 매수 이유가 사라지기 전까지는 가지고 있을 테니, 매도는 딱 저 악재 노이즈만 피하면 된다고 생각합니다. 노이즈가 아닌 것은 시그널이고요. 자기가 매수한 이유를 흩어버리는 시그널이 발생할 때는 매도하는 게 맞겠지요. 그렇기 때문에 이 매도에 관한 노이즈를 구별하는 규칙은 단타, 스윙, 장기 투자는 물론 대부분에 걸쳐 맞습니다.

　주식을 하다 돈을 가장 많이 잃는 상황 중 하나가 악재 언론 보도가 나올 때였습니다. '없다가 생긴 것'인 데다 '불확실성'이 생긴 것이기 때문에 다운사이드 리스크로 평가되면서 주가는 급락합니다. 누구나 흔들리기 쉬워요.

　하지만 그 보도가 기업의 펀더멘털에 영향을 주는 게 아니라면 공포에 휩싸여 매도하기보다는 회사 IR에 전화를 해봅니다. 누구보다 빠르게 전화를 하죠. 전화번호는 HTS에서 기업 정보를 보면 나와 있거든요. 그래서 사실무근일 경우에는 오히려 매수의 기회로 삼습니다. 일시적인 노이즈일 경우에는 흔들릴 필요가 없는 거죠. 특히 '단독'을 달고 나오는 보도는 한 군데 미디어에만 노출될 확률이 높고, 사실이 아닐 가능성도 높다고 생각합니다.

　또 흔하게 겪는 악재 유형인 유상증자 등의 공시가 뜨면 물량이 쏟아질 때가 있습니다. 주주배정 유상증자를 할 경우 이미 그 종목을 가지고 있는 사람은 갑자기 폭탄을 맞는 거죠. 최소한 -15%를 맞고 시작하니까요*. 어쨌든 주주에게 손을 벌려 자금을 모은다는 것은 분명 안 좋은 시그널입니다. 회사가 정말 좋고 사업성이 있다면 3자배정으로 외부 기관의 투자를 받을 수 있었을 테니까요.

● 주주배정 유상증자의 경우 현 주가 대비 10~30% 할인해서 발행합니다. 즉, 현 주가 대비 싼 주식이 시장에 풀리게 되는 거죠. 그 물량이 풀리면 차익 실현이 일어날 것이기 때문에 미리 매도가 일어납니다. 규모에 따라 다르지만, 보통 하한가 가기 십상입니다.

하지만 그 종목을 가지고 있지 않은 경우에는 아주 좋은 매수 기회일 수 있습니다.

주주배정 유상증자라도 증자의 이유가 공장 증설이라거나 신규 사업이라거나 회사의 펀더멘털을 개선하는 유형일 경우에는 90% 이상이 원래 주가를 회복합니다. 시간이 좀 오래 걸리는 게 문제죠. 안 좋은 시그널이지만 노이즈로 해석할 수 있는 여지가 있습니다.

.ıl

매도 결정 시 '실전형' 바이블은 아래와 같습니다. 실전형은 단타건 스윙이건 장기 투자건 당일 시그널이 생기면 바로 대응해야 하는 영역입니다.

● '실전형' 매도 바이블 ●

1 재료 소멸로 판단되는 이슈라면 무조건 절반 이상 비중을 줄인다. 스스로 소멸인지 아닌지 판단할 능력이 돼야 한다.

2 오너 리스크일 경우 반드시 비중을 절반 이상 줄인다. 상장 기업에서 가장 중요한 건 오너다.

3 강한 지지선을 깨는 경우 반드시 회사에 전화해서 악재가 있는지 확인한다. 그리고 매수 이유를 재점검한다.

4 예상보다 빠른 시기에 '급등'이 나올 경우 비중을 절반 이상 줄인다. 시간을 사는 게 수익보다 훨씬 중요하다.

5 스윙, 장기 투자 매매 시 예상보다 많은 '평가수익'을 거두고 있을

경우 비중을 반드시 줄이기 시작한다. 마음속에 욕심이 생기기 시작할 때가 바로 매도를 시작할 순간이다.

6 뇌동매매로 매수했다면 즉시 전량 매도한다. 원칙 없는 매매는 결국 더 큰 실수를 불러온다. 당장은 수익을 내더라도, 나중에 더 크게 잃는다.

7 언제나 원칙을 갖고 매수했는지 살핀다. 원칙에서 어긋난 매매라면 그 즉시 물량을 줄인다.

8 마음속에 '조금 더'라는 욕심이 들면 그 즉시 물량을 줄인다. 자신의 심리는 가장 중요한 보조지표다.

9 일희일비하고 있다면 이미 말리고 있다는 증거다. 주식을 멈추고 주식과 전혀 상반된 일을 해서 뇌를 쉬게 하자.

10 조금이라도 자만한 마음이 든다면 곧 큰 실수가 생길 때가 온 것임을 명심하자. 항상 감사해하고 겸손해야 한다.

매도할 때는 지킬 게 많지요. 사실 이 기본형+실전형 매도 바이블 12가지가 모두 중요한 시그널입니다. **매수도 중요하지만 매도야말로 주식의 핵심입니다.**

사람들은 보통 '손절'이 어렵다고 합니다. 매도에는 원칙이 없기 때문에 어려운 겁니다. '손절' 자체에 의미를 두고 뭔가 공식 같은 걸 찾습니다. 몇 퍼센트에서 손절을 하느냐고 묻는 사람이 많은데요. (저도 처음에는 -5%라고 정했었지만) 정해진 선은 없습니다. 종목에 대한 확신이 있으면 등락에 마음이 오락가락하지 않습니다.

매수 바이블

매수할 때 유의미한 시그널인가를 보는 바이블에 대해 이야기해 보겠습니다.

매수 시그널은 단기, 중기, 장기 투자에 따라 조금씩 다른 양상을 보입니다. 특히 단타에서는 매수 시그널을 구별하는 게 가장 중요합니다.

매수 결정의 '기본적' 바이블은 아래의 세 가지입니다.

● **'기본형' 매수 바이블** ●

1   주가를 점차 올리는 것은 유동성과 실적이다. 유동성에는 정부의 자금과 기업의 투자가 있으며, 실적은 만고불변의 주가 상승 원동력이다.

2   주가를 빠르게 올리는 것은 그림이다. 이 그림이 기대감을 불러온다.

3   1번과 2번이 함께 존재할 때 주가는 '급등'한다.

주식 투자는 크게 가치 투자와 단기 투자로 양분됩니다.

가치 투자자는 기업의 펀더멘털을 맹신하는 투자를 합니다. 보통 1번에 가중치를 둡니다. 물론 가치 투자자도 2번을 보지만 비중은 적습니다. 보통 실적만 보다가 몇 년씩 빠지는 주가를 하염없이 바라보는 투자도 종종 나오죠.

단기 투자자는 사실 1번도 2번도 보지 않는 편입니다. '이벤트 드리븐' 투자라고 하죠. 단기 이슈에 대응해 아주 짧은 시간 내에 사고팔고를 마무리합니다. 굳이 1번과 2번 사이에서 따지자면

2번에 더 비중을 둡니다. 1번은 마음의 위안을 얻기 위해 아주 조금의 가중치만 두죠.

저도 초단기 투자인 스켈핑까지 해봤기 때문에 아주 잘 압니다. 그러나 단기 투자는 단기간에 큰 수익을 벌어들일 수 있다는 강렬한 유혹(500만 원으로 3년 만에 30억 만들기 등)에 생각 없이 뛰어들었다가는 낭패를 보기 십상이죠. 정말 많은 것을 포기하고 집중적으로 달려들어야 겨우 성공의 '가능성'을 볼 수 있는 게 단기 트레이딩입니다.

그런데 가치 투자도 단기 투자도 아닌 영역이 있습니다. 저는 단순하게 '펀드 투자'로 지칭하는데요. 제가 지난 몇 년간 일반 주식 매매보다 심혈을 기울이는 투자 영역으로, 사모펀드 또는 벤처캐피털을 통한 비상장사 투자입니다. 세 가지 바이블 중 3번을 철저하게 따르는 투자입니다. 비상장 투자는 시드 투자, 엔젤 투자, 프리 시리즈A, 시리즈A, 시리즈B, 시리즈C, 프리IPO 투자 등으로 순서를 밟아나갑니다. 시리즈A 이하에서는 아예 1번이 없는 상태로 출발합니다. 매출이 0인 경우도 있죠. 오로지 2번, 그림 하나만으로 투자합니다(상장하고 나면 '메자닌 투자'의 영역으로 들어섭니다. 메자닌에 관해서는 뒤의 11장에서 자세하게 다룹니다).

하지만 투자자들은 이 그림의 성공 가능성을 누구보다 빠르게 판단합니다. 인간의 라이프사이클을 바꾸거나, 영향을 주거나, 이용하거나 등을 누구보다 빠르게 판단하는 거죠. 그리고 이 그림이 성공할 경우 기존의 어떤 산업보다, 혹은 기존의 기업만큼의 유동성과 실적을 불러일으킬 것을 가정해서 투자합니다. 그리고 어느 시점에 유동성+실적+그림이 다 맞아떨어지면서 엄청난 가치 상승을 가져올 것으로 예상하는 거죠.

᠃ıl

매수 결정 시의 '실전형' 바이블은 다음과 같습니다.

● '실전형' 매수 바이블 ●

1 없다가 생긴 것, 있다가 없어진 것을 체크한다. 이를 캐치하는 능력이 생기면 큰돈을 벌 수 있다.

2 불확실성과 리스크를 구분하라. 불확실성 상태에서 리스크로 확정되는 순간이 주식 투자하기 가장 좋은 때다.

3 유동성과 관련된 이슈는 매수에 큰 영향을 준다. 정부의 정책, 기업의 투자는 자세히 봐야 한다. 특히 삼성, 현대, SK 등 대기업의 시설 관련 투자는 몇 번이나 봐야 한다.

4 대기업의 정책 변화는 매우 중요하다. 반드시 새로운 '투자'를 가져오기 때문이다.

5 기업의 실적을 높이는 이슈는 중소형주와 대형주 할 것 없이 가장 중요하다. 특히 신사업이나 대기업의 정책 변화로 생기는 실적 상승은 일시적이지 않을 확률이 높다. 일시적이지 않다면 주가의 큰 폭 상승을 기대할 수 있고, 주가 조정 시 매수 기회로 삼을 수 있다.

6 키워드에 집착하지 않는다. 주식은 키워드로 매매하는 단세포계가 아니다.

7 시황을 고려하라. 시황이 좋지 않으면 주가를 움직이는 힘이 크게

약해지므로 매수 수량을 평소의 절반 이하로 줄여라.

8 업황을 고려하라. 해당 종목이 속한 업황이 좋지 않다면 주가를 움직이는 힘이 대폭 약해지므로 매수 수량을 평소의 3분의 1 이하로 줄여라.

9 이왕이면 거래량이 많은 업황을 상대적으로 크게 보고, 종목도 가능한 한 호가가 많은 게 좋다. 관심 소외주에 홀로 관심 가져봤자 쓸쓸한 손절만 기다릴 뿐이다. 거래량이 많고 호가가 좋은 종목이 끼도 좋다.

10 이왕이면 차트상 고점인 종목보다 차트상 바닥이나 조정 중인 종목을 고르자. 올라가봤자 10%, 떨어지면 −30%인 종목을 굳이 매매할 필요 있겠는가. 같은 재료라면 차트가 좋은 종목이 더 잘 간다.

이 책에서 가장 중요한 부분이라고 볼 수 있지만, 누구나 이해하고 따를 수 있는 것은 아닙니다. 매수 시그널을 볼 수 있는 눈을 가졌다면 이미 성공적인 투자자겠죠.

지면의 한계상 일부 예시만 별도의 장들에서 들어보겠습니다. 매일 생기는 이슈를 스스로 분류하다 보면 생기는 능력이지 어떤 공식으로 나뉘는 것은 아니라는 것을 거듭 말씀드리고 싶어요.

거시경제는 보험이다

보통 개인 투자자 혹은 일반인들은 증권사 애널리스트나 전문가들이 거시경제(매크로)를 이야기할 때 귀담아듣는 경우가 많습니다. 금리나 환율이 어떻게 되고, 물가와 성장률과 국민소득과 부채가 어떻게 돼서 '향후 주식시장에 이러저러한 영향을 미치게 된다'라고 전망하죠. 근거가 튼튼해 보이므로 사람들은 그에 기반해서 투자 전략을 세우기도 합니다.

그런가 하면 이러한 거시경제는 상장 주식 투자에는 필요 없다고 하는 분도 많습니다. 실제로 저도 개인 투자자가 거시경제에까지 눈을 넓힐 필요는 없다고 생각합니다. 굴리는 돈의 규모상 거시경제까지 관점을 넓혀서 시장을 보는 것은 필요 이상의 노력 같아요.

물론 요즘은 많은 투자자가 당일 주식시장을 준비하기 위해 미국을 포함한 유럽 주요국의 밤 사이 지수 변동이라든가 금, 은, 구리, 유가, 천연가스 등의 원자재 가격 변동을 체크하고 있습니다. 밤 사이 나온 각국의 주요 정책 변화도 당일 주식시장 준비를 위해 많은 분이 챙겨 보고 있죠.

2021년으로 들어서면서는 테이퍼링 이슈가 대두하면서 10년물 채권 금리의 상승 등이 뉴스에 거론되기도 합니다. 전 시장 참여자가 전문가화되는 느낌이죠.

그러나 주식시장을 '당일'이 아니라 장기간으로 생각한다면 거시경제의 필요성은 대폭 줄어듭니다. 돈 벌기 위해서는 전체 시장 상황보다 각 섹터의 '업황'이 훨씬 더 필요하죠.

다만 거시경제는 보험이라고 생각합니다. 시장에서 돈이 빠져나가기 시작하는 시그널을 읽게 되면 저도 주식을 줄이거나 예수금을 빼서 공모에 들어가는 등 운전을 달리합니다. 주식에 큰돈을 넣기 전에 상황을 잘 읽어서 괜찮은지 무리한 베팅이 될 가능성은 없는지 한 번 더 체크하죠. 보험이라는 것은 보험금을 청구할 일이 없는 게 제일 좋죠. 준비만 해두고 무탈하게 지나가는 게 좋은 거잖아요.

과거에 제가 시장 상황을 예측하여 큰 손실을 막은 예가 있습니다. 2020년 1분기 팬데믹 발생 후 4분기부터 다시 2차 팬데믹이 올 것으로 예상해 대비했던 적이 있습니다. WHO에 공개돼 있는 미국 인플루엔자 확진자 수 변동 그래프를 살펴보니 10월마다 확진자가 증가하고 12월과 1월 사이에 정점을 찍더라고요. 2020년에도 그랬고, 공교롭게도 2021년에도 그대로 적용됐습니다. 이런 걸 이용해서 지수 플레이 및 업종 매매도 해왔습니다. 그 외에는 테슬라의 S&P 500 편입 이슈나 미국 대선 이벤트 등을 기회 삼아서 보수적으로 매매하곤 했습니다.

2022년은 어떨까요?

전 세계적 인플레이션과 부채 위기 상황에서 미국은 초거대 시총주들이 탄탄해서 지수는 빠지지 않는 상황이 연출되고 있습니다. 이에 미국 연준은 더욱 공격적으로 테이퍼링과 금리 인상을 단행할 수 있게 되겠죠. 이렇게 되면 미국 자체는 버티더라도 신흥국이 버틸 수 없는 상황이 올 수 있습니다. 바로 전 세계 제로 금리발 한계기업 속출이 촉발하는 금융위기가 가능한 거죠.

2021년을 지나면서 금융위기를 걱정한 사람은 아무도 없습니다. 당연히 2022년에도 미국 주식이 좋을 거고 한국에서는 삼성전자와 SK하이닉스가 당연히 상승할 거라는 전망이 나옵니다. 2020년 3월에 시작된 한국의 기업 부채 상환 유예가 2022년 3월에서 다시 6월로 연기됐지만 그런 것에 대한 논의는 없습니다. 2020~2021년 한 해 동안 증시에 들어온 돈이 앞서 2019년 동안 들어온 돈보다 많다는 통계는 무시하고 2022년에도 시장이 좋을 거라고만 생각하죠.

저도 시장이 계속 좋으면 좋겠습니다. 하지만 수요가 정말 모두의 희망대로 2022년에 살아날까요? 세금 부담이 올라가고 시장 유동성은 축소되는데 사람들은 노동으로 돌아가지 않습니다. 임금이 올라가죠. 임금이 올라간다는 것은 기업의 실적이 좋아지지 않는다는 뜻입니다. 갑작스레 늘어난 수요에 늘어난 공장 증설이 과잉 공급으로 귀결될 가능성은 없을까요? 2008년 리먼브라더스 사건도 실제로 주식시장에 충격을 준 때는 그로부터 2년이 지나 모든 위기가 끝난 후였습니다.

저는 그래서 2022년에는 풋옵션을 보험처럼 소액 매수하면서 매매할 예정입니다. 이렇게 거시경제 파악을 보험으로 접근하는 것입니다.

옵션 거래는 누구나 할 수 있습니다. HTS에 선물 옵션 메뉴가 있습니다. 예전에는 누구나 조건 없이 할 수 있었지만, 2021년부터는 2시간 정도 VOD 교육을 받아야 합니다. 물론 옵션 거래는 리스크가 있습니다. 엄두가 나지 않는 개인이라면 보험을 들지 않는 대신 매매를 더 보수적으로 하면 됩니다. 예수금을 줄이는 거죠.

종목 히스토리
정복하기

앞에서 설명한 '유의미한 시그널'이 수많은 정보 중 불순물을 걸러내는 첫 단계라면 종목 히스토리에서 보는 것은 보다 촘촘한 거름망 같은 개념입니다.

예를 들어 2021년 12월 23일 현대자동차그룹은 내연기관 엔진 개발 조직을 없앤다고 발표했습니다. 이와 동시에 배터리개발센터를 신설해 전기차로 전환을 더욱 가속화한다는 내용이었죠. 아래는 다음날 작성한 시그널 리포트의 뉴스 트리입니다.

SIGNAL REPORT   2021.12.24.

- -

정의선 '중대 결단'… 현대차, 엔진 개발 조직 없앤다 ★★★★★

현대자동차그룹이 연구개발(R&D)본부 내 엔진개발센터를 전격 폐지했다. 파워트레인담당 조직은 전동화개발담당으로 전면 개편했다. 더 이상 내연기관 엔진 신모델은 내놓지 않겠다는 방침을 공식화한 것이다. 현대차는 엔진 동력을 바퀴까지 전달하는 모든 장치를 총괄하는 파워트레인담당을 전기차 R&D 전담 조직인 전동화개발담당으로 바꿨다. 엔진개발센터는 아예 없애고, 파워트레인 관련 센터는 모두 전동화 관련 조직으로 전환했다. 동시에 배터리개발센터를 신설해 전기차 경쟁력의 핵심인 배터리 기술 확보에 주력하기로 했다.

◎ 관련주
[특징주] 현대위아, 전기차 전용 열관리시스템 개발에 강세

[특징주] 경창산업, 현대모비스 전기차용 구동모듈 생산… 이차전지만큼 중요한 모터
경창산업 반기보고서에 따르면 지난해 현대모비스와 협업해 전기차용 구동모듈 생산을 담당하고 있다. 구동모듈은 모터와 인버터, 감속기를 합한 것이다. 현대차의 전기자동차용 구동모듈 시스템을 생산할 계획이다. 모터는 전기차에서 배터리 다음으로 중요한 부품으로 꼽힌다. 전기차와 로봇, 도심항공모빌리티(UAM) 분야에 공통으로 들어가는 핵심 부품이다.

[특징주] 디아이씨, 현대차·테슬라 전기차 감속기 주문 요청 쇄도… 4년 만에 분기 흑자
디아이씨는 현대차 협력업체다. 핵심 공급처인 현대차 수주 물량이 빠른 증가 추세를 보이고 있다. 현대차는 EV 생산 물량을 지난해 20만 대에서 올해 35만 대까지 늘리기로 했다. 현대차가 생산하는 모든 EV에 디아이씨가 만드는 감속기를 탑재하고 있다. 디아이씨 수주 물량이 증가할 것으로 보인다.

[특징주] 삼기, LG 이어 현대차 전기차 감속기 공급 예정… 증권가 리포트에 강세
한경래, 이새롬 대신증권 연구원은 "친환경차 부품 매출액이 2018~2022년 연평균 207% 고성장할 전망이고 LG그룹에 이어 2022년 현대차그룹 전기차 모델에도 감속기 공급 예정"이라며 "현대차그룹의 글로벌 자동차 판매 확대에 따른 엔진, 변속기 부품 매출 증가가 긍정적"이라고 분석했다.

[특징주] 성창오토텍, 애플·현대차그룹 자율차 생산계약 임박에 美 공급사로 부각
성창오토텍은 국내 최초로 전동 컴프레서용 인버터를 만들었다. 인버터는 모터를 구동하고 제어하는 부품으로 전기차를 움직이는 핵심 장치다. 아이오닉에 들어가는 인버터도 성창오토텍이 공급했다.

△ 시그널 리포트, 현대자동차그룹 정책 변화에 관한 언급.

앞에서 설명한 매수 바이블에 입각해서 생각해볼까요?

먼저 유의미한 시그널인가를 살펴보면, 있다가 없어진 것(내연기관 엔진 개발 조직 폐쇄)과 없다가 생긴 것(배터리개발센터 신설)이 동시에 있죠. 그리고 대기업의 정책 변화도 함께 있습니다. 그렇다면 이 뉴스는 주목해야 할 중요 뉴스로 판단할 수 있죠. 저도 이날 별표를 다섯 개 표시했습니다.

이렇게 **핵심 뉴스를 확인한 다음에는 관련된 종목을 찾아야 합니다.** 종목을 찾아낼 때도 역시 지식과 경험의 누적이 필요합니다. 또 하나의 종목에서도 주가를 움직이게 하는 재료는 각기 달라요. 상위 뉴스에 따라 움직이게 하는 하위 종목의 연관은 축구로 치자면 자로 잰 듯한 패스와 유사합니다. 그리고 이 패스를 하는 선수가 바로 당신이 되는 겁니다. 어느 종목으로 연결시켜야 하는지를 정확하게 판단해야 해요.

이 경우에는 배터리 등 전기차 사업을 강화하는 만큼 현대차에 전기차 관련 부품을 공급하는 기업이 수혜가 될 겁니다. 그리고 과거 현대차에 전기차 관련 부품을 공급하여 주가가 크게 상승한 전례가 있는 종목을 찾는 게 핵심이 되겠죠. 그리고 이는 종목의 히스토리와 99.99% 일치하는데요.

여기서 히스토리는 다른 게 아닙니다. **과거에 유사한 뉴스로 주가가 움직인 전례가 있는지가 핵심입니다.**

이날 리포트를 작성하며 현대위아, 경창산업, 디아이씨 등을 관련 종목으로 꼽았습니다. 그리고 각 종목은 현대위아 +8.62%, 경창산업 24.27%, 디아이씨 29.88%(상한가), 삼기 11.58% 등을 기록했습니다.

개별 종목을 볼 때는 당연히 회사의 홈페이지, 전자공시, 뉴스 등 다양한 요소를 봐야 합니다. 하지만 가장 중요한 건 '**이 회사가 어떻게 포장돼 있는가**'입니다. 그래서 각 회사에는 PR(대중 홍보)과 IR(투자자 홍보)부서가 존재하는 것이죠.

일례로 써니전자는 안철수 관련주의 대장주로 평가받습니다. 안철수의 싱크탱크였던 인사가 사외이사로 재직했다는 이유인데요. 그 사람은 그만둔 지 무려 12년이 지났습니다. 실체적 진실과는 전혀 상관없죠. 하지만 여전히 언론은 써니전자를 안철수 관련주로 묶고 있고, 써니전자의 가장 중요한 키 팩터는 사업 구조나 매출, 영업이익, 주력 사업 등이 전혀 아니라 '안철수'입니다.

.ıl

이렇게 현대위아, 경창산업, 디아이씨를 보면 단기 투자에 적합해 보입니다. 하지만 여기서 한 발 더 나아가면 스윙으로도 연결됩니다.

신임 회장으로 올라선 정의선의 경우 초기부터 정 회장이 지분을 많이 가지고 있는 현대글로비스를 중심으로 지배 구조를 개편할지, 혹은 현대모비스를 중심으로 지배 구조를 따라갈지에 대한 논의가 계속 있었습니다. 하지만 현대글로비스를 중심으로 할 경우 순환출자 고리로 인한 문제가 생기죠. 그래서 시장에서는 현대모비스를 중심으로 할 가능성이 더 높다고 평가해왔습니다.

그런데 현대차가 내연기관을 포기하고 전기차에 집중한다는 기사가 2021년을 며칠 안 남기고 나오자 저는 현대모비스로의 지배 구조 개편을 확신하게 됐습니다. 현대모비스는 현대그룹의 전기차에 관한 핵심 사업을 하고 있거든요. 현대모비스 중심으로 하려면 정의선 회장은 현대모비스 지분을 더 매입해야 합니다. 즉, 현대모비스에는 호재죠?

여기에 한 발 더. 현대모비스 지분을 사려면 재원이 필요하잖아요. 어디서 가져올까요? 현대엔지니어링 상장으로 약 4000억 원의 재원을 확보할 수 있습니다. 그리고 또 무엇을 내놓게 될까요? 바로 현대글로비스 아닐까요? 정의선 회장은 약 6조 시총을 가진 현대글로비스의 23.29% 주주니까요.

이렇게 필터를 거치면 뉴스 하나에서 다양한 투자 아이디어가 나오게 됩니다.

이외에도 현대차가 보스턴다이내믹스를 인수한 것을 보면 '로봇'에도 지속적으로 투자하리라는 걸 예상할 수 있죠. 이렇게 관련주로 인식을 확장시킬 수 있습니다.

᠁

다시 정리하자면, **종목 히스토리는 모든 것을 다 알아야 합니다.** 회사의 홈페이지, 사업 내용, 전자공시, 매출, 영업이익, 당기순이익, 지배 구조 등 모든 걸 다 알아야 합니다. 아주 기본이에요.

하지만 실전에서는 무엇보다 기업의 PR, 즉 언론에 어떻게 포장되고 있는지, 그리고 그 언론 뉴스로 회사의 주가가 움직이는지를 확인하는 게 가장 중요합니다. 아무리 좋은 회사라고 해도 외부에 알려지지 않으면 알 수가 없잖아요. 이는 단기 매매에서 중요도가 커집니다.

스윙과 장기 투자, 펀드 투자의 경우에는 당장 지금 어떤 일이 벌어지는 것보다 그 사실이 미래에 더 커질 것인지를 봐야 하죠. 즉, 유동성을 불러일으키고 실적을 향상시키는지, 그리고 큰 그림이 있는지가 중요하다는 뜻입니다.

시그널과 수익을
연결하라

자로 잰 듯한 패스로 종목과 연결시키더라도 정말 수익까지 이어지는 건 또 별개의 문제입니다. 저도 그렇습니다. 종목을 다 골랐지만 실제 매매로는 이어지지 않는 경우도 허다해요. 보는 것과 매매하는 것은 아예 다른 영역이기 때문입니다.

유튜브 등에 나와 주식에 관한 좋은 지식을 전하는 기관 투자자나 전문가들이 모두 돈을 잘 버는 건 아니잖아요. 제가 이분들을 비하하는 것은 아닙니다. 시장을 보는 관점과 자기 자신의 돈을 운용하는 것은 완전히 다른 영역이라는 뜻입니다.

그렇다고 수익을 잘 내는 사람의 말이 진리냐? 그렇지도 않습니다. 보통 수익 자랑하는 사람들의 말에는 과정이 쏙 빠져 있는 경우가 많습니다. 결과만 보여줄 뿐인 데다가 실패한 매매는 감추는 경우가 대다수죠. 무엇보다 가장 큰 문제는 '우연'을 실력이나 필연으로 '스스로' 착각하는 데 있습니다. 그러다 어느 한순간 말리면 정말 큰 손실을 입게 되고, 어떨 때는 복구 불가능한 피해를 입기도 합니다.

예를 들어보죠. 차트에 기반하여 기술적 매매를 하는 분들이 가장 좋아하는 매매가 '돌파 매매'입니다. 차트의 저항점을 돌파할 때 대량 거래가 일어난다는 점을 이용해서 0.5초에서 3초 사이에 치고 빠지는 스켈핑을 말합니다. 이 매매법의 성공률이 51%만 된다 해도 산술적으로 1조 이상 부자가 됩니다. 그러면 이미 인공지능이 매매를 하겠죠. 0.01초라도 더 빨리 사서 0.01초라도 빨리 파는 싸움이 될 테니까요.

물론 시장도 잘 보면서 천문학적 수익까지 거둔 분들도 극소수지만 있습니다. 다만 이런 분들은 외부에 노출되는 일을 꺼리는 터라 우리가 접할 기회가 적은 게 아쉬울 따름입니다.

사실 여기서 언급한 내용에 중요한 함의가 있습니다.

시그널을 보는 것(시장을 보는 것)과
실제로 수익을 내는 것은 같은 영역이 아니다.
시장을 잘 보면서도 수익을 내는 교차점에 있는 건 극소수다.

우리가 지향해야 할 영역은 바로 '교차점'입니다.
보통 사람이 이 영역에 다다르기 위해서 해야 할 것이 이 장의 제목입니다.

시그널을 수익으로 연결하는 게 아니라,
시그널과 수익을 연결하는 것입니다.

이미 시그널과 수익은 존재하는 거예요. 내가 보지 못하더라도 시그널은 존재하고 있고요. 내가 수익을 못 내고 있더라도 누군가는 수익을 내고 있습니다.

둘을 연결하기 위해서 해야 하는 것이 바로 '반복'입니다.

.ıl

이슈가 생겼는데 바로 그날 매수하지 못했다고 해도 아쉬워할 것은 없습니다. 지속되는 이슈라면 시간을 가져야 합니다.

예를 들어 2021년 4분기 모든 게 올랐지만 뭐니 뭐니 해도 천연가스 가격 상승을 빼놓을 수 없죠. 연초 대비 무려 800% 올랐다는 기사가 나올 정도였으니까요. 9월 천연가스 가격 급등이 처음 문제화된 후 연말까지도 관련주들은 급등을 계속할 정도였습니다. 2020년 유럽의 맹추위로 천연가스 비축분이 줄어든 게 가장 큰 이유였지만 이상기후로 바람이 불지 않아 풍력발전이 약화한 것도 이유가 됐습니다.

그러나 가장 큰 문제는 ESG 정책이죠. 탈탄소 정책을 전 세계적으로 펼치다 보니 공급은 줄어드는 반면, 수요는 변함없는 상황에 대해 재생에너지는 비효율적이다 보니 수요와 공급이 맞지 않게 된 겁니다. 그래서 천연가스 공급 부족은 계속되는 이슈가 된 거죠.

△ 천연가스 관련주인 지에스이 차트. 9월 이후 조정과 급등을 이어가고 있다.

천연가스 부족이라는 '시그널'을 보고, 이후 개별 관련주들의 '수익'을 확인했다면 충분히 수익 연결로 갈 수 있게 됩니다. 말처럼 쉬운 일은 아니지만, **결국 무수한 실전 연습이 답입니다.**

'시그널'과 '수익'을 연결하는 눈이 생겼다면, 그다음은 지금까지 살아온 성격이 작용합니다. 태생적으로 토끼의 마음인 분들은 물량을 못 실어요. 어느 순간 확신이 들면 그때는 사자의 마음으로 자산을 실을 수 있어야 합니다.

예수금에 영향을 주지 않는 극소량 매매는 실력을 올리지 못합니다. **어느 순간부터는 입술이 파르르 떨리는 베팅을 할 수 있어야 합니다.** 그런 사선을 넘나들 때 실력이 몇 단계 성장해요. 그리고 그 종목이 얼마큼의 자산을 견뎌낼 수 있는지 파악하게 됩니다. '이 종목은 10억도 지를 수 있구나', '이 종목은 1000만 원 이상 사면 안 되겠다' 등을 판단하는 능력이 경험적으로 쌓입니다.

4장

"지금 투자해도 될까요?"

위기일까 기회일까

2020년 3월 WHO가 코로나19 '팬데믹'을 선언하며 인류는 역사상 최악의 상황을 맞이했습니다. 전 세계 정부들이 대규모 봉쇄를 선언했고, 대공황 이후 최악의 경제 침체를 경험했습니다.

2008년 발생했던 세계 경제위기보다 훨씬 심한 위기가 발생한 거죠. 2008년의 사태가 부동산을 기초로 한 신용경제의 위기였다면, 2020년의 코로나 사태에서는 전염병으로 인해 경기가 하강하면서 가뜩이나 높았던 부채가 뇌관이 될 거라는 공포감이 세계를 뒤덮었죠. 한마디로 실물경제와 신용경제가 동시에 위기를 맞이할 거라는 이야기였습니다.

그런데 실제 상황은 조금 묘하게 돌아갔습니다.

당연히 2020년 3월 전 세계 주가지수가 30% 이상 폭락할 것은 누구도 예측할 수 없었습니다. 충격과 공포였죠. 그런데 이후 주가가 크게 올랐습니다. 그러는 내내 사람들은 불안해하며 물었습니다.

"거품일까?" "다시 빠지는 거 아니야?"

2020년 4월 이후 유동성 장세로 접어들면서 세계 경제와 별개로 주식시장이 활황을 맞았죠. 현실 경제는 너무 어려운데 주식시장만 너무 호황이니, 거품을 우려하는 게 당연했습니다.

하지만 개인 투자자들이 대거 등장했습니다. 한국에는 '동학개미', 미국에는 '로빈후드'들이 나타나 유동성을 퍼부으며 시장의 새로운 중심축을 구성했죠.

이 글을 쓰는 2021년 9월, 코로나19 델타 변이로 다시금 경기가 위축되고 있습니다. 미국 연준이 테이퍼링과 금리 인상 시기를 더 늦출 거란 이야기가 나오네요. 이와 관련해 위기론과 기회론이 흘러넘칩니다. 뒤에 다시 이야기하겠지만, 저는 이렇듯 위기론과 기회론이 공존하는 시장은 아직 괜찮다고 생각합니다. 오히려 모두 어느 한쪽으로 치우칠 때 문제가 터집니다.

위기론 vs 기회론

보통 위기론자들은 논리적입니다. 코로나 변이가 경기 회복에 불확실성을 더한다는 게 주요 논리입니다. 테이퍼링과 금리 인상을 언제까지고 늦출 수 없고 늦을수록 더 큰 대가를 지불하게 될 것입니다. 높아지고 있는 인플레이션도 위기론에 일조합니다. 원자재의 가격이 오르고 원자재 생산에 필수적인 유가가 국제 정세와 더불어 급속도로 오르고 있는 것도 위기론에 힘을 더하고 있습니다.

위기론의 핵심은 인플레이션만이 아닙니다. 물가가 올라가는 건 확실하지만, 월급이 오른다 하더라도(현금 보너스로) 물가상승률과 비교해보면 사실상 소득은 감소라는 것. 또 테이퍼링과 금리 인상 우려로 인한 유동성 감소까지 겹치면 경제학자들이 그토록 두려워하는 스태그플레이션이 일어날 수 있다는 거죠.

기회론자의 논리는 간단합니다. 변이가 지속되는 만큼 미국 연준은 테이퍼링과 금리 인상 시기를 더욱 늦출 수밖에 없을 것이고 이 유동성 장세는 최소한 2022년 겨울까지는 계속된다는 것입니다. 테이퍼링을 한다고 해도 유동성을 줄이는 것이지 거둬들이는 것은 아니라는 이야기죠.

저는 위기이든 기회이든 투자하는 데는 큰 문제가 되지 않는다고 생각합니다. 위기론자의 견해가 있는 자산을 지키는 데는 조금 더 도움이 되겠지요. **오히려 제가 기다리는 것은 모두가 기회론으로 돌아설 때입니다.** 모두가 기회론자로 돌아설 때 시장은 폭락할 것이고, 그것은 곧 또다시 수저를 바꾸는 기회를 가지고 올 테니까요.

대전환의 시대와 거품 경제

예일대 교수였던 어빙 피셔는 수치를 통해 경제를 분석하는 계량

경제학의 창시자입니다. 그에 대한 신뢰도는 엄청났죠. 미국 증시가 한참 최고점을 달리던 시기 그는 "미국 증시는 다시는 내려갈 수 없는 고점을 넘어가고 있다"라고 말했습니다.

『자본주의, 미국의 역사』라는 책에 이런 내용이 나옵니다.

1929년 6월부터 공업 생산은 제자리였다. 그런데도 1929년 내내 주가는 떨어질 줄 몰랐다. 마치 골드러시를 연상시킬 정도로, 한 건 하려는 사람들은 증권거래소로 몰려들었다. 항간에는 평범한 점원이나 간호사들이 주식에 투자하여 벼락부자가 됐다는 소문이 파다했다. (⋯) 1929년 여름, 미국의 주식 열풍이 얼마나 뜨거웠는지《새터데이 이브닝 포스트》는 이렇게 묘사하고 있다.

쉿, 쉿, 우리 아가 할머니가 주식을 더 사 왔단다.
아빠는 황소랑 곰이랑 놀러 갔고
엄마는 정보를 사러 갔으니 돈을 벌어 오겠지
그럼 우리 아기는 예쁜 새 신발을 신게 될 거야!

사람들은 땅과 집을 저당 잡히고 은행에서 돈을 빌려 주식을 샀다. 대공황 직전인 1929년 미국의 주식 투자자는 100만 명을 넘어섰다. 그해 여름, 투자자들은 행복감에 젖어 장밋빛 미래를 꿈꾸고 있었다.

저런 상황에서 당시 가장 저명한 경제학자가 불길에 기름을 부어버렸으니 어땠겠습니까?

그런데 피셔 교수의 발언 후 한 달도 채 되지 않아 미국 주가는 5일간 30% 이상 하락합니다. 이후 10년 동안 미국 주식은 고점 대비 90% 하락하죠. 우리가 잘 알고 있는 미국의 대공황입니다. (당시 피셔 교수가 일시적 하락이라며 신용매수 잔뜩 당겨썼다가 깡통 찬 것은 비밀도 아닙니다.)

거품 경제 시기마다 등장해 대중을 사로잡았던 것이 바로 '새 시대에 접어들었다'는 관념입니다. 시장이 이처럼 낙관론에 휩싸이면 기업들은 과잉 설비와 과잉 생산을 하게 되죠. 사람들은 저 설비와 생산물이 다 소비될 것으로 알고 과잉 투자를 합니다. 결국 주식시장에 거품이 형성됩니다. 이때 원래 잘 벌던 사람은 고속 성장 덕에 더 잘 벌게 되는 반면, 주식시장에 참여하지 못한 사람은 상대적으로 더욱 가난해지는 현상이 생깁니다. 부익부 빈익빈이 현실에서 첨예하게 드러나죠.

왠지 1929년과 지금이 아주 살짝 비슷한 기운이 느껴지지 않나요? 마침 애플이 시총 3조 달러를 넘어서면서 '새 시대' 이야기가 솔솔 나오고 있습니다.

이런 일이 1929년에만 있던 건 아니었어요. 1845년의 영국 철도 버블, 1901년 노던 퍼시픽의 쇼트 스퀴즈로 인한 공황도 있었죠. 1929년의 대공황 이후에는 없었을까요? 다들 아시지만 2000년 닷컴 버블과 2007년 서브프라임 모기지 사태가 있었죠. 이때마다 등장했던 것이 바로 '새 시대론'이었습니다.

요즘은 어떤가요? 코로나 이후 등장한 언택트나 메타버스, 전기차, 우주항공, 가상화폐 등은 마침 '새 시대'에 딱 맞는 키워드 아닌가요? 물론 2021년의 새 시대를 선도하는 '기술'들은 과거의 버블과 달리 실체도 있고 영업이익도 있습니다. 카카오와 같이 PSR(주가매출비율)만 높은 기업들은 알아서 주가가 떨어지는 등 잘 조절되고 있고요. 가상화폐는 그 자체의 가치는 차치하고 확실히 디파이낸스(가상자산운용사), 커스터디*등 관련 외부 기관 이익들이 늘어나고 있습니다.

"이번에는 다른 거죠?"

다만 앞의 모든 버블도 그때는 '이번엔 다르다'라고 믿었다는 것은 공공연한 비밀이랄까요?

진짜 투기가 시작되는 순간

제가 믿는 건 단순합니다.

모두가 주식을 사면 이제 잠재적 매도자만 남습니다.
팔 사람만 남은 시장에서 주가는 99% 폭락합니다.

만일 2022년에 주가가 코스피 기준 3500을 찍고 4000을 넘어가면 "악재를 딛고 전 세계가 새로운 시대로 접어들었다", "자본수

● 해외 투자자들이 한국 채권이나 주식을 거래할 때 금융자산을 대신 보관·관리해 주는 서비스.

익은 이제 한국에서도 노동소득만큼 가치를 인정받을 새로운 수익 수단"이라는 뉴스 헤드라인이 미디어를 뒤덮지 않을까요? 아마 저쯤 되면 미국도 "대형 기술주 FAANG˙의 신기원", "지구는 좁다, 미국은 우주 시대로 접어들었다" 따위의 이야기들이 넘쳐나지 않을까요?

모든 사람이 똑같은 생각을 할 때는 이미 가격에 그 기대감이 반영돼 있기 때문에 여기에 승부를 걸면 질 확률이 너무 높아집니다. 그러나 인간의 본성은 가장 인기 있는 것으로 몰리는 습성이 있습니다. 모두가 주식으로 달리고 부동산으로 달릴 때, 다른 선택을 하는 것이 과연 쉬울까요?

과거에도 마찬가지였습니다. 돈을 찍어내서 풀면 대출이 쉬워졌고 이는 과소비로 이어졌습니다. 기업들은 과잉 생산을 했고 결국 재고가 쌓였습니다. 그러면 정부는 대출을 죄거나 금리를 인상하는 등의 통화 긴축을 추진했죠. 그러면 놀랍게도 하루아침에 거품이 걷혔습니다. 피해는 누가 봤을까요?

모두가 주식으로 행복한 시장? 그런 건 역사에 존재하지 않았습니다.

현재의 위기론자들이 고점이라고 생각한 순간에서 잠시 몸을 피했다가 '이제 안전해' 하며 돌아오면 그때 **진짜 투기**가 나타날 거라고 생각합니다. 그리고 확실한 건 그때도 큰 피해를 보는 쪽

- 2010년대 중반 나타난 신조어로 IT기업 페이스북(Facebook), 애플(Apple), 아마존(Amazon), 넷플릭스(Netflix), 구글(Google)을 통칭한다.

은 개인뿐일 것이라는 점입니다.

그렇기 때문에 투자는 언제나 매우 공격적이면서 극도로 방어적이어야만 합니다. 자기가 원하는 공이 왔을 때는 망설이지 않고 배트를 휘둘러야 하지만, 자기가 원하는 공이 아닐 때는 철저히 방망이를 쉬어야 합니다.

팬데믹 머니가
불러온 것

2020년부터 2021년까지 전 세계가 코로나19로 인한 경기 하강을 방어하기 위해 푼 돈은 '무제한'입니다. 말 그대로 무제한이에요. 2020년 3월 WHO가 '팬데믹'을 선언하자 FOMC˚는 '무제한 양적 완화'를 실행하겠다고 발표하고 정말 그대로 실천했습니다. 제로 금리도 부록으로 붙었습니다.

　서브프라임 모기지론이 빚어낸 2008년 리먼브라더스 사태 때 3년간 3.5조 달러를 풀었는데요. 2020년 3월 코로나 팬데믹 때는 단 3개월 만에 3조 달러를 풀었습니다. 그야말로 유동성이 어마어마하게 공급되기 시작한 거죠. 실물경제는 박살 나고 있지만 자산 시장에는 이른바 '팬데믹 머니'가 몰리기 시작한 겁니다.

˚ 미국 연방준비제도이사회 산하에서 공개시장 조작에 관한 정책을 담당하는 위원회.

유동성에 감염되다

복잡할 것 없습니다. 인류가 정상적인 경제 상황에서 3년간 벌어들일 돈을 단 3개월간 벌게 해준 거예요. 그것도 공짜로요! 이를 우리는 '**유동성**'이라고 부릅니다. 어떤 일이 생겨날까요? 돈을 더 쓰지 않을까요? 투자도 과감해질 겁니다.

이 팬데믹 머니는 가장 먼저 부동산을 건드렸습니다. 집값뿐 아니라 집과 관련한 모든 것이 일제히 올랐습니다. 지금 아니면 영영 못 살 것 같다는 조바심이 낳은 '패닉 바잉'까지 겹쳐졌죠. 우리나라도 코로나 기간에 집값이 무려 15%나 올랐습니다. 전국 평균일 뿐 강남 등 핵심 지역은 50% 이상 올랐습니다.

돈이 무제한으로 풀리면서 주식은 2020년 말 같은 해 저점 대비 무려 100% 이상 올라버리죠. 주식은 양반이죠. 가상화폐라는 새로운 자산의 가격은 미친 듯이 뛰었습니다.

자산이 증식되자 사람들은 더 좋은 음식, 옷, 차를 구매하기 시작합니다. 실물경제는 사상 최악으로 치닫는데도 좋은 상품에 대한 수요는 폭증하고 공급이 따라가지 못합니다.

그러자 원자재 가격이 오르기 시작합니다. 모든 곡물 가격이 올라가고 밥상 물가는 말도 안 될 수준으로 올라갔습니다. 원유 가격은 물론 난방의 주요 연료로 쓰이는 천연가스 가격도 급등했습니다. 반도체의 주요 재료인 규소 가격이 올라가면서 반도체 제조에도 경고등이 켜졌죠. 이는 결국 생산자물가지수(PPI)를 올리고 이내 소비자물가지수(CPI)를 건드렸습니다. 바로 인플레이션이 시작된 거죠. 미국 연준은 인플레이션이 '일시적'이라는 견해를 유지했습니다. 하지만 건재할 거라 생각한 미국조차 물가가 크게 오르자 일시적이라는 주장을 접고 테이퍼링을 앞당기겠다고 발표합니다.

지금까지는 현상이고 해석의 영역이라면, 앞으로 벌어질 테이퍼링과 금리 인상이 우리 세계에 어떠한 영향을 미칠지는 이제 예상의 영역이죠. 여기부터의 고민이 바로 2022년 이후 자산시장에 대한 전망이 된다고 봅니다.

테이퍼링을 시작하고 금리를 올리면 유동성이 공급되는 동안 오른 부동산을 포함한 주식, 가상화폐 등이 정상(?)적인 가격으로 돌아가게 될까요? 세간의 유력한 설처럼 '테이퍼링 탠트럼(긴축 발작)'으로 인해 주변국이 심각한 타격을 입을까요? 2010년 그리스 디폴트나 2013년 브라질 경제위기를 기억하실 겁니다. 이와 같은 테이퍼 탠트럼이나 긴축 장세에 따른 자산 감소 우려 등의 근거는 근본적으로 '달러 패권'입니다. 미국은 실제 수출하는 것은 거의 없고 무한정 공짜로 찍어낼 수 있는 '달러'를 무기로 소비하는 국가이며, 이번에도 미국은 건재하고 주변국이 피해를 입게 될 거라는 논리죠.

인터넷이나 유튜브에서 흔히 접할 수 있는 이야기입니다. 그래서 저는 다른 이야기를 하고 싶어요.

가속 버튼을 누르다

팬데믹 머니가 엄청난 유동성으로 모든 자산의 가격을 올려버린 건 맞습니다. 현상이에요. 3년간 풀 돈을 단 3개월에 풀었으니 당연한 결과입니다. 긴축 장세에서 어느 정도 자산의 가격이 내려오는 것도 일면 타당합니다. 자연스러운 결과고요. 하지만 과거의 사례만큼 주변국에 심각한 경제위기가 생길까요? 저는 아니라고 생각합니다. 이유는 이번 팬데믹 머니에는 과거와 매우 다른 한 가지가 있기 때문입니다.

팬데믹 머니는 세상의 시계를 10년 가속화했어요. 최소 10년을요. 어쩌면 20년일 수도 있습니다. 반세기 이상을 앞당긴 특정 분야도 있을 겁니다.

'비대면'이 당연해졌습니다. 비즈니스도 학업도 심지어 연애도 비대면으로 하는 세상이 왔습니다. 이로 인해 '메타버스'가 2021년 가장 강력한 단어로 떠올랐고, 페이스북은 사명마저 메타로 바꿨죠.

기업에도 혁명적인 변화가 발생했습니다. 기술적인 이야기가 아닙니다. 갑자기 실물경제가 절망적일 정도로 나빠지면서 우후죽순 난립했던 어중간한 기업들이 망해버린 겁니다. 자산이 충분했던 기업들은 인수합병 비용을 들이지 않고도 시장점유율(마켓 셰어)을 올렸어요. 비대면 시대에 맞춤한 기술을 가진 테크 기업들은 초유의 시가총액을 갖게 됐습니다.

적어도 기업들은 완벽한 승자와 완벽한 패자로 나뉘었습니다.

미국 시가총액 상위 회사들(애플, 마이크로소프트, 테슬라, 구글 등)의 자산은 웬만한 나라의 국부를 뛰어넘어버리죠. 이런 초격차를 이용해 다들 인공지능과 자율주행 기술 개발에 뛰어들어 천문학적인 돈을 투입합니다. 완벽한 승자들이 자금력을 바탕으로 10년 치를 일거에 투자하며 시장을 선점하고 있는 것이죠.

일반 사람들의 양극화도 두드러졌죠. 자본시장에 참여한 사람은 누구나 자산을 일굴 수 있었지만 참여하지 못한 사람들은 상대적으로 가난해졌습니다. 한국에서는 '벼락거지', 'K-양극화'라는 신조어까지 등장했습니다. 이런 자산의 격차로 인한 문제가 심각해지자 전 세계 정부는 더 많이 개입했습니다. 과거 국가의 역할과 포스트 코로나 시대의 국가는 완전히 다른 개념이 돼버렸죠.

'진짜' 인플레이션

이 변화들이 만들어낸 궁극의 변화는 바로 진짜 인플레이션, 즉 **달러의 인플레이션**입니다.

팬데믹 머니로 인한 인플레이션 문제는 보통 선진국에서 호들갑스레 이야기합니다만, 시선을 약간만 주변부로 돌려보죠. 터키 리라화는 2021년 한 해에만 거의 70% 이상 환율이 떨어졌습니다. 극심한 인플레이션과 화폐가치 하락에도 터키의 0.1% 부유층은 상상을 초월할 만한 부를 모았습니다. 베네수엘라나 브라질, 아프가니스탄, 미얀마 등도 마찬가지입니다. 작금의 인플레이션은 선진국 상위 0.1%에 엄청난 부를 가져다줬는데(부의 불평등, 빈부 격차) 최빈국에서도 똑같은 상황을 만들어낸 겁니다.

그런데 베네수엘라 0.1%, 아프가니스탄 0.1%, 미얀마 0.1% 자산가라는 타이틀이 다른 나라에서 통할까요? 조금 가슴 아픈 이야기지만 한국의 0.1% 자산가라는 타이틀이 미국에서 통할까요? 원화조차 달러가 패권을 쥔 세계 시장에서 먹히지 않는데, 베네수엘라, 아프가니스탄, 미얀마, 브라질, 터키 등에서 해당 국가의 통화를 가지고 있는 자산가들은 어떨까요?

1조 헤알화를 가지고 있는 브라질 0.1%의 자산가는 헤알화보다 달러를 원하지 않을까요? 그런데 그 자산을 달러로 바꿀 수 있을까요? 반대로 달러를 가진 사람이 헤알화를 그만큼 원할까요? 브라질의 0.1% 자산가가 자신이 원하는 만큼 헤알화를 달러로 바꾸는 것은 절대 불가능합니다. 그런데 새로운 자산이 생겨났습니다. 바로 비트코인과 이더리움입니다. 그들에겐 자국 화폐보다 더 나은 선택이 됩니다.

달러든 헤알화든 한 국가의 화폐는 국가가 원한다면 필요한 만큼 찍어낼 수 있습니다. 반면 비트코인과 이더리움은 처음부터 발행량이 정해져 있고 오히려 소각이나 분실로 수량이 줄어드는 구조입니다. 여기에 미국 증권선물위원회가 ETF를 허용했다는 것은 곧 정부가 인정한 자산이 되었다는 거죠.

그리고 비교적 가치의 변화가 적어 인플레이션 헤지 수단으로도 쓰이던 달러에서도 드디어 인플레이션이 일어나고 있습니다. 물가에 대해서 미국 FOMC도 우려를 표하기 시작했죠. 그렇다고 과거처럼 20%씩 금리를 올리면서 미국이 패권 국가임을 전 세계에 표방할 수 있을까요? 그러기에는 중국이 너무 많이 올라 왔죠. 결국 찍어낼 수 있는 양이 한정되어 있는 가상화폐에 돈이 몰리게 됩니다.

흔들리는 달러 패권은 곧 화폐의 새로운 패러다임을 가져온다고 생각합니다. 그리고 그것은 **크립토파이낸스**로 연결됩니다.

팬데믹 머니는 인류 역사상 가장 큰 혁명인 '크립토파이낸스'를 현재 진행형으로 만들어냈다고 생각합니다. 따라서 우리는 주식은 물론 새로운 자산에 대한 폭넓은 이해와 열린 마음으로 **새 시대**를 준비해야 하는 중대한 기로에 서 있다고 봅니다.

2022년
시장 전망

연말이면 내년 시장을 전망해달라는 요청을 참 많이 받습니다.

제가 주식을 하면서 갖게 된 생각 중 하나는 이것입니다.

'**매크로는 똥이다.**'

주식을 하면서 매크로든 마이크로든 다양한 판단을 하게 되지만 거시경제를 보는 매크로는 그리 필요하지 않다고 생각해요. 단 한 순간 필요할 때가 있는데, 바로 지수가 빠질 때입니다. 이 단 한 번의 도움이 자산을 지켜주죠. 엄청난 보험이 됩니다. 그래서 매크로는 정말 똥이라는 게 아니라, 1년에 한두 번만 크게 쓰인다 정도로 생각해야지 **매일 매크로를 생각하면서 매매하는 것은 비효율적이라는** 뜻입니다.

더구나 한국 주식시장은 세계 시장과 완전히 떨어진 것은 아니지만 많은 시장과 디커플링되어 있어요. 특히나 대부분 선진국들은 미국과 동조화돼서 움직이는 것에 반해, 한국은 미국과는 큰 상관없이 오히려 중국과 밀접하게 움직이죠. 어쨌든 시장 자체가 외국인 중심으로 치우쳐 있기 때문에, **개인은 매크로로 움직이기보다 재료 중심의 '이벤트 드리븐'이 잘 맞습니다.** 그리고 어느 정도 자산 형성이 완성되면 상장 주식에서 펀드나 메자닌, 비상장 주식으로 넘어가는 게 적합하다고 생각하고요.

유동성과 실적을 보라

서론이 길었습니다. 2022년 시장을 어떻게 봐야 할까요?

　내년뿐 아니라 2023년이건 2024년이건 개별 종목이 아닌 시장 자체를 예상하기 위해서는 '**유동성과 실적**' 두 가지를 꼭 봐야 한다고 생각합니다.

　2020년부터 2021년 1월까지 세계 주가가 크게 오른 데는 **유동성**의 역할이 컸습니다. 여기에 구조조정 등으로 기업 구조가 건전화했고, 비대면 등으로 새로운 수요가 창출되면서 실제 기업의 **실적**도 좋아졌습니다. 또 코로나로 억눌려 있던 수요가 풀리면 '앞으로 실적이 크게 오를 것'이라는 **기대감**까지 더해졌죠.

　유동성과 실적에 대한 기대감 두 가지가 동시에 작용하면서 S&P 500이 단기간에 100% 이상 오르는 기염을 토해냈습니다. 한국 코스피와 코스닥 역시 같은 기간에 전 세계 1, 2위를 다투는 상승률을 보였죠. 특히 2020년은 우리의 K-방역이 위용을 떨치던

때였죠. 수요 둔화가 다른 나라에 비해 적을 것이라는 예측과 함께 반도체 수요 증가도 유리하게 작용했습니다.

하지만 신고가를 찍어대는 미국과 달리 한국 증시는 2021년 1월 코스피지수 3000을 넘긴 후 장기간 박스권으로 우하향합니다. 왜 그랬을까요? 역시 유동성과 실적의 영향이 큽니다.

무엇보다 2020년 증시 상승의 기둥이었던 개인의 매수세에 비해 기관과 외인의 매도세가 더 강했습니다. '반도체 고점론'이 제기된 와중에 2021년 말 공매도●가 부활한 것도 큰 역할을 했습니다. 기관과 외인은 롱(매수)과 쇼트(매도)를 동시에 플레이하면서 리스크 헤지를 하니까요. 개인들만 매수하는 상황에서 외인과 기관의 현물 매도에 공매도까지 겹치니 어지간해서는 지수 상단을 뚫기가 어렵죠.

그런데다 실적 부문에서도 회의론이 일기 시작했습니다. 실제로 2021년은 역대급 실적을 보였지만 그해 4분기부터는 '정말 이 실적이 이어질까?' 끝없이 자문하기 시작한 거죠.

기업의 실적이 좋기 위해서는 뭐가 필수적일까요? 구조나 마진율을 개선하면 영업이익이 좋아질 수 있겠고, 가격을 올리면 매출을 올릴 수 있겠죠. 하지만 실적의 가장 근간이 되는 것은 바로 '수요'입니다. **수요가 기업의 실적을 좌우합니다.**

한국은 바이오 강국이니 게임 강국이니 IT 강국이니 하지만

● 특정 종목의 주가가 하락할 것으로 예상되면 해당 주식을 보유하지 않은 상태에서 주식을 빌려 매도 주문을 내는 투자 전략.

사실 자기 위안하는 소리에 가깝습니다. **한국 지수는 오로지 삼성 전자와 SK하이닉스로 시작하는 '반도체'에 달려 있습니다.** 그렇다면 2022년 한국 시장은 결국 반도체에 달린 거죠.

삼전하닉과 서플라이 쇼크

'반도체가 없어서 자동차 공장이 선다'는 말을 들으면 주식 초보도 바로 '삼성전자 주식 오르겠네' 하고 생각할 겁니다. 하지만 이런 '반도체 부족'은 삼전하닉(삼성전자+SK하이닉스)과 큰 관련이 없습니다.

반도체라고 다 같은 반도체가 아니기 때문이죠. 계속 공급 부족을 외치는 반도체는 삼전하닉의 '메모리 반도체'가 아니라 '비메모리 반도체' 등 시스템 반도체입니다. 2020년 기준 삼성전자는 비메모리 반도체 비중이 20% 정도이고, SK하이닉스는 오로지 메모리 반도체입니다.

삼전하닉의 DDR4 램을 가져가도 PC를 만들 수 없는 상황이었던 겁니다. 핵심 부품이 아니라 하나에 3원, 5원 하는 부품이 없어서요. 거기에 2021년 4분기 들어 중국에서는 심각한 전력난이 시작됐죠. 중국에서 만드는 10원짜리 부품이 없어서 다른 생산라인 전체가 멈추는 현상이 발생합니다. 자동차도 마찬가지였습니다.

전 세계 공급망이 꼬여버린 겁니다. '서플라이 쇼크'라고 부르죠.

공급망이 꼬이면서 한국의 D램은 오히려 재고가 쌓입니다.

반도체 생산은 멈출 수가 없는데, 제조사들은 완제품을 출고하지 못하는 상황이 계속되었거든요. 삼전하닉은 재고가 쌓이고, 이는 반도체의 현물가가 고정가보다 낮아지는 결과로 이어집니다(일반적으로 기간과 물량을 정해서 파는 고정가가 즉시 재고를 사 가는 현물가보다 월등하게 가격 경쟁력이 있습니다). 그러자 바이어들은 더 낮은 고정가를 요구하게 됐고, 이는 실적 악화로 직결되었죠.

결국 한국 반도체인 삼전하닉이 2022년에 좋으려면 D램 가격이 올라가야 합니다. 이를 위한 방법은 두 가지죠. **수요가 늘거나 공급이 줄거나.**

그런데 겨우 3달러짜리 부품이 없어 2만 달러짜리 자동차를 못 만드는 일이 벌어지다 보니 완성품 업체들은 도요타식으로 1개월치 재고를 확보하던 기존 방식을 '일단 많이' 주문하는 쪽으로 바꿨어요. 과도하게 주문을 밀어 넣자 이번에는 부품 업체들의 공급이 지연됩니다.

원래 반도체는 정상 상황에서도 주문 넣으면 6개월 후에 받아요. 그런데 코로나로 주문을 6개월 쉬었어요. 그럼? 일단 무조건 6개월은 공급난이 생기는 겁니다. 그런데 공급을 쉬는 기간 동안에 신규 주문도 들어왔죠. 이 때문에 정상 발주 대비 1.5배의 주문이 생기게 되고 이번에는 공급이 절대적으로 딸리는 상황이 됩니다.

사실 비메모리 반도체 부족의 이면에는 하나의 요인이 더 깔려 있었습니다. 바로 **미·중 무역전쟁**이죠. 2020년 3월 코로나가 터지기 직전 도널드 트럼프 전 미국 대통령은 중국을 압박하는 데 여념이 없었습니다. 보안을 이유로 전 세계 동맹국이 화웨이 제품을 쓰지 못하게 한 것에 더해 화웨이에 반도체를 공급하지도 못하게 했죠.

화웨이는 미국과의 무역분쟁으로 반도체 수급이 불안정해질 것을 예측하고 엄청나게 많은 반도체를 미리 발주했습니다. 재고를 쌓기로 한 거죠. 화웨이의 선주문으로 로딩이 걸리기 시작한 상황에서 코로나로 인한 비정상 발주가 이어진 거예요.

이처럼 두 가지 비정상적 상황이 동시에 생겼고 시장에서는 패닉이 발생한 겁니다. 그러자 비메모리 반도체의 세계 최강자 TSMC는 배짱 장사로 2021년 4분기 반도체 가격을 30% 올려버리기도 했습니다.

완성품 업체들은 1~2년 더 서플라이 체인에 문제가 있을 것으로 생각해서 일단 부품을 많이 주문하고 있어요. 여기서 우려가 생깁니다. **확실히 완성품 기업들에서 부품 재고가 쌓이고 있습니다.** 2022년에는 억눌린 오프라인 수요가 터져 나오면서 폭발할 거라 예상하는 거죠. 그러나 시장에서는 2022년 기대치를 낮춰야 한다는 주장이 들려오고 있어요. 예상보다 수요가 폭발적이지 않을 수 있으며, 우리가 알던 오프라인은 다시 오지 않을 수 있다는 우울한 목소리까지 들려옵니다.

수요는 예상만큼 살아나지 않는데 재고가 쌓이게 된다면? 결과는 참혹하겠죠.

우리에게 안 좋은 시그널은 또 있습니다. 작금의 서플라이 체인 붕괴로 인한 문제는 '세계화'의 산물입니다. 빌 클린턴 전 미국 대통령에서 시작되었죠. 중국은 공장이 되고, 한국은 중간재를 만들고, 동남아 지역은 원자재를 공급하고, 미국은 소비와 금융을 담당하고, 유럽은 관광과 금융, 정밀 제조를 맡는 등 하나의 기업처럼 전 세계는 분업화됐습니다.

하지만 이번 코로나로 분업화의 맹점이 드러났죠. 이미 오바마 임기 말부터 시작한 리쇼어링 정책은 트럼프와 바이든을 거치면서 더욱 심화했습니다. 반도체도 미국에서 직접 만들고, 자동차 회사들도 직접 반도체를 만들기로 결정합니다. 이뿐인가요. 배터리도 그냥 각 회사가 만든다는 발표가 이어지고 있죠.

중간재를 수출하는 국가로서 한국의 메리트가 점점 없어지고 있습니다. 내년이 아니라 장기적으로 볼 때는 미래가 좀 어둡습니다. 인구도 줄어들고 있고요. 일단 "인구가 감소하는 나라의 통화는 가지고 있을 가치가 없다"라는 명언도 있잖아요.

히든카드

정리하자면 2022년 시장은 쉽지 않을 것입니다. 유동성은 확실히 긴축되고 있고, 기업의 실적도 녹록하진 않습니다. 여전히 기대치는 높은 상황이지만, 생각만큼 좋기는 어려울 것 같습니다.

금리도 2021년 말 기준으로 미국은 한 번도 올리지 않았지만 한국은 이미 두 번 올렸죠. 미국이 실질적으로 올리기 시작하면 우리는 그만큼 쓸 카드가 부족한 것이고, 미국을 따라가면서 금리를 올리기에는 서민층이 한계에 다다라 있죠.

그래도 한국 지수를 끌고 가는 반도체 시장에 히든카드는 있습니다. '재고 감소를 위해 삼전하닉이 2021년 4분기에 **생산량을 줄이기 시작했으므로** D램 가격은 2022년 1~2분기를 바닥으로 상승할 것이다.' 이런 이야기는 인터넷에 널려 있죠.

제가 보는 히든카드는 두 가지입니다.

첫째, 인텔의 DDR5 지원 CPU 12세대가 나오기 시작했고, 2022년부터 빠르게 시장을 장악해나가면 2023년 정도에는 DDR5 수요가 증가할 것으로 예상됩니다. 즉, 지수 상승 '기대감' 재료로 적합해 보입니다.

둘째, 메타버스는 2022년 최대 화두일 뿐 아니라, 인터넷 혁명 다음으로 오는 '빅 체인저'입니다. 메타버스를 구축하기 위해서는 기존보다 몇 배에서 몇십 배의 클라우드가 필요합니다. 삼전하닉의 D램이 필요한 순간이죠.

그럼에도 지금 지수를 설명할 수 있는 기업 실적이 나올까? 그건 잘 모르겠습니다. 확실한 건 한국은 한국 자체로 시장을 만들 수 없는 나라이고, 미국이 끌건 미국 기업이 끌건 시장 주도 국가나 기업에 의존해서 성장할 수 있기 때문에 눈치를 더 열심히 봐야 한다는 것입니다.

'유동성과 실적' 중에서 주로 실적 이야기를 했는데요. 유동성 측면에서도 기댈 만한 부분이 있습니다. 계속 긴축으로 전망하니 겁이 나겠지만, 그럴수록 다른 측면을 봐야 합니다.

유동성에는 크게 두 가지가 있습니다. 정부가 푸는 유동성과 기업이 푸는 유동성입니다.

각국의 정부가 금리 인상과 자산 매각 등으로 유동성을 줄이고 있지만 이런 와중에도 유동성의 혜택을 보는 업황은 반드시 존재합니다. 정부에서 지속적으로 투자하는 섹션이죠. 우리나라로 치면 **이차전지**고요. 미국 등 전 세계적으로 보자면 **탈탄소** 정책입니다. 이 섹션에는 유동성 축소와는 별개로 계속해서 돈이 들어가게 됩니다.

또 기업 주도의 유동성도 존재합니다. **메타버스**죠. 세계 최상위 기업들은 모두 메타버스에 주목하고 있죠. 그리고 이 메타버스는 자연스럽게 **블록체인**과 연결됩니다. 이 섹터는 내년에도 좋을 수밖에 없습니다. 그리고 국가의 정책 자금보다 기업이 만들어내는 유동성이 훨씬 더 강력합니다. 기업은 '혁신'을 만들어내니까요.

▫️

"지금 투자해도 될까? 너무 고점 아닌가?" 올해는 특히 혼돈의 시기라지만, 사실 사람들이 매년 하는 질문입니다. 그리고 이런 질문을 하는 분들은 주식뿐만 아니라 부동산, 코인, 금, 비상장 모든 부분에 관해 "너무 고점 아닌가?"라는 질문을 합니다.

사실 질문이 잘못되었다고 생각합니다. '지금 투자해도 될까'라는 건 결과론적이에요. 어디에 투자할 건지를 물어야죠.

당장 어떤 종목을 사는 것은 중요하지 않습니다.

어느 섹터에 투자할 것인가가 중요한 겁니다.

"이 종목을 잘 공부해서 매매하면 10년간 10배 수익을 거둘 수 있다."

이런 말을 들으면 어떤 생각이 드세요? 저라면 '사기꾼 납셨네' 할 것 같습니다. 불가능한 것은 아닙니다. 다만 어느 한 종목을 정복하더라도 정말 10년간 10배 수익을 거둘 수 있는 사람은 매우 한정적이기 때문입니다.

하지만 이렇게 바꿔 말하면 어떨까요?

"이 영역을 잘 공부해서 섹터를 바스켓 매매하면 10년간 10배 수익을 거둘 수 있다."

이 말은 맞을 확률이 높습니다.

저는 지난 20년 우리의 현재를 만든 '인터넷'과 '모바일' 같은 강력한 변화는 '메타버스'와 '블록체인'에서 올 것이라고 생각합니다. 그래서 내년 시장이 망하든 흥하든 저는 메타버스, 블록체인, 미디어 엔터테인먼트 쪽을 더 파고들어 투자해보려 합니다.

유목민의 계좌를 공개합니다

사실 이 책에 제 계좌나 투자 내용을 공개하는 것을 망설였습니다. 저시총주를 즐겨 매매하며 단타를 애호한 과거와, 수억 원을 사모펀드와 비상장사에 투자하는 지금의 격차가 더 넓은 투자의 세계를 보여드리고자 하는 제 의도와 달리 박탈감을 주거나 심지어 '돈자랑'으로 비치지 않을까 걱정되기도 했습니다. 많은 분이 경제적으로 어려움을 겪는 시기이니 만큼 더 조심스럽기도 했습니다.

하지만 저는 자본소득이 대한민국에서 반드시 하나의 소득원으로 자리 잡아야 한다고 주장합니다. 노동소득만이 신성하고 1순위라 여기며 그렇게 가르쳐서는 안 된다고 생각합니다. 대한민국에는 아무런 자원이 없고, 금융은 국경이 없습니다. 금융으로 세계의 중심에 선 싱가포르처럼, 우리나라도 미래 세대에게 금융을 교육하고 현실 경제 감각을 키워줘야 기회가 옵니다.

저의 수익 인증이 많은 분이 투자와 공부에 대한 의지를 북돋우고 목표를 한 단계 업그레이드하도록 동기를 부여하리라 믿습니다.

펀드 투자 내역

저는 단타로 실력을 다졌기 때문에, 3개월 이상 들고 가야 하는 스윙과 1년 이상 가져가는 장기 투자는 약합니다. 그래서 1년 이상의 투자는 거의 펀드 형태로 간접투자를 하고 있습니다.

펀드는 2021년 현재 하나금융투자 클럽원을 통해 약 60개 건에 220억 원가량을 투자 중입니다. 마찬가지로 하나금융투자 클럽원을 통해 국내 상장사 발행 채권으로 25억 정도 투자 중입니다. 그 외 쿼드, 데일리, TBT, 히스토리 등 전문 VC를 통해 약 20여 개 건에 100억 원의 투자를 진행 중입니다.

하나금융투자를 제외한 펀드+신탁 등 VC 투자는 HTS 등 웹에서 확인하는 방법이 아직 없어서 책에 증빙할 길이 없긴 합니다. 투자하면 종이 증서를 하나씩 주는데, 그런 것들은 잘 가지고 있습니다. 그 증서가 없다고 투자한 게 없어지는 건 아니에요. VC

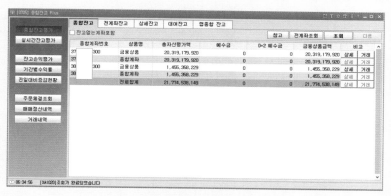

△ 하나금융투자 펀드 종합 잔고, 약 217억 원을 투자 중이다(2021.12.23. 기준).
하나금융투자를 제외한 VC투자는 종이 증서로 보관하고 있다.

△ 하나금융투자 펀드 계좌 상세(2021.12.23. 기준)

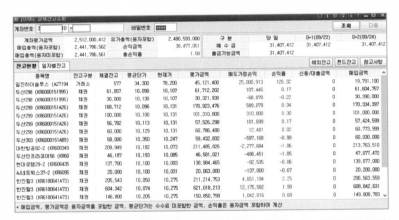

△ 하나금융투자 채권 계좌(공모주 펀드), 약 25억 원 배분돼 있다(2021.9.17. 기준).

에는 모두 기록되어 있습니다. 법에 따라 펀드가 설정될 때마다
중소기업청에도 모두 등록이 되고 있고요.

　　이 책이 출간될 시점에 환매되는 펀드들이 있다면 저 투자 잔
액은 늘어날 수도, 줄어들 수도 있습니다. 이미 상장된 종목이 포

함된 펀드는 청산 전까지 수익이 늘거나 줄어드는 등 변동성이 심합니다.

아직 비상장인 경우에는 원금만 표시됩니다. 매년 관리보수가 2% 나가고 선취보수가 있기 때문에 엑시트하기 전에는 매년 손실로 보면 됩니다.

저는 2018년 4월부터 펀드 투자를 시작했습니다. 이제 만 3년이 넘어가면서 엑시트한 펀드들이 다수 생겼어요. 올해 엑시트한 펀드인 크래프톤은 약 8배 정도 수익이 났고요. 티앤알바이오팹도 약 4배 났습니다. 그 외에 야놀자와 펫프렌즈도 엑시트했고, 씨앤투스성진 등 신규 상장한 몇몇 펀드도 몇 배 수익을 내며 엑시트했습니다.

투자는 했지만 비밀을 요구하는 투자도 있습니다. 유망하고 자금이 몰리는 기업 입장에서는 저 같은 개인 투자자보다는 전략적으로 사업을 키워줄 수 있는 기업이나 기관 투자자를 원하는 경우가 많거든요. 그래서 펀드나 비상장은 단순히 돈이 있다고 투자할 수 있는 게 아니라, 저도 그 회사에 도움을 줄 수 있어야 투자할 수 있는 경우가 많습니다.

주식 투자 내역

주식 거래 계좌는 여러 개를 사용 중이고요. 2022년 현재는 KB증권과 미래에셋증권, 유진투자증권을 주력으로 사용 중입니다.

키움증권

키움증권은 초기에 사용했습니다. 이후 주식 거래량이 늘면서 0.015%의 수수료가 연간 몇억 원대로 나오게 되면서 수수료 무료인 증권사로 옮겼습니다. 하지만 여전히 검색식 등 주요 지표 확인용으로 키움의 HTS인 영웅문을 사용 중입니다. 키움은 1년씩밖에 조회가 안 되네요. 2015~2017년간 6.4억 원 정도 수익을 냈습니다.

△ 키움증권 계좌, 약 6.4억 수익.

미래에셋대우

가장 빠른 HTS라고 생각합니다. 두 계좌를 합쳐서 대략 50억 원입니다.

△ 미래에셋대우 계좌, 약 50억 수익.

유진투자증권

제가 가장 많이 사용하는 증권사 중 하나예요. 2017년부터 애용했고 약 91억 원 수익을 냈습니다.

2018년 4월에 처음으로 월 10억 원 수익을 냈습니다. 유진 계좌로 9.8억을 찍고(아래) 다른 계좌로 1억 정도 찍어서 10억 원을 넘었어요. 당시 왼쪽 눈 실명 위기가 오는 바람에, 한 계좌로 10억 찍을 수 있었던 기회를 놓쳤습니다. 아쉽습니다.

일자	매수금액	매도금액	매매비용	실현손익	실현수익률	당일매매수수료	제세금
2018-04-30	1,694,975,710	1,660,068,635	0	52,528,421	0.00	165,718	4,979,684
2018-04-27	1,404,589,795	1,645,926,386	0	63,969,706	0.00	150,685	4,937,174
2018-04-26	766,715,106	1,147,232,955	0	52,826,021	0.00	94,540	3,441,409
2018-04-25	1,014,703,295	905,815,265	0	22,864,151	0.00	94,865	2,716,996
2018-04-24	3,187,354,770	3,126,880,410	0	76,631,768	0.00	311,879	9,380,251
2018-04-23	1,347,917,938	1,552,203,548	0	135,605,591	0.00	143,249	4,656,349
2018-04-20	838,521,774	805,766,573	0	68,759,851	0.00	81,222	2,417,109
2018-04-19	1,723,723,437	1,820,690,727	0	82,128,128	0.00	175,070	5,461,465
2018-04-18	1,764,363,855	1,782,787,980	0	72,855,831	0.00	175,204	5,348,100
2018-04-17	808,453,610	977,586,585	0	26,874,071	0.00	88,224	2,932,523
2018-04-16	2,045,188,435	1,934,807,050	0	56,315,817	0.00	196,591	5,804,114
2018-04-13	1,528,261,360	1,546,951,610	0	32,967,283	0.00	151,896	4,640,548
2018-04-12	745,021,884	837,834,440	0	23,384,624	0.00	78,184	2,513,336

하나금융투자

저의 메인 펀드 파트너라서 이용해보려고 했습니다만, 0.015% 수수료의 벽은 높았습니다. 금방 뺐어요(제가 여전히 단타를 많이 해서 수수료가 정말 많이 나옵니다). 그리고 아래 6.4억은 코스닥공모펀드 계좌입니다. 공모주를 받아서 매도하는 계좌라서 매수 금액이 적게 나옵니다. 총 7억 정도 수익이네요.

△ 하나금융투자 계좌, 약 7.5억 수익.

NH증권

수수료 무료 이벤트 때 가입을 해서 사용했습니다. 조금 불편한 감은 있었습니다. 2020년부터 사용했고요. 86억 원 정도 수익을 거뒀네요. 많이 번 달은 한 달에 20억 원 가까이 벌었습니다. 다른 계좌와 합치면 20억 넘은 달이 두 번이라고 기억합니다.

△ NH증권 계좌, 약 86억 수익.

KB증권

개인적으로 실전투자대회 1위 수익률 두 번, 2위를 한 번 기록한 증권사라서 애착이 많이 갑니다. 시스템도 빠르고 서비스도 좋고 최고라고 생각합니다. 두 계좌 합쳐서 56억 원 정도 벌었습니다.

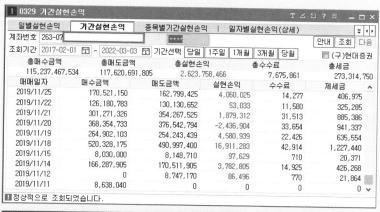

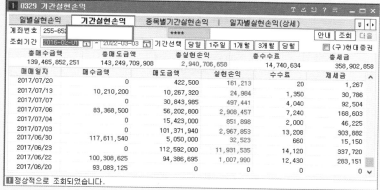

△ KB증권 계좌, 약 56억 수익.

여기에 공개한 계좌 수익을 전부 더하면 300억 정도 됩니다.

　2022년 초 현물(상장 주식) 매매로는 1월에 3000만 원, 2월에 6000만 원 정도 수익을 냈습니다. 확 줄었죠? 시장이 안 좋기 때문이기도 하지만, 이미 현물을 매매하는 직접투자 비중보다 펀드와 같은 간접투자 비중이 10배 이상 늘었습니다. 앞으로 이 격차는 더 커질 것 같아요.

현물 투자는 분명 매력이 있습니다. 그리고 자본금이 적을 때는 현물 투자의 수익률이 압도적이고요. 하지만 자본이 늘어날수록 효용성은 간접투자가 좋아집니다. (물론 조 단위 자산가는 그 돈을 간접투자로만 돌릴 수는 없겠죠. 그 돈을 받아줄 곳은 미국의 현물 시장이 될 것 같습니다.) 그래서 시간이 흐를수록 현물 주식은 '시그널 리포트' 콘텐츠를 만들기 위해서 신경 쓰는 수준으로 점점 줄고, 요새는 주로 사모펀드나 직접투자를 통한 비상장사 투자를 늘리게 되는 것 같아요.

게다가 최근에는 주식이 아닌 다른 일에 에너지를 쏟고 있어요. 대주주로 있는 사이다경제가 프리 시리즈A 투자를 유치했고, 거기에 콘텐츠를 공급해서 회사를 키우는 데 집중하고 있습니다. 또 2019년에 입사한 VR 게임사의 경우 메타버스 바람이 불면서 주목받게 됐어요. 땅바닥 출신이었던 저도 조금씩 기관들과 교류를 넓히면서 아는 증권사 IB(기업금융) 부서도 생겼습니다. 덕분에 제 투자사의 IPO 주관사 선정을 직접 연결하는 등 즐겁고 흥미롭고 도전적인 일들에 더 큰 재미를 느끼고 있습니다.

주식 매매도 재밌는 일이지만 사업도 정말 재미있습니다. 저는 물론 다른 파트너들과 주주들이 모두 이롭게 되는 일이라 생각합니다. 또 그 사업이 세상을 이롭게 하고 삶을 윤택하게 하는 아이템이라면 잘될 때 더욱 보람 있고요.

저는 여전히 현재 진행형 투자자이고, 지금의 제 수준에서 함께 성장할 수 있는 분들과 꾸준히 지평을 확장하고 있습니다.

펀드 투자의 용어 소개

펀드라는 용어가 나오니까 은행에서 가입하던 펀드 상품을 떠올리실 수 있겠네요. 이 책에서 제가 이야기하는 펀드 투자는 거의 사모펀드입니다. 일반 독자에게 아직은 낯설 수 있는 투자 영역이므로, 간단하게 용어들을 설명해보겠습니다.

아시다시피 펀드란 여러 투자자에게서 모은 자금을 자산운용사 등이 주식이나 채권 등에 투자하고 그 수익을 돌려주는 상품으로, 대표적인 간접투자 방식입니다. 이 펀드 상품은 크게 사모펀드와 공모펀드로 나뉩니다.

사모펀드(PEF, Private Equity Fund)는 최대 49인의 소수 투자자를 '비공개'로 모집해 주식이나 채권 등에 투자하는 펀드로, '고수익기업투자펀드'로도 일컫습니다. 개인 혹은 기관 투자자인 LP(Limited Partner, 유한책임투자자)는 자금을 출자하고 자산운용사 등인 GP(General Partner, 무한책임투자자)에 펀드 운용을 맡깁니다. 그 대가로 보수(2%)를 지급하고 수익도 나눕니다(보통 20%). 사모펀드는 '사인(私人) 간 계약' 형태를 띠며, 따라서 금융감독기관의 감시를 받지 않고 자유로운 운용이 가능합니다. **개인투자조합도** 유사한 기능을 합니다. 개인들이 인당 100만 원 이상, 총 1억 이상 출자하여 조합을 만들어 벤처 회사에 투자합니다. 중소기업벤처부에서 인정한 사람이 만들 수 있고요. GP와 LP가 필요한 것과 49인 인원 제한 역시 동일합니다.

공모펀드(POF, Public Offering Fund)는 불특정 다수의 일반 투자자 50명 '이상'을 '공개적'으로 모집하는 펀드입니다. 보통 은행에서 많이 가입하시는 일반 펀드가 바로 이 공모펀드입니다.

2018년 기준으로 공모펀드는 1700여 개 설정되었는데, 이 중 딱 12개만 수익이 났습니다. 평균 수익률은 -19%였습니다. 물론 2018년 코스피는 -17.8% 하락했습니다. 공모펀드는 시장이 좋으면 조금 좋았다가 시장이 나쁘면 더 빠지죠. 은행에서 가입한 공모펀드 중 수익인 게 있다면 운이 상당히 좋으신 겁니다.

반면 2018년 기준 사모펀드는 1800여 개였는데요. 이 중 수익이 난 펀드는 1400여 개였고, 수익률은 1.3%였습니다. 시장이 엄청나게 빠졌음에도 사모펀드는 손실이 나지 않은 거죠.

최근 사모펀드의 규모가 엄청나게 커졌습니다. 2019년 10월 기준 400조에 달합니다(공모펀드는 236조). 2014년에는 176조(공모펀드 204조)였습니다. 사모펀드의 성장세가 엄청나죠.

메자닌(Mezzanine)은 제가 자산 100억 원대로 점프하는 데 유용하게 활용했던 투자 방법으로(11장에서 상세히 다룹니다), 간단히 말하자면 주식과 채권의 성격을 모두 가진 상품입니다. 채권자 입장에서는 일단 돈으로 빌려주고 주식이 오르면 채권을 주식으로 바꿔서 이익을 극대화할 수 있고요. 주가가 떨어지면 그냥 원금에 이자를 돌려받으면 됩니다. 회사가 망하지 않는 한 어떻게든 원금을 보전할 수 있는 투자 방법입니다. 국내 메자닌 상품은 대부분 사모펀드 형식으로 나오고 있습니다.

블라인드 펀드(Blind Fund)는 투자처를 정해놓지 않고 자금을 모아 투자합니다(사모펀드와 공모펀드는 모두 설정 당시에 어떻게, 어디에 투자가 될지 결정되고 진행됩니다). 그렇다고 투자 대상을 모르고 진행되는 것은 아니고, 통상 투자처를 공개하는 경우가 많습니다. 오히려 가장 큰 차이점은 일반 사모펀드는 투자처가 결정되면 그때부터 투자자(LP)를 모아야 하기 때문에 시간이 많이 걸리는 데 반해, 블라인드 펀드는 이미 모인 돈이 있다 보니 투자 속도가 매우 빠릅니다.

제가 최근 가장 열심히 투자하는 영역이 바로 사모펀드와 VC를 통한 비상장 투자입니다.

벤처캐피털(Venture Capital)은 벤처기업에 주식 투자 형식으로 투자하는 기업 또는 그 자본을 말합니다. VC는 기업, 일반인, 금융기관 등의 참여로 투자조합 혹은 펀드를 조성해 자금을 만듭니다. 이것을 돈은 없지만 장래성 있는 신생 기업에 투자하고 이후 이 기업이 성공적으로 성장하여 기업 가치를 올리거나 상장하면 주식을 매각해 수익을 얻죠. 엔젤 투자도 비슷한 개념입니다.

비상장 주식은 현재 여러분이 HTS나 MTS에서 매매하는 삼성전자나 SK하이닉스 같은 종목처럼 거래소에 상장된 주식 외의 모든 주식을 의미합니다. 개인사업자를 제외한 주주로 구성된 상장 외 기업을 비상장사라고 합니다.

상장 주식은 2022년 3월 현재 약 2300개입니다. 하지만 (중소기업벤처부에 따르면) 창업 7년 이하 비상장사는 2019년 말 기준 196만 개라고 합니다. 벤처 인증을 받은 스타트업은 2021년 말 기준 3만 6000개가 넘습니다. 눈과 귀를 열면 무수한 기회가 있습니다. 개인이 거래할 수 있는 증권플러스비상장이나 서울거래소, 엔젤리그 같은 비상장 거래 플랫폼도 점점 활성화되고 있죠.

비상장 투자는 여러 단계가 있는데요. 스타트업들이 IR을 통해 투자를 유치하는 단계이기도 하죠. 아마 들어보셨을 거예요. "마켓컬리 운영사 컬리가 2254억 원 규모의 시리즈F 투자 유치를 완료하고 향후 한국 증시에 상장을 추진하는 것으로 결정했다고 밝혔다." 이런 식의 기사 헤드라인을 많이 보셨을 테고요. 미국 실리콘밸리에서 건너온 구분인데요. 투자 회차에 따른 주식 등급으로 보시면 됩니다. 크게 시드머니, 시리즈A, 시리즈B, 시리즈C로

△기업 성장에 따른 투자 단계

구분합니다.

물론 이러한 펀드 투자의 영역을 누구나 쉽게 접할 수 있는 건 아닙니다. 좋은 VC를 만나는 것도 운과 실력의 영역이고요.

사모펀드 모집에는 대개 최소 투자 금액이 있습니다. 경우에 따라 다르지만, 2021년 초에 1.1조 밸류(기업 가치)로 진행된 '케이뱅크'의 경우 최소 투자 금액이 20억 원이었습니다(1년도 채 지나지 않아 5조 이상 밸류로 평가된 건 안 비밀입니다만). 두나무와 야놀자의 경우도 최소 금액이 5억이었고, 해시드의 2호 블라인드 펀드도 최소 금액이 10억이었습니다. 대부분 펀드는 최소 1억 이상을 요구합니다. 단, 개인투자조합을 이용할 경우에는 100만 원 이상이니까 할 만하겠죠.

이렇게 금액 제한을 두는 것에 대해 자산가만 받겠다는 의도로 오해하시는 분들이 있지만, 순전히 인원수 제한 때문입니다. 2021년 현행법상 사모펀드는 49인 이하로 조직해야 합니다. 그런 상황에서 만일 500억 자금을 모으는 경우 1인당 10억 원 이상을 해야 모집을 완료할 수 있죠.

한편 좋은 회사의 구주가 시장에 나오는 경우도 있습니다. 이런 딜은 수량 자체가 아주 적거든요. 총 투자 수량 자체가 5억~10억씩 나올 때가 많아요. 수량 자체가 너무 적기 때문에 49인으로 하지 않고 소수 지인들이 나눠 투자합니다. 투자 건이 있었는지도 모르고 지나가는 딜들입니다. 이를 '클럽딜'이라고 부릅니다.

클럽딜은 4~5곳의 자산운용사가 모여서 투자를 주도하는 방식을 말합니다. 적정 밸류에이션을 만들기 위해서는 혼자서 투자하는 것보다 여러 명망 있는 운용사가 함께 가치를 인정해줘야 하는데요. 간단하게 말해 능력을 자타공인 인정받은 VC끼리 알음알음 사이 좋게 나눠 먹는다(?)고 보시면 되겠습니다. 네트워크가 정말 중요하죠.

결국 좋은 파트너들이 필요합니다. 내가 원한다고 투자할 수 있는 게 아니거든요. 돈도 있어야 하지만 인맥도 필요합니다. 그래서 투자자들은 돈을 벌수록 더 겸손해지는 것 같아요. 자기 자신이 잘나서라기보다 주변에서 이렇게 클럽딜이나 사모펀드 등으로 이어준 덕에 더 잘되는 거니까요.

하지만 저 역시 학연, 지연, 혈연 그 무엇도 없었고 주변에 끌어주는 친인척이나 학교 선배도 누구 하나 없었습니다. 돈도 2015년에 겨우 500만 원으로 시작했습니다. 되는 사람과 안 되는 사람은 시작부터 결정됩니다. 안 된다는 평계를 가진 사람은 어떤 좋은 상황이 와도 안 될 평계를 찾습니다. 500만 원밖에 없던 시절에 '시드머니가 부족해서 안 돼'라는 생각을 했다면 지금의 제가 있었을까요.

지금도 제 주변에 있는 사람들은 단 한 명도 예외 없이 미쳤다고 합니다. 매일 새벽 4시에 일어나서 리포트를 만드는 저를 보면서요. 저도 제가 이렇게 매일 루틴으로 생활하는 걸 보면서 믿기지 않을 때가 많습니다.

안 될 이유를 찾기 전에 일단 시작부터 해야 합니다. 스스로 안 된다고 하는 순간 자신의 한계를 단정 지어버리는 거예요.

일단 부자와 친하게 지내세요. 그들이 당신과 기회를 함께 나눌지도 모릅니다. 당장 저만 해도 가족, 친지, 동료, 친구들, 그리고 오프라인 지인들에게 제가 들어가는 펀드 자리를 나눠서 함께 들어가고 있거든요. 혼자 부자 돼서 뭐 합니까. 나이 들어서 함께 시간 보내려면 지인들도 여유가 있어야죠.

이 책에 소개한 여러 투자 펀드는 대부분 지인들과 들어갔습니다. 제가 물량을 많이 확보한 다음에 지인들에게 소개해주고 안 한다고 하면 제가 전량 소화하는 방식으로요. 물론 이런 거 소개한다고 저에게 콩고물 떨어지는 일은 없습니다. 지인들이 글로벌 펀드나 국내 최대 사모펀드사를 경험하는 것만으로도 그들 삶에 큰 자극이 될 거라 확신하기 때문에 더욱 추천해주곤 합니다.

PART 2

관점 업그레이드

5장

없다가 생긴 것에
주목하라

보통 사람들의 삶이 변화하는 순간은 언제일까요? 로또 1등에 당첨됐을 때, 자녀가 원하는 대학에 합격했을 때, 합격자 명단에 내 이름이 있을 때, 아이를 갖게 됐을 때, 애인이 생겼을 때, 승진할 때, 결혼할 때, 가까운 사람의 성공, 누군가의 쾌유, 수확의 기쁨, 좋아하는 책의 발견, 첫눈이 오는 날 등등 다양할 거예요. 변함없고 반복되는 일상에서 누리는 행복도 있지만, 갑작스럽게 찾아오는 '없다가 생긴 것'에서 큰 기쁨을 느끼기도 합니다.

주식도 마찬가지입니다. 산업과 기업에서 없다가 생긴 일은 좋건 나쁘건 전과 후의 큰 차이를 가져오기 때문에 유동성과 실적, 기대감 모두를 움직이게 됩니다.

대통령 선거, 새로운 구동 방식(전기, 수소)의 자동차, 신재생 방식의 에너지, 소형 원전(SMR), 메타버스와 블록체인, 비대면 시대, 새로운 질병의 발생, 새로운 교통수단의 출현, 새로운 수익 구조의 게임(P2E), 정부의 새로운 정책, 신작 게임, 신작 영화, 신작 드라마, 새로운 치료제, 회사의 매각으로 인한 새로운 주주의 탄생, 기업의 새로운 정책 등 무수한 새로운 것들이 시장에 큰 영향을 줍니다.

다만 보통 사람들은 어떤 것이 나타났을 때 이것이 없다가 생긴 것인지 구별하는 눈이 없습니다. 왜 없을까요? 바로 배경지식이 없기 때문입니다.

없다가 생긴 것을 알기 위해서는 기존 산업과 기업에 대한 지식이 필요합니다. 그래야 '기존과는 다르다'라는 것을 알아차릴 수 있죠. 아는 게 없으면 모든 게 새로워 보이겠죠. 모든 게 새롭다면 사실 모두 새롭지 않은 것과 같은 말이거든요. 많은 지식이 쌓여 있어야 어떤 사안이 발생했을 때 '없다가 생긴 것'을 눈치채고 기민하게 움직일 수 있습니다.

저는 사실상 이 책을 통틀어서 계속 하나의 주장을 다른 말로 설명하고 있습니다. **"지식을 쌓아야 시그널이 보인다."** 지식을 쌓아야 없던 것과 있던 것을 구별할 수 있게 되는 거죠.

실제 사례를 통해 없다가 생긴 것들의 예시를 살펴보겠습니다.

케이스 스터디 **빔모빌리티**

'라스트 마일' 지원하는 교통수단의 탄생

2019년에 들어서며 특이한 문화를 보게 되었어요. 길거리에 킥보드가 늘어나더군요. 전철역이나 버스 정류장부터 직장이나 학교, 집까지의 마지막 이동을 지원하는 새로운 교통수단 '라스트 마일'

이 탄생한 결과였습니다.

　초기에는 한국에서는 잘되지 않을 산업으로 판단했어요. 한국의 도로는 턱이 높아 유모차를 끌기 힘들거든요. 또 사계절이 뚜렷해서 비가 많이 오는 장마철과 눈이 와 빙판이 되는 겨울에는 이용률이 떨어질 것이므로 투자 대상으로 보지 않았습니다. 반면 사계절의 기후가 비교적 균일한 유럽에서는 사업성이 좋다고 보았죠. 유럽은 모든 인도와 도로를 연결하는 곳을 평탄화해서 유모차를 끌기에 정말 편하거든요.

　그런 와중에 빔(BEAM)이라는 회사를 발견합니다. 이 회사는 제가 생각한 한국 전동 킥보드사의 단점을 잘 알고 있는 싱가포르 국적의 회사였어요. 이용률이 떨어지는 계절에는 전동 킥보드를 사용량이 많은 국가에 해운으로 보내는 전략을 취하고 있었습니다. 또 당시 수많은 킥보드사들이 전략적으로 강남을 공략하고 있었어요. 출혈 경쟁이 매우 심했죠. 하지만 빔은 처음부터 강남을 공략하지 않았습니다. 판교, 잠실 등 주변부를 먼저 장악했습니다. 그리고 강남은 가장 나중에 공략하기 시작했어요. 그 결과 2021년 현재는 빔이 전국에서 가장 높은 점유율을 차지하고 있고 기기당 이용률도 압도적입니다. 그리고 유일하게 손익분기점을 넘긴 회사가 됐죠.

　저는 당시 글로벌 헤지펀드 세쿼이어와 동일 라운드인 1000억 밸류로 투자했습니다. 그리고 현재는 약 2.36배 평가수익인 상태예요. 글로벌에서 가장 빠르게 이익을 내면서 성장하는 기업인 만큼 전동 킥보드 업계의 총아가 될 거라고 생각합니다.

제가 이런 '라스트 마일' 비즈니스의 히든카드로 여기는 건 이용자가 스스로 만들어내는 지도입니다. 모든 전동 킥보드에는 회수를 위한 GPS가 장착돼 있습니다. 어느 지역에 라스트 마일이 많이 필요한지 알 수 있는 거죠. 4차 산업의 석유와 금은 데이터라고 하죠. 이런 실생활 데이터를 쌓을 수 있는 회사의 가치는 앞으로 더 올라간다고 생각합니다.

케이스 스터디 **크림**
MZ세대의 새로운 라이프스타일 재테크

한정판 신발을 사고판다? 보통 40대 이상은 '그게 뭐야?', '돈이 돼?' 이럴 겁니다. 부동산의 앙등으로 소위 MZ세대는 집 사는 것을 포기한 채 가상화폐나 주식에 더욱 열광하게 됐는데요. 이들의 라이프스타일 중 과거에는 없다가 생긴 것이 있습니다. 바로 리셀 (resell, 재판매)이라는 영역이에요.

한정판 스니커즈를 사서 되파는 것을 리셀이라고 합니다. 파는 사람들을 리셀러라고 부릅니다. 잘 나온 한정판은 새것보다 훨씬 비싸죠. 심하게는 수천만 원씩 프리미엄이 붙기도 합니다.

> **운동화 팔아 5000% 수익률… 전 세계 MZ세대 꽂힌 '리셀' 경제학**
> 코로나19 이후 급속도로 커진 리셀 시장이 여전히 불타오르고 있다. 앱 분석 플랫폼 앱애니에 따르면 지난해 1년간 전 세계에

서 다운로드 수가 가장 많이 늘어난 앱 1위는 인도의 리셀 앱 '미쇼(Meesho)'였다.

우리나라에서도 크림, 솔드아웃 등 스니커즈 리셀 플랫폼뿐 아니라 머스트잇, 트렌비 등 중고 명품 거래 플랫폼이 지난해 '폭풍 성장'을 거듭했다. 글로벌 리셀 시장 규모는 2020년 280억 달러(약 33조 원)에서 2025년 640억 달러(약 75조 원)까지 커질 것으로 예상된다.

출처: 한국일보, 2022.1.31.

새롭게 생긴 MZ세대의 라이프스타일은 창업으로까지 이어집니다. 네이버의 손자회사 '크림'이 대표적인 예입니다. 무신사는 '솔드아웃'이라는 플랫폼을 시장에 선보였죠. 국내 한정판 스니커즈 리셀 시장의 시작은 '아웃오브스탁'이었지만 2021년 9월 현재는 크림이 2위 주자를 10배 이상 격차로 따돌리고 1위를 하고 있습니다.

그래서일까요. 유니콘 제조사로 불리는 벤처캐피털 알토스를 비롯해 손정의의 소프트뱅크벤처스까지 크림에 투자했습니다. 크림의 경우 일본의 한정판 스니커즈 1위 업체 소다(SODA)도 인수했죠. 태국 시장도 접수했습니다. 라인 플랫폼과 협업을 통해 패션 슈퍼앱이 될 수 있을 겁니다.

이런 데 초기 투자를 할 수 있다면 수익은 따놓은 당상일 겁니다. 2021년 초에 시리즈A를 프리 600억 밸류로 진행한 크림은 2021년 말 바로 시리즈B를 프리 3000억 밸류로 진행했습니다. 아마 2022년에는 바로 시리즈C를 진행하고, 2023년 혹은 2024년에 상장을 하지 않을까요?

투자은행 업계는 크림의 성공 가능성을 무신사보다 더 높게 점치고 있습니다. 2021년 현재 무신사의 가치는 3조입니다. 크림에 600억 밸류로 투자해서 3조 이상 된다면 투자 수익은 산술적으로 50배 정도가 될 수 있겠네요.

케이스 스터디 **에스엠랩**
세계 최초 단결정 이차전지 양극재 기술

앞서 언급한 빔이라는 전동 킥보드사에 투자하면서 배터리 산업에 대해서 다시 생각해보게 됐습니다. 이런 킥보드에도 배터리가 들어간다면, 앞으로 배터리 수요가 정말로 크게 부각되겠구나 하고 생각한 거죠.

그런 와중에 에스엠랩이라는 비상장사의 투자 건을 발견했습니다. 당시 첫 투자였고 프리 밸류(투자 전 밸류)는 800억 원이었죠.

전기차 원가의 60%는 배터리 가격이 차지하는데요. 배터리 가격의 80%는 양극재가 차지합니다. 에스엠랩은 '단결정' 양극재를 생산하는 기술을 가지고 있었어요. 이 기술이 왜 중요하냐면, 양극재는 크게 코발트와 하이니켈로 구성되기 때문입니다. 코발트가 엄청나게 비싸요. 그래서 가능한 한 하이니켈이 많이 들어가야 가격을 낮추면서도 성능을 올릴 수 있습니다. 하지만 현실적으로 코발트를 10% 이상 넣어야 하는 한계에 머물러 있었죠. 다결정 구조였기 때문에 한정된 공간에 아무리 차곡차곡 넣어도 빈 공간이 있기 때문이었습니다.

하지만 에스엠랩은 단결정 구조로 고밀도 제작이 가능하다고 설명했어요. 거기에 반해 투자했습니다. 그리고 2년 후 에스엠랩과 관련해 다음과 같은 기사가 나오더군요.

양극재 '魔의 94% 벽' 넘었다… 전기차 가격 낮아지나

에스엠랩, 세계 최초 '98% 하이니켈 양극재' 개발

값비싼 코발트 1%로 줄이고 니켈 함량 98%까지 끌어올려

전기차 배터리 용량 16% 증가

출처: 한국경제, 2021.8.18.

"전기차 배터리 가격 낮춘다" 에스엠랩, K-배터리 3사 못한 일 해냈다

최근 유니스트(UNIST)는 조재필 에너지화학공학과 특훈교수가 창업한 에스엠랩이 비싼 코발트의 함량을 기존 5% 이상에서 1% 미만으로 줄이고, 값싼 니켈 함량을 90%에서 98%까지 끌어올린 전기차 배터리용 양극재를 개발했다고 밝혔다.

앞서 삼성SDI·LG에너지솔루션·SK이노베이션 등 국내 배터리 3사가 올해 '더 배터리 컨퍼런스'에서 이론적으로 양산 가능한 최대 니켈 함량이 94%라고 제시했다는 점에서 에스엠랩의 기술이 더욱 의미가 있다.

출처: 이코노믹리뷰, 2021.8.20.

결국 각고의 노력 끝에 해낸 거죠. 제가 에스엠랩에 투자하던 2019년 초는 시장에서 배터리 관련주에 관심도 없을 시기였어요. 하지만 빔 투자를 통해 배터리 시장이 확대된다고 생각하게 되었고, 에스엠랩의 '단결정 양극재' 기술은 '없다가 생긴 것'이고, 투자를 해야 한다는 시그널로 다가왔던 거죠.

　　에스앱랩은 2022년 7월 상장을 예정하고 있고, 최소 밸류 1조를 예정하고 있습니다. NH와 한국투자증권이 주관사네요. 그런데 같은 양극재 생산 경쟁사인 에코프로비엠의 시총은 2021년 9월에 10조를 터치했습니다. 에스엠랩이 공장 증설만 하면 에코프로비엠보다 양질의 양극재를 쏟아내겠죠. 결국 누가 더 좋은 밸류를 받게 될까요. 어찌 됐건 투자 단가 대비 10배 이상의 수익은 나올 것입니다.

ıl

　　아직 상장하지 않은 회사이지만, 개미 투자자도 이 시그널을 수익과 연결할 수 있습니다. 에스엠랩의 기사가 나고 바로 다음 날 에스엠랩에 시리즈B 투자를 한 관련주 SV인베스트먼트 주가가 10% 가까이 상승합니다.

SV인베스트먼트, 세계 최초 하이니켈 양극재 에스엠랩 지분 보유에 강세
국내 기업인 에스엠랩이 세계 최초로 금속 코발트의 함량을 5% 이상에서 1% 미만으로 줄이고 대신 값싼 니켈 함량을 기존 90%에서 98%까지 끌어올리는 양극재를 개발했다는 소식에 투자사인 SV인베스트먼트가 강세를 보이고 있다.

19일 한국거래소에 따르면 SV인베스트먼트는 오전 9시 30분 전일 대비 350원(9.31%) 상승한 4110원에 거래되고 있다.

출처: 헤럴드경제, 2021.8.19.

이러한 시그널은 주식에서 '지식'만큼이나 중요합니다. 그리고 경험적 영역이 가장 많이 적용되고요. 시그널은 지식을 일깨우는 트리거입니다. 그래서 지금 이 파트를 읽는 분들이 해당 영역의 지식이 없는 경우에는 감이 잘 잡히지 않을 거예요.

당장 바로 앞에서 이야기한 에스엠랩의 경우만 하더라도, 에스엠랩이 상장사인가? 배터리가 뭐지? 양극재가 뭐야? 하이니켈? 코발트? 98%, 10%?? 이렇게 헤맨다면 제대로 들여다보는 데 심리적 장벽이 생깁니다. 그래서 지식이 정말 중요합니다.

어떤 지식이 필요하냐고요? 주식 종목만 공부한다고 되는 것은 아닙니다. 지식의 지평이 넓을수록 좋습니다. 초·중·고에서 배우는 기본적인 지식부터 평생의 독서와 공부에서 오는 지식도 큰 도움이 됩니다. 수많은 기초 지식이 모여서 종합 지식이 되고, 종합 예술인 주식에 쓰이게 되거든요.

위메이드·위메이드맥스

게임하며 돈도 버는 P2E 게임의 탄생

2021년 한국에서 가장 큰 상승률을 이뤄낸 건 위메이드와 위메이드맥스였습니다. 이 두 회사는 모두 〈미르4 글로벌〉이라는 게임으로 동반 주가 상승을 이뤄낸 게 특징입니다.

〈미르4〉는 글로벌 IP(지적재산권)를 활용한 것으로는 국내 최초로 P2E(Play to Earn)를 적용한 게임입니다. 게임 생태계 성장에 기여한 플레이어에게 보상을 주자는 개념이 바로 P2E인데요. 블록체인으로 만들고 토큰 이코노미를 도입해서 게임을 즐기는 것만으로도 토큰을 얻는 구조가 핵심입니다. 그리고 이 토큰이 국내로는 업비트나 빗썸, 해외에서는 바이낸스 등에 상장되면 이를 현금화할 수 있는 거죠. 게임을 해서 토큰을 벌면 진짜 돈이 떨어지는 겁니다.

지금까지 P2E 게임이 없던 건 아니었어요. 하지만 글로벌 IP를 활용해 '재밌게' 만든 건 국내에서는 위메이드가 최초였죠. 〈미르4〉 내에서 이용자는 '흑철'이라는 아이템을 얻을 수 있고 이를 '드레이코'라는 토큰으로 바꿀 수 있습니다. 이용자는 흑철을 통해 얻은 드레이코를 위믹스로 교환한 후 국내 거래소 빗썸을 통해 원화로 환전할 수 있습니다. 이런 환금성 때문에 국내 버전에는 블록체인을 빼고 게임을 출시했습니다. 국내법상 불법이거든요.

이런 P2E 게임 중 글로벌 히트를 친 것은 〈액시 인피니티(AXS)〉라는 베트남 게임이 최초입니다. 필리핀과 베트남에서 시

대형 건설사 신규 아파트에 바이러스 살균 UVC LED 공급

스마트 광학솔루션 기업 아이엘사이언스(307180, 대표 송성근)
가 국내 '빅5 건설사'에 꼽히는 대형 건설사들의 신규 아파트
단지에 UVC LED 제품을 공급하게 되었다고 14일 밝혔다.

출처: 국민일보, 2020.8.18.

시총 800억 원에 원래 흑자였던 회사가 이렇게 대형 건설사
와 베트남에 UV살균 조명을 공급한다면 살균이 중요해진 코로나
19 시대의 '없다가 생긴' 환경 속에서 특별한 사업 기회를 볼 수
있을 거라고 생각했습니다.

제가 이 뉴스를 시그널로 인식한 것은 아이엘사이언스에 대
한 기초 지식이 있었기 때문입니다.

윤석열 대선 후보자가 국민의힘 입당 후 첫 행보에서 스마트
팜을 강조했다는 뉴스를 보고 8월 2일에 스마트팜 관련주들을 정
리하면서 아이엘사이언스도 눈여겨봤습니다(이날 아이엘사이언스
는 움직이지 않았지만, 같이 정리했던 다른 관련주들은 20% 이상 상승
을 보였습니다). 그러다 8월 18일 나노씨엠에스라는 코로나 사멸
조명 관련주의 주가가 두 배 이상 올라가는 걸 보고 다시 아이엘
사이언스도 정리했고요.

윤석열 정책 관련 HP
지난 금요일 국민의힘에 입당한 윤석열의 첫 번째 행보가 2030 MZ세대들을 만나 이야기한 정책 관련이었네요.
하이퍼리즘과 가상화폐, 스마트팜 이야기가 나왔습니다.
하이퍼리즘 관련주는 위메이드고, 가상화폐는 다 아실 거고요.
특히 스마트팜은 안 간 지 꽤 된 종목입니다. 11월 본격 정책주가 시작되면 움직일 가능성이 높습니다.
아래에 스마트팜을 많이 정리했는데요. 그만큼 아직까지 본격 테마화가 된 적 없는 업종입니다. 대선 정책주로 본격화될 시 모든 종목이 움직일 수 있습니다. 차트 좋은 아이들은 모아갈 만합니다. 특히나 2030 탈도시, 농업화 인구가 늘어나는 현재 테마가 될 여건이 충분한 상황이라고 보입니다.

2030 공략 나선 윤석열, "청년이 만든 정책, 사회에 큰 반향 줄 것"
★★★★★

윤 전 총장은 오후 서울 영등포구 하우스 카페에서 열린 '상상23 오픈세미나'에 참석해 싱크탱크 발족을 축하하고 청년들과 만나 한국 사회에 필요한 청년 정책에 대해 논의했다. '상상23'은 윤 전 총장 측 국민캠프에 청년특보로 합류한 장예찬 시사평론가가 공동 출범한 청년정책 싱크탱크다. 이날 세미나에선 싱크탱크 공동대표를 맡고 있는 김원재 전 유엔 사무국 디지털정책 보좌관의 기조발제에 이어 권미진 에그유니 대표, 오상록 하이퍼리즘 대표의 정책 제안이 이뤄졌다. 권 대표는 '스마트팜'을 주제로 청년 창업농을 지원하기 위한 대출 요건 완화와 공익직불금 도입을 제안했다. 이어 오 대표는 가상화폐 관련 사업자들의 불확실성을 완화시키기 위해 인재 확보, 인센티브 제도 도입 등 시스템 마련이 필요하다고 밝혔다. 청년들의 발표를 들은 윤 전 총장은 "기존의 법률은 농업이라는 걸 하나의 산업 비즈니스로 보는 것이 아니라 경자유전(耕者有田)에만 집착하고 있다"면서 "비즈니스 산업으로 발전시키기 위한 법체계의 개정이 필요하다"고 말했다. 가상화폐와 관련해서도 "화폐라는 건 가치가 안정적이어야 결제 수단이 되면서 다른 모든 자산에 대한 평가 기준이 된다"면서 "어떻게 화폐가 될 수 있는지에서부터 시작해서 (가치 변동) 현상의 부작용을 최소화하는 제도가 무엇인지 (논의가 필요하다)"고 화답했다.

◎ 스마트팜 관련주
[특징주] 센트럴바이오, 소형 스마트팜 본격 진출 소식에 '강세'(현 중앙디앤엠)

[시그널] 스마트팜에도 베팅… 코오롱글로벌, 신사업 가속
지엔원에너지, 농림부 주관 스마트팜 혁신밸리, 상주, 밀양, 김제, 고흥 설계 진행 중

아이엘사이언스, IoT 제어 스마트팜 시스템 관련 특허 취득

서울반도체, 원예 강국 네덜란드에 자연광 LED '썬라이크' 공급
[특징주] 삼영에스앤씨, 글로벌 화두 친환경과 스마트의 시작점… 삼성·LG·포드 고객사

그린플러스, 국내 1위 스마트팜 기업… 목표가 2만 6000원 신규제시─KTB證

KTB투자증권 김재윤 연구원은 그린플러스가 1분기부터 정부 스마트팜 혁신밸리 사업이 실적에 반영되며, 상반기 매출액 약 400억 원(전년동기대비 +36.5%)의 사상 최대 실적을 달성할 것으로 전망했다. 그린플러스는 스마트팜 설계, 자재, 시공까지 원스톱 서비스가 가능한 국내 1위 업체로 스마트팜 구축에 필요한 필수 기술을 자체 보유하여 스마트팜 자재, 설계, 시공까지 국내에서 유일하게 턴키시공이 가능하다.

이수화학, 극한에도 견디는 '스마트팜' 연구·개발 참여

이수화학은 '스마트팜 연구개발 사업단'이 주관하는 스마트팜 다부처 패키지 혁신기술 개발사업 가운데 '수출용 북방형 스마트 온실 패키지 모델 개발 사업' 참여 기업으로 선정됐다고 10일 밝혔다. 이수화학은 중국 신장성에 1만 5000평 규모의 스마트팜을 준공해 운영하고 있고, 최근 경북 의성군 '청년농업인 스마트팜 조성단지 민간위탁 운영사업'의 위탁 업체로 선정돼 청년 스마트팜 창업자들을 육성하는 등 성과를 내왔다.

효성오앤비(주), 스마트팜 사업 '본격화'

현재 효성오앤비(주)는 스마트팜 온실에 필요한 첨단온실 설계·시공·환경제어·양액설비등 ICT기술을 갖추고 스마트팜 사업을 진행하고 있다. 특히 양액재배에 필요한 그로우백 배지와 양액비료는 이미 품질 우수성을 인정받아 전국적으로 대규모 온실과 영농법인, 농협 등에 납품되고 있다.

△ 윤석열 후보의 스마트팜 언급 당시 정리한 리포트.

코로나19 사멸 조명 히든

최근 나노씨엠에스라는 신규 상장주가 급등하고 있는데요. 주된 이유로는 코로나19 사멸 램프라는 UVC(마이크로플라즈마 원자외선) 때문입니다.

그런데 이 조명 기술을 가진 상장주가 몇 개 더 있습니다. 최근 모두 조정을 잘 받은 상태라서 부각 시 다들 시세를 줄 것으로 예상합니다.

실제 알에프세미도 해당 기사가 나오고 시세 급등했죠. 다른 종목들도 부각되면 갈 것으로 예상합니다.

이 중 아이엘사이언스의 경우는 시총 800억의 잡주인데요. 아파트에 살균 조명을 납품합니다. 정부 정책으로 2025년까지 대규모 아파트 공급이 예정돼 있죠. 정부 정책으로 시장이 확대되고, 시장 확대 속에서 이 회사의 매출과 영역은 자연스럽게 늘어나게 되겠죠.

[특징주] 나노씨엠에스, 코로나19 사멸 램프 개발 소식에 주가 강세

나노씨엠에스는 지난 2일(현지시간) 독일 바이오의학 국제학술지 《크리니컬 래보라토리(Clinical laboratory)》에 '나노씨엠에스의 마이크로플라즈마 원자외선 UVC 222nm(나노미터) 램프가 코로나19에 미치는 영향'을 주제로 한 논문이 게재됐다고 3일 밝혔다.

[특징주] 알에프세미, 바이러스 사멸 조명 개발에 급등세

이날 알에프세미는 바이러스는 사멸하고 인체에 무해한 원자외선(Far UVC Light) 조명을 개발, 출시한다고 밝혔다.

[특징주] 세미콘라이트, "UVC LED, 1초 만에 코로나 99.99% 살균 입증"… 강세(현 에스엘 바이오닉스)

세미콘라이트는 이날 전북대학교 인수공통전염병연구소의 실험 결과 자사에서 개발한 UVC LED의 코로나19 바이러스 99.99% 살균 효과가 입증됐다고 18일 밝혔다. 세미콘라이트에 따르면, 3cm 거리에서 UVC를 조사했을 때 1초 만에 99.99% 코로나바이러스 활성이 완전 소멸되는 것으로 나타났다.

[특징주] 아이엘사이언스, 살균 조명 신규 아파트 공급 소식에 '강세'

해당 제품은 이 회사가 자체 개발한 제품으로 지난 6월 국가공인 시험검사기관인 한국건설생활환경시험연구원을 통해 뛰어난 살균력을 입증받았다. 해당 제품으로 275nm UVC 빛을 60cm 거리에서 10분 동안 쏜 결과 대장균이 99.9% 살균된 것으로 확인됐다. 회사 관계자는 "설치된 살균조명은 3분 내외의 단시간에 빠르게 작동해 신종 코로나바이러스 감염증(코로나19)을 비롯한 생활 속 각종 감염원을 효과적으로 제거할 수 있다"고 설명했다.

아모센스(투자설명서)
UVC LED용 세라믹기판 제작.

△ 나노씨엠에스 급등에 사멸 조명 관련주 정리한 리포트.

9월에 접어들며 아이엘사이언스는 꾸준하게 우상향을 시작
합니다. '없다가 생긴 것'이잖아요.

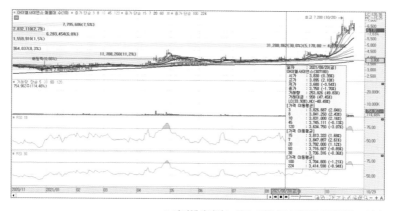

△ 아이엘사이언스 차트. 9월부터 꾸준히 우상향을 보인다.

⠿

이 책에서는 '없다가 생긴 것' 위주로 찾아봤는데요. '있다가
없어진 것'은 동전의 양면과 같습니다. 정책적 규제가 없어지는
게 대표적인 '있다가 없어진 것'이죠. 혹은 기업의 핵심 부서 폐지
(앞서 현대차의 내연엔진 조직 폐쇄의 예가 대표적)도 '있다가 없어진

것'입니다. 이렇게 '있다가 없어지는 것'이 생길 때는 무조건 그로 인해 '수혜'를 보는 업종이나 섹터가 생깁니다. 그걸 빠르게 캐치하는 게 핵심이죠.

6장

기회는
모호할 때 온다

매년 말이 되면 '다음 해 가장 유망한 섹터는…' 이런 식의 기사들이 많이 나옵니다.

2021년 말에는 어떤 섹터가 가장 많이 언급됐을까요? 바로 반도체입니다. 무려 16개 증권사 중 15개 증권사가 반도체를 유망 섹터로 언급할 정도였죠. 다음과 같은 기사들이 2021년 12월 말 수없이 쏟아져 나왔습니다.

> **주도 업종은 단연 반도체… 증권사 16곳 중 15곳 추천**
>
> 출처: 뉴스1, 2021.6.12.

그런데 2020년 12월 말에는 어땠을까요? 삼성전자와 현대차가 유망주로 올랐습니다.

> **'올해 가장 유망한 주식' 1위 삼성전자, 2위 현대차**
>
> 출처: 머니투데이, 2021.1.1.

그런데 삼성전자와 현대차의 2021년 성적은 어땠나요? 둘 다 고점 대비 -20% 정도입니다. 연초 대비로 하면 보합이고요.

물론 증권사는 훌륭한 분들이 일하는 집단 지성의 산실입니다. 그리고 맞을 확률이 대단히 높을 겁니다.

다만 제가 드리고 싶은 말씀은 다른 게 아니라, 모두가 맞다고 하는 건 사실상 움직이기 어렵다는 겁니다. 모두가 서울대가 좋다고 하지만 전 국민이 서울대를 졸업하면 정말 좋을까요? 저울에서 무게추가 너무 기울면 그건 더 이상 안전하고 좋은 게 아니죠. 반도체가 아무리 좋아도 이렇게 한쪽으로 쏠리면 정말 시장 기대만큼 갈까요? 이 정도라면 지금의 주가는 이미 시장 기대치를 반영한 게 아닐까요?

2022년 1월 3일 삼성전자의 시작가는 7만 8300원입니다.

오히려 기회는 남들이 보지 않는 곳에서 나옵니다. 대표적인 게 게임주죠.

2020년 말에 게임주를 추천한 증권사는 거의 없었습니다. 하지만 2021년 가장 큰 상승을 보여줬습니다. 2021년 말에도 게임주를 추천한 증권사는 절반도 되지 않았습니다.

2022년은 어떨까요? 아무도 주목하지 않지만 철강, 해운, 조선, 건자재, 식음료 관련주가 오히려 시장 벤치마크 지수보다 오버퍼폼하지 않을까요? 인플레이션으로 신흥국의 원자재 가격이 오르는 것이 반영될 테니 말이죠.

기회는 모두가 확신을 가질 때는 생기지 않습니다. 이미 확실하다고 생각하고 있는 만큼 해당 종목이나 섹터는 과열돼 있을 수 있고, 높은 확률로 비싸게 사게 됩니다. 비싸게 산 만큼 수익보다 오히려 손실의 가능성이 더 높아져 있겠죠. 그래서 저는 시장에서 저렇게 확실하다고 말하는 종목이나 섹터는 '색안경'을 끼고 경계하는 편입니다.

케이스 스터디 **크래프톤**
글로벌 1위라지만 매출은 저조했던

〈배틀그라운드〉로 유명한 게임 개발사이자 게임 대장주 크래프톤도 강력한 투자 시그널을 포착한 사례입니다. 2020년 1월경 3.4조 밸류로 투자할 수 있는 기회가 있었는데요. 이때는 사람들이 크래프톤에 대해서 확신을 갖지 못했습니다. 장외 밸류도 2~3조 정도로 형성돼 있었어요.

왜 확신을 갖지 못했을까요? 글로벌 1위 게임이라고 하지만 매출이 생각보다 크게 일어나지 않았거든요.

중국에 〈화평정영〉으로 출시된 것이 아무리 봐도 〈배틀그라운드〉임에도 크래프톤은 공식적으로 "자사의 게임이 아니다"라고 부인하던 상황이었습니다. 실제 매출로도 잡히지 않고 있었기 때문에 심증은 있지만 물증이 없는 상황이었죠.

'메이드 인 차이나'에 밀리는 국산 게임
중국 업체의 한국 지식재산권(IP) 잠식도 거세다. 지난 8일 중국계 최대 게임업체 텐센트는 국산 모바일게임 〈배틀그라운드〉(이하 배그)의 테스트 서비스를 종료했다. 텐센트는 당일 배그와 유사한 서바이벌 슈팅게임 〈화평정영〉의 서비스를 시작하고 유저를 대거 이동시켰다.

출처: 아주경제, 2019.5.12.

그러나 이는 당시 중국의 판호(게임을 중국 현지에 서비스하기 위해 중국 정부로부터 발급받아야 하는 면허의 한 종류) 정책 때문에 우회하는 방법의 하나였습니다. 게임 업계에 종사하는 사람들은 암묵적으로 다 알고 있던 방법이었고요.

저 또한 그때도, 이 책을 쓰는 지금도 게임 업계에 종사하고 있습니다. "자기 분야의 지식을 적극 활용하라"라고 말씀드렸죠? 크래프톤이 상장하려면 자세하게 재무제표를 공개해야 했죠. 그때가 되면 〈화평정영〉이 크래프톤 게임임을 만천하에 공개할 수밖에 없을 거라고 생각했습니다.

무엇보다, 투자는 명확할 때는 기회가 오지 않아요. 명확할 때는 모두 몰려들어서 가격은 이상 급등하고 과열되기 마련입니다. **오히려 투자 기회는 언제나 모호할 때, 사람들이 확신하지 못할 때 생깁니다.**

저는 2020년에 3.4조 밸류와 11조 밸류 두 번에 걸쳐 투자를 단행했습니다. 그리고 1년 만에 약 15억 원의 수익을 낼 수 있었습니다.

> **크래프톤 IPO '기업 가치 28조'… 최대 5조 끌어온다**
>
> 올 하반기 기업공개(IPO) 최대어로 꼽히는 크래프톤이 코스피
> 상장을 위한 본격적인 공모 절차에 돌입했다. 공모 규모는 최대
> 5조 6000억 원, 상장 시 크래프톤의 기업 가치는 28조 원으로
> 엔씨소프트와 넷마블 등 다른 게임사를 압도하는 수준이 될 전
> 망이다.
>
> 출처: 비즈니스워치, 2021.6.16.

물론 공모 흥행에 실패하고 상장 당일 시초가(44만 8500원)가
공모가(49만 8000원)를 밑돌며 -10%로 시작하는 등 어려운 과정
이 있었지만, 상장하고 얼마 후 주당 52만 원에 엑시트할 수 있었
습니다. 시총은 대략 30조에 달했고요.

케이스 스터디 **두나무**

가상화폐는 법 테두리 안에 들어올까?

가상화폐 거래소인 업비트 운영사로 유명한 두나무 투자 때도 상
황은 모호했습니다. 처음 투자 건으로 검토가 시작됐을 때는 밸류
가 4000억 원이었습니다. 하지만 검토 중에 8000억으로 올라갔죠.
당연히 안 하기로 했습니다. 이야기하는 중에 밸류를 올리다니요.
그런데 그로부터 몇 달 후 가상화폐 붐이 불기 시작했죠. 밸류는
1.1조가 됐습니다. 또 검토했어요. 하지만 2주도 채 안 돼 매도자

가 다시 2조 밸류를 불렀습니다. 자존심이 허락하지 않았어요. 거래는 불발됐습니다.

검토하는 중에 저에게도 망설임이 있었습니다.

'엑시트가 가능할까?'

'가상화폐가 법적 테두리 안에 들어올 수 있을까?'

'이러다 사라지는 것은 아닐까?'

모호함이 있었던 겁니다. 이 모호함에 항상 베팅해왔지만, 가상화폐만큼은 한 치 앞을 알 수 없었어요. 사기판에 도박장이라는 편견이 머릿속을 장악했거든요. 그러다가 영업이익 1조 이상 찍는 것을 보고는 더 이상 미룰 수 없더군요.

결국 9조… 무려 9조 밸류에 두나무 구주를 매입하게 됐습니다. 주식하는 사람이라면 누구나 알 만한 회사가 내놓은 구주였죠. 주당 30만 원이었고요. 크래프톤 매각으로 큰돈을 벌어들인 VC들과 함께한 딜에 저도 참여하게 된 거죠.

9조 밸류에 거래를 완료한 그날, 장외에서 두나무 시총은 14.5조를 기록했습니다. 사자마자 평가 이익이 50% 이상 찍힌 거죠.

두나무를 9조 밸류에라도 따라잡은 것은 가상화폐가 인류의 역사를 바꿀 기술의 한 축이 될 거라는 판단에서였습니다.

20년 후에는 아프리카의 중산층이 세계에서 가장 많아지면서 시장의 주축이 될 거라고 합니다. 그런데 나라마다 통화가 다르잖아요. 기축통화를 뭘로 쓰게 될까요? 달러로? 위안화로? 엔화로? 유로로? 원화로? 다 말이 안 되더라고요. 개별 국가의 화폐보다 가상화폐가 훨씬 설득력 있을 것 같았습니다. 나아가 아프리카

케냐의 스마트폰 사용률이 90%가 넘는다는 통계를 확인하자마자 가상화폐는 앞으로 대세가 되겠구나 확신했습니다. 왜 미국의 빅테크들이 아프리카에 드론형 인공위성을 날려서 전 세계를 네트워크로 묶으려는지도 어렴풋이 짐작이 갔고요. 이 드론에 가상화폐 채굴 코드 하나만 심으면, 아프리카 국가에서 해당 드론-인터넷을 사용하는 것만으로 코인을 채굴하게 할 수 있고(S2E), 이 시장이 훨씬 클 수 있겠다 싶더라고요.

이런 기반에서 두나무는 B2C로는 이미 빗썸 등 국내 모든 사업자를 5배 이상 앞서버렸으니 더 걱정할 게 없었고요. 무엇보다 자회사인 두나무인베스트를 통해서 B2B를 준비하고 있다는 걸 알았어요. 커스터디나 가상화폐 대출 등 정말 전 세계적으로도 차원이 다른 서비스를 할 것이란 확신을 하게 된 거죠. 저는 두나무가 미국의 코인베이스보다 더 높은 밸류 평가를 받게 될 거라고 생각합니다. 제가 읽어낸 시그널은 두나무의 B2B 행보에서였던 거죠.

이후 두나무는 BTS(방탄소년단)의 하이브에게서 주당 58.5만 원의 투자를 받는 등 시장에서 확고한 가치 평가를 받고 있습니다. 장외에서 시총 20조로 평가받으면서 제 평가수익도 거의 100%에 달하게 되었습니다.

별도의 면에서 설명하겠지만 21세기 최고의 모호함으로 기회를 선사하는 것은 블록체인이라고 생각합니다. 특히 NFT가 탄생하면서 만들어내는 기회는 1990년대 인터넷이 생기고 10년 후 스마트폰이 개화하면서 생긴 올드머니와 뉴머니의 격차를 다시 한 번 만드는 일대 사건이라고 생각합니다.

생각 실험 '내 아이에게 물려줄 주식인가?'

제가 주식하면서 애매할 때 사용하는 문답식 생각 실험입니다. 지난 2021년 8월 카카오뱅크가 상장할 때 고평가니 뭐니 이야기가 많았어요. 그런데 저는 고평가라는 생각이 안 들었고 베팅을 해야 한다고 생각했습니다.

이유는 간단했어요.

> **카카오뱅크 vs 포스코**
> **둘 다 30조 원으로 시총은 같다.**
> **'둘 중 하나 통째로 줄 테니 운영하라'는**
> **제안이 온다면 뭘 고를까?**

이렇게 스스로에게 물어봤을 때 주저 없이 카카오뱅크였습니다. 앞으로의 성장 가능성은 물론이고 테크 기업이라는 데 훨씬 호감이 갔죠. 물론 이 판단은 적중했고요. 이런 판단 기준은 비상장 주식에도 마찬가지고, 부동산에도 그대로 통용됩니다.

같은 15억짜리 부산 해변가 아파트와 서울 강남 아파트 중 둘 중 하나를 준다고 할 때 뭘 고르시겠어요? 강남 아파트겠죠. 똑같이 적용됩니다.

저 질문에도 답이 애매할 경우 조건을 더 추가하면 훨씬 쉬워집니다.

둘 중 하나를 주는데, 대신 평생 가져가야 한다.

임직원은 물론 그들의 가족, 당국의 규제까지 가져가야 한다.

그리고 결정적으로 이 회사는 당신의 자식에게 물려줘야 한다.

보통 헷갈리다가도 아이에게 물려줘야 한다는 조건까지 붙으면 거의 자명해집니다.

크래프톤에 투자할 때도 이런 생각 실험을 거쳤습니다. 크래프톤 상장 당시 예상 가격이 30조, 엔씨소프트가 20조였는데요. 상당히 애매했습니다. 크래프톤은 〈배틀그라운드〉라는 게임이 있고, 엔씨소프트는 탄탄한 〈리니지〉 IP라는 점이 쉽사리 결정을 못하게 했습니다.

질문은 다음과 같았습니다.

30조짜리 크래프톤 가져갈래,

20조짜리 엔씨소프트에 10조짜리 넷마블 가져갈래?

여기에도 쉽사리 답을 내리지 못했고, 역시 주가는 생각만큼 시원하게 움직이지 않았습니다. 질문을 바꿔서 '30조 크래프톤을 가져갈래, 엔씨소프트 더하기 10조 현금 가져갈래?'라고 하면, 아무래도 엔씨소프트 쪽이었거든요.

하지만 비상장으로 질문을 바꿔볼까요?

제가 투자했던 비상장 당시의 크래프톤은 3.4조와 11조 밸류였습니다.

크래프톤(3.4조 밸류)에 17조 현금 받을래?

20조짜리 엔씨소프트 받을래?

(또는) 크래프톤(11조 밸류)에 9조 현금 받을래?

20조짜리 엔씨소프트 받을래?

이렇게 물으면 답은 무조건 크래프톤이었습니다. 그래서 매수 결정을 내릴 수 있었던 거죠.

비상장 투자할 때 이 질문 방식은 제가 백전백승하는 데 가장 큰 도움을 줬습니다.

7장

불확실성과 리스크를 구별하라

투자를 위해 제일 좋은 순간이 언제냐고 물어본다면 저는 단연코 이렇게 말하겠습니다. '**불확실성이 리스크로 바뀔 때**'라고요.

보통 주식 투자할 때 리스크 발생을 안 좋은 것으로 해석합니다. 그리고 불확실성(uncertainty) 발생을 리스크 발생이라고 말하고요. 틀린 것은 아닙니다. 하지만 저는 주식할 때 '있다가 없어진 것', '없다가 생긴 것'의 시그널을 찾는 사람으로서 불확실성과 리스크를 아예 달리 보고 있습니다. 이 관점을 독자분들도 이해하신다면 주식 투자에 큰 도움을 받을 거라 생각합니다.

불확실성은 예를 들면 미국이 테이퍼링을 언제 할지, 얼마나 할지, 금리를 언제 올릴지, 얼마나 올릴지 그런 걸 알 수 없는 상태를 말합니다. 리스크는 테이퍼링을 언제 한다, 얼마큼 올리겠다, 금리를 언제 올리겠다, 얼마나 올리겠다고 확정 지은 것을 말합니다. 그리고 이 리스크는 주가를 하락시키는 '다운사이드' 리스크와 주가를 상승시키는 '업사이드' 리스크 두 가지로 나뉩니다.

불확실성은 측정이 안 됩니다. 반면 리스크는 명확하게 측정이

됩니다. 고용이 얼마큼 늘었다 혹은 줄었다, 매출이 얼마큼 늘었다 혹은 줄었다, 실적이 얼마큼 올랐다 혹은 떨어졌다, 이렇게 측정이 가능한 것은 리스크입니다. 측정이 불가능한 것은 불확실성입니다.

그런데 시장을 잘 보면 이 불확실성이 리스크로 바뀌는 순간이 있습니다. 이때가 투자하기 제일 좋은 시기입니다.

연준이 테이퍼링을 언제 할지 온 국민이 궁금해하죠. 그러다 FOMC에서 제롬 파월이 테이퍼링을 언제부터 하겠다고 발표합니다. 이때가 불확실성이 리스크로 바뀌는 순간이죠. 그러면 많은 개미들이 악재라고 생각하고 바로 던지겠지만, 오히려 기관 입장에서는 시기와 강도가 결정되기 때문에 얼마부터 사야 할지 측정이 되는 겁니다.

주가가 빠지는 데는 수많은 이유가 붙을 수 있습니다. 그러나 주가가 오르는 데는 반드시 '공감'이 필요합니다. 많은 투자 주체들이 공감하는 것이 있을 때 주가는 오릅니다. 그래서 불확실성 해소라는 것이 주식시장에서는 큰 이벤트가 되는 것입니다.

모두가 긴가민가하는 동안에는 일단 주가가 하락합니다. 인간의 본능상 안전을 지향하기 때문입니다. 긴가민가하다가 호재라고 인식되면 빠르게 상승하죠. 남들보다 한발 빠르게 확신하고 결정하는 사람들이 부자가 되는 것입니다.

확신을 갖게 하는 시그널을 바로 인지하고 해석할 수 있어야 합니다.

비트코인의 예도 그렇습니다. 초기 정부 규제가 없을 때는 우왕좌왕하다가 규제가 시작되니까 **오히려 규제 편입으로 리스크가 확정되니 비트코인은 전 세계적으로 우상향하게 되죠.**

매일 주식시장을 보면 나오는 뉴스도 마찬가지 논리입니다. 어떤 호재가 나왔을 때 '관련주가 이게 맞나? 아닌가?' 하는 불확실성에서 뉴스가 나오게 되면 확실한 호재로 인식하면서 업사이드 리스크로 확정되는 거죠.

잘 생각해보세요. 어떤 중요 정책이 나와서 어떤 종목이 관련주로 예상되긴 하는데 확신이 없어서 망설이고 있는 와중에 공시나 뉴스가 나와서 확신을 주면 주가는 급등하게 되죠. 그러고 나면 "아, 나 저거 알았는데!" 하고 발을 동동거립니다. 후회해봤자 소용없죠. 원인을 파악하고 다음 모호성 때는 확실한 인과관계가 있고 과거에도 언론 뉴스로 부각된 적 있다면 더 과감한 실행 전략을 짜는 수밖에 없습니다.

사례를 들어 살펴보겠습니다.

케이스 스터디 SK이노베이션
물적분할로 생긴 불확실성의 해소

SK이노베이션은 2021년 8월 4일 배터리 부분을 물적분할* 한다는 공시를 발표했습니다. 이로 인해 당일 -7% 정도의 주가 하락을 보이기도 했습니다.

● 모회사의 특정 사업부를 신설회사로 만들고 이에 대한 지분을 100% 소유해 지배권을 행사하는 기업분할 형식.

SK이노베이션에서 배터리를 분사함으로써 불확실성이 생긴 거죠. 기존에는 배터리 부문에서 생기는 영업이익을 그대로 끌어 왔지만 지주사가 되면 핵심 사업부의 영업이익이 희석되어 반영될 수밖에 없다는 게 주된 이유였습니다.

LG화학은 뛰는데… 분할로 멈춘 SK이노베이션 주가

지주사 할인율 적용·핵심 사업부 지분희석 반영

증권가선 "자체 생존에 긴 시간… 투자 매력 떨어져"

출처: 뉴시스, 2021.8.6.

회사에 불확실성이 생기니 주가 하락은 어쩔 수 없었죠. 그러나 2021년 9월 16일 분할을 통과시키기 위한 임시주총을 앞두고 8월 30일에 'SK이노베이션이 배당으로 주식을 줄 수 있도록 정관을 변경한다'는 기사가 났습니다. 저는 이것이 현실화되면 불확실성이 리스크로 결정된다고 봤습니다.

SK이노베이션, 배터리 분할에 주주 달래려 '주식 배당' 검토

SK이노베이션이 배터리 사업 분사에 불만을 제기하는 주주를 달래기 위해 자사주나 SK아이이테크놀로지, 신생 배터리 자회사 등 보유 주식 일부를 주주에 배당하는 방안을 검토하고 있다. 현금이 아닌 주식을 배당하는 것은 국내에선 다소 생소한 방식이다.

출처: 조선비즈, 2021.8.30.

SK배터리 분사로 인한 불확실성이 있었는데, 배당으로 SK배터리 주식을 준다면 그만큼 리스크가 확정되는 것일 테니까요. 해당 기사가 난 이후로 SK이노베이션의 주가는 우상향을 그렸습니다. 그리고 임시주총에서 해당 안건이 기사 내용대로 통과된다면 SK이노베이션의 주가는 계속 우상향할 것으로 생각됩니다.

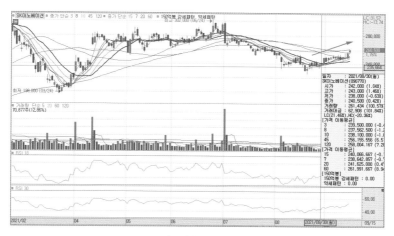

△ SK이노베이션 차트. 8월 30일 이후 우상향을 보인다(화살표).

물론 9월 15일 현재 시장 환경이 우호적이진 않습니다. 하지만 이 모든 것이 끝나면 내년 SK이노베이션 주가는 전고점을 훨씬 넘어 있을 것 같습니다.

|덧붙임|

참고로 2021년 12월 16일, 20대 대선이 다가오면서 대선 주자들이 지주사가 핵심 사업 부문을 자회사로 분할 상장시키지 못하게 하겠다

는 공약을 내세우자 그날 SK이노베이션 주가는 10% 급등했습니다. 불확실성의 정도가 줄어든다는 시그널을 시장에 준 것이고, 이는 곧 주가로 나타나게 되는 거죠.

케이스 스터디 **카카오**
불확실성 발생 때는 무조건 대응

2021년 9월에 발생한 카카오 규제 또한 리스크가 아닙니다. 불확실성이 발생한 겁니다. 얼마나 규제를 할지, 언제 규제를 할지, 파장이 어디까지 커질지 모르는 상태가 되었기 때문입니다.

> **'카카오 갑질 방지법' 나올까… 거침없는 확장 뒤 규제 논의 분출**
> 정치권과 관가에서는 카카오를 직접적으로 겨냥한 규제 논의가 시작됐다.
> 더불어민주당 송영길 대표는 전날 토론회에서 "카카오 성공 신화의 이면에는 무분별한 골목상권 진출, 시장 독점 후 가격 인상과 같은 시장 지배의 문제가 숨어 있다"고 했고, 윤호중 원내대표도 "입점 업체에 대한 지위 남용과 골목 시장 진출, 서비스 가격 인상 시도까지 카카오의 행보 하나하나가 큰 우려를 낳고 있다"고 했다.
>
> 출처: 연합뉴스, 2021.9.8.

시작은 9월 7일 국회에서 열린 토론회였습니다. "118개 계열사를 거느린 공룡 카카오의 문어발 확장"이라는 타이틀을 달았네요. 다음 날인 8일 카카오 주가는 급락하기 시작합니다. 눈치 빠른 투자자라면 이건 리스크가 아니라 불확실성이 발생한 것으로 판단하고 무조건 대응을 하는 게 맞습니다.

이후로도 쏟아지는 기사들을 보면 불확실성이 계속 커지는 것을 확인할 수 있습니다. 불확실성은 측정할 수 없기 때문에 초장기 투자를 할 것이 아닌 한 재빨리 포트폴리오에서 덜어내는 용기가 필요합니다.

'빅테크 규제' 칼날에… 네이버-카카오 시총 이틀간 19조 증발

출처: 동아일보, 2021.9.9.

與 "카카오, 전형적 재벌 모습… 플랫폼 공정화법 정기국회 처리"

출처: 동아일보, 2021.9.11.

빅테크 규제 일파만파… "혁신 아닌 문어발 확장" 카카오 정조준

출처: 매일경제, 2021.9.13.

이젠 김범수까지 정조준했다… 카카오, 운전자 반려견 보험도 중단했다

출처: 매일경제, 2021.9.13.

'카카오·네이버' 규제 강화… 국민 절반가량 "적절"

출처: YTN, 2021.9.13.

어떤가요. 날이 갈수록 불확실성이 더해지죠? 규제의 칼날이 카카오의 총수 김범수 의장에까지 뻗치는 것을 확인할 수 있습니다.

물론 이런 거대 플랫폼에 대한 규제는 종국적으로는 기존 사업자들에게 유리하게 끝납니다. 왜일까요? 거대 플랫폼을 규제하고자 하는 법안은 결국 새로운 사업자들이 시장에 진입하지 못하는 거대한 장벽이 되기 때문입니다. 거대 플랫폼이 겨우 지킬 수 있는 규제라면 신규 사업자는 진입할 턱이 없죠.

　　그러나 이렇게 규제를 받은 플랫폼 사업자가 안정화되기까지는 상당히 긴 고통의 시간을 겪어야 합니다. 특히 카카오와 같은 플랫폼은 계열사를 모두 합치면 삼성전자 시총의 3분의 1에 버금갈 정도로 거대해졌습니다. 그러나 대한민국 자체가 수출 증가율이 둔화된 상태에서 카카오 자체의 성장 가능성에 중대한 타격이 생긴 거죠. 그리고 카카오와 네이버는 2020년 3월 코로나19 사태 이후 시장 성장을 주도한 핵심 주도주 중에 하나였습니다. 고 PSR(주가매출비율)주였던 거죠. 그런 핵심 주도주가 타격을 입을

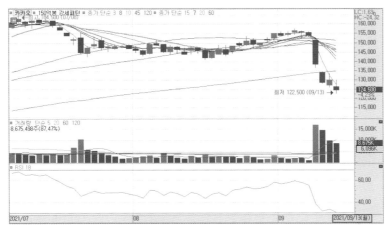

△ 카카오 차트. 규제 토론회 이튿날인 9월 8일부터 급락한다.

때 단기간에 회복된 사례는 단 한 번도 없었습니다.

그렇기 때문에 저는 기술적 반등을 노리는 단타가 아닌 한 들어가는 건 맞지 않다고 판단합니다.

그런데 이 카카오 규제를 미리 예상할 수 있었다면요?

사실 이 카카오 규제를 예상케 한 기사가 이틀이나 앞서 나와 있었습니다.

갑질, 문어발… '계열사 158개' 카카오 독립경영이 독 됐나

성장통 앓는 카카오, 2.0 전략 필요하다

올 들어 카카오를 둘러싼 잡음이 불거지기 시작했다. 무료로 이용자를 끌어모아 시장을 장악한 뒤, 수익화를 추진하는 카카오식 패턴이 노골화됐다는 것이다. 대표적인 게 카카오모빌리티다. 지난달 초 승객을 대상으로 최대 8800원에 달하는 호출 요금제를 선보였다 여론의 십자포화를 맞은 뒤 철회했다.

출처: 머니투데이, 2021.9.6.

게다가 여당 후보는 일찍부터 플랫폼 규제를 역설했죠. 카카오뿐 아니라 배달의민족도 플랫폼 독과점이라고 비난했습니다. 여당은 자기 후보를 밀어주기 위해 지속적으로 이런 정책을 펼 것이라고 예측할 수도 있었습니다.

정부 실무진이 대권 후보자의 입맛에 맞는 정책을 준비하는 것을 보면, 20대 대선이 끝날 때까지 이번 불확실성은 쉽게 가라앉지 않으리라는 것도 예상할 수 있죠.

"역린 건드렸다"… 文이 대놓고 '격노'한 산업부 차관의 말

문 대통령이 격노한 이유는 지난달 31일 산업부 주관 회의에서 박 차관이 산업부 공무원들에게 한 "대선 공약으로 괜찮은 아젠다를 내라"는 취지의 발언 때문이었다. 박 차관은 특히 "후보가 확정되기 전에 여러 경로로 넣어야 한다. 대선 캠프가 완성된 뒤 의견을 내면 늦다"는 취지의 지시를 했다. 사실상 대선 후보를 위한 공약을 만들라는 지시로 들릴 소지가 있다.

출처: 중앙일보, 2021.9.11.

그렇다면 카카오의 매수 타이밍은 언제일까요? 규제 정책이 확정될 때겠죠. 혹은 이재명 후보가 카카오 등 플랫폼을 규제하지 않겠다고 발언할 때가 불확실성 해소의 순간이 될 겁니다.

회사에서 적극적으로 이번 규제 이슈에 대응하겠다는 입장 발표가 나오는 것은 어떨까요? 그 순간은 주가가 반등을 보일 겁니다. 규제 이유가 희석된다고 생각하니까요.

그리고 실제로 그런 일이 있었죠.

카카오, 3000억 규모 상생 기금 조성… 골목 상권 사업 철수 검토

초고속 사업 확장에 견제 여론 심화… 김범수 소유 '케이큐브홀딩스' 사회적 기업 전환… 꽃배달 철수·택시 웃돈호출 폐지 창업자 김범수 이사회 의장은 "최근의 지적은 사회가 울리는 강력한 경종"이라며 "카카오와 모든 계열 회사들은 지난 10년간 추구해왔던 성장 방식을 과감하게 버리고 사회적 책임을 다

200

하는 성장을 위한 근본적 변화가 필요한 시점"이라고 말했다.

출처: 연합뉴스, 2021.9.14.

카카오 총수 김범수 의장이 9월 14일 직접 입장을 발표합니다. 정부에서 지적한 골목상권 사업을 더 이상 하지 않겠다고 선언하며, 상생기금 3000억 원을 조성해 시장을 돕겠다고도 했죠. 그러자 장중 낙폭이 줄며 −5%에서 보합권까지 올랐습니다.

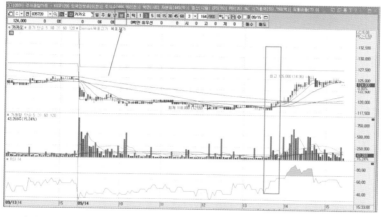

△ 카카오 분봉 차트. 9월 14일 오후 2시경 김범수 의장 발표 직후 주가가 상승한다(빨간색 박스).

하지만 이 반등이 계속될 거라 생각하지는 않습니다. 10월 국감에서 김범수 카카오 의장과 이해진 네이버 의장을 부르기로 한 이상 불확실성은 계속될 것이거든요.

무엇보다 김범수 의장의 상생안 발표는 정부에서 요구하는 수준을 맞추지 못했다고 생각하기 때문입니다. 여전히 선거는 6개월 이상 남았고, 대기업 때리기는 선거에서 아주 잘 사용되는 재료입니다.

실제로 9월 14일 당일만 반짝했을 뿐 계속해서 주가는 하락했습니다.

이날도 외국인은 매도를 유지했습니다. 불확실성 제거로 보지 않는다는 이야기죠. 무엇보다 카카오의 고성장을 기대하게 한 건 네이버와 달리 규제에서 자유롭고 카카오톡을 중심으로 모든 서비스를 연결하는 것이었습니다. 하지만 규제로 근거가 깨지니 고PER를 유지할 수 없게 되는 거죠.

△ 카카오 차트. 9월 14일만 반짝했을 뿐, 이후 주가는 하락한다.

카카오의 불확실성이 끝나는 때는 펀더멘털과 관련한 뉴스가 나오고 매수로 바뀔 때입니다.

물론 이 상황에서 하나는 더 고민해야 합니다. 남은 불확실성이 없고 다 알려진 불확실성이라면 이제는 리스크로 전환된 것인가? 하고 반문하긴 해야 합니다. 특히나 RSI18 기준 과매도에 접어든 만큼 충분히 기술적 반등이 나올 시점이기 때문이죠. 사람들은 기술적 반등인지, 이제 악재 모두 반영인지 헷갈릴 수 있습니다.

중요한 건 자신의 기준이죠.

케이스 스터디 엔씨소프트
실적과 별개로 기대감 소멸

불확실성과 리스크를 구별하는 관점은 이를 모르는 사람에 비해 아주 유리한 고지에 오르게 하는 요소입니다. 엔씨소프트 사례를 보면 불확실성과 리스크가 한 번에 어우러지는 순간을 더 잘 이해할 수 있습니다.

2021년 8월 26일 당시 시총 18조를 자랑하던 엔씨소프트는 회심의 신작 〈블레이드 & 소울2〉 모바일 버전을 선보였습니다.

줄곧 하락세를 보이던 엔씨소프트 주가는 〈블레이드 & 소울2〉 출시 기대감으로 며칠간 오르고 있었습니다. 엔씨소프트의 주력 게임 〈리니지〉 시리즈가 카카오게임즈의 신작 〈오딘〉에 밀리고 있던 터라 신작 흥행은 더욱 절실했습니다.

그러나 기대는 무참히 깨졌죠. 출시 당일부터 오류로 삐거덕거렸을 뿐만 아니라, 과금 유저에게 너무 유리한 시스템까지 이용자들의 분노를 샀습니다. 적절한 과금이 아니라 몇억 원을 써야

그나마 할 만해지는 극악의 과금 시스템에 엔씨소프트 골수팬들
마저 등을 돌리는 일이 벌어진 겁니다.

들불처럼 번지는 '엔씨 혐오'에 결국… "블소2 서비스 개선하겠다"

고개 숙여

엔씨소프트가 신작 〈블레이드 & 소울2〉 출시 하루 만에 이례적
으로 고개를 숙였다.

게임 관련 유튜브 채널이나 인기 커뮤니티 등 온라인상에서 블
소2에 대한 혹평이 쏟아지면서 급기야 게임 이용자 사이에 '엔
씨 혐오' 현상이 들불처럼 번지는 상황이다.

출처: 메가경제, 2021.8.27.

"엔씨소프트 민심을 잃었다"… 투자 의견 '중립'

한국투자증권이 31일 엔씨소프트의 투자 의견을 '중립'으로 내
렸다. 향후 출시될 신작의 실적 추정치를 하향 조정하면서다.

출처: 서울경제, 2021.8.31.

"아이템 1억 사도 하수" 열성팬 '린저씨'도 엔씨에 분노한 까닭

린저씨를 자처했던 직장인 임 모(44) 씨는 "확률형 아이템을 통
한 부분 유료화 자체는 낯설지 않은 일이라, 그래도 적정 수준
이면 이 회사 게임에서 손을 뗄 생각까진 안 했다"며 "문제는
회사 수익성 강화를 위해 현질의 '진입장벽'을 일반인 수준에
선 감당조차 못할 정도로 높인 것"이라고 말했다.

출처: 중앙일보, 2021.9.11.

> **엔씨소프트, 자사주 매입은 손바닥으로 태양 가리기**
>
> 엔씨소프트는 지난달 26일 야심작 〈블레이드 & 소울2〉를 출시
> 했지만 주가는 현재까지 약 30% 정도 추락했다. 이 기간 시가
> 총액 역시 5조 원 이상 증발했다.
>
> 출처: 이투데이, 2021.9.12.

먼저 출시 당일 기대감이 소멸됐습니다. 그로 인해 주가가 -10% 이상 하락했습니다. 그러나 이게 끝이 아니었습니다. 이용자들의 애정을 먹고 자라나는 게임사가 분노와 환멸을 산 것이 더 큰 문제였습니다. 기존 유저들까지 떨어져 나갈 위기에 처한 거죠. 신작이 출시되면 으레 즐겁고 떠들썩한 분위기가 조성되어야 하는데, 지겨움과 실망이 먼저 거론되니 게임사로는 치명적입니다. 다음 신작으로 기대를 모으던 〈리니지W〉도 과금 체제가 이대로라면 동일한 충격을 입게 될 거라는 생각이 들었습니다.

게임 실패로 인한 기대감 소멸의 문제가 아니라 회사의 미래에 대한 불확실성이 생긴 것입니다. 실제로 며칠 후 〈블레이드 & 소울2〉는 매출 3위까지 올랐습니다만, 주가 하락은 계속됐습니다.

하락이 과하다고 생각한 많은 개인 투자자가 첫날부터 매수 행렬을 이뤘지만 하락세를 막지 못했죠. 엔씨소프트는 부랴부랴 1900억 원에 이르는 자사주 매입 전략을 발표했습니다. 그래도 하락세는 계속됐습니다.

불확실성의 무서움입니다. 리스크로만 판단하자면, 이미 엔씨소프트의 신작 〈블레이드 & 소울2〉는 매출 3위까지 오르며 충분

히 할 일을 다했고 하락은 멈춰야 했습니다. 하지만 과금 시스템에 대한 우려와 실망감은 향후 엔씨소프트 게임 전체에 대한 기대감을 소멸시키는 불확실성을 낳으며 계속된 하락을 불러왔습니다.

이런 일이 왜 일어날까요?

"매출 3위에 올랐는데 도대체 왜 빠져??"

"이익이 이렇게 큰 회사인데 왜 빠져??"

"대마불사인데, 엔씨인데 왜 빠져??"

아마 매매하던 분들 이런 곡소리 많이 내시고, 많이 들으셨을 겁니다. 엔씨소프트라고 하는 성장주에서 이런 향후 모멘텀을 훼손하는 이벤트가 발생할 경우 PER 전망 자체가 깎일 수 있습니다. PER 50배 주가가 20으로 수정만 하더라도 주가는 -60%가 나올 수 있는 겁니다.

좋은 주식이라고 생각하다가 조정이 왔다고 생각하고 얼씨구나 샀다가 -50%씩 물리는 게 바로 이런 상황입니다.

이처럼 **펀더멘털과 관련한 뉴스가 보도됐는데 주가가 예상과 달리 움직인다면, 오르건 떨어지건 그 방향으로 완벽한 매수 혹은 매도의 시그널입니다.** 펀더멘털 예측이 상승한다고 생각했는데 완전 반대로 움직인다면 그야말로 확실한 불확실성의 시그널이니 하락 폭은 감히 예측하기가 어렵습니다. 반면 펀더멘털 예측이 하락한다고 생각했는데 오히려 오른다면 추세 변환의 중요한 기점으로 볼 수 있다는 이야기입니다.

그렇다면 엔씨소프트는 언제 사면 될까요? 마찬가지로 불확실성이 리스크로 확정될 때입니다. 〈리니지W〉가 아니라 기존의

틀을 깨는 게임을 개발한다는 내용이 나올 때일 겁니다. 그것도 김택진 대표가 직접 나서서요.

기술적으로는 반등의 시기가 오고 있습니다. 이미 RSI18로는 과매도에 들어온 것을 확인할 수 있습니다. RSI30 기준으로도 과매도에 들어온다면 그때부터는 천천히 분할매수해도 문제없을 겁니다. 왜냐고요? 2020년 3월 코로나19 폭락 시점의 주가로까지 밀리는 건 많은 사람이 과도하다고 '공감'할 테니까요.

사실 엔씨소프트는 이전에도 유사한 상황을 겪었습니다. 역사의 반복인 거죠.

2021년 1월 엔씨소프트는 자사의 〈리니지M〉에서 문양 시스템(캐릭터의 능력치를 올려주는 콘텐츠)을 업데이트했다가 과도한 현금 유도 시스템이라는 지적으로 이용자들에게 거센 항의를 받았습니다. 이미 수억 원을 게임에 사용해도 최강자가 될 수 없어

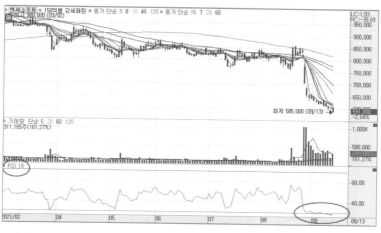

△ 엔씨소프트 차트. 신작 출시 이후 크게 하락한다. 9월 들어 RSI18 기준 과매도 구간에 들어섰다.

박탈감을 주는 마당이었는데, 과금 시스템이 너무 가혹했던 거죠. 과금 이용자들이 불매 운동에 나설 정도였습니다.

이에 엔씨소프트는 게임 자체를 특정 시점으로 되돌리는 '롤백'을 결정했습니다. 그런데 여기에 상대적으로 과금을 덜하거나 무과금으로 게임하는 유저들은 이 롤백 결정에 분노했습니다. 엔씨소프트가 대다수 이용자보다 고액 과금 이용자들을 우선시했다는 것이죠. 이때부터 불매 운동은 더욱 조직적으로 이어지게 됐고 당시에도 주가는 폭락했습니다.

그런데 신작 〈블레이드 & 소울2〉에서 그 고액 과금 유도 시스템이 그대로 나오니 유저들은 다시금 분노하게 된 겁니다.

8장

기대감은
곱하기다

앞서 주가를 움직이는 것은 유동성과 실적 그리고 기대감이라고 말했는데요. 유동성과 실적이 좋을 경우 주가는 정직하게 오릅니다. 단, 배율이 달라요. 이 배율을 결정하는 것은 바로 기대감입니다. 유동성과 실적이 덧셈이라면 기대감은 바로 곱셈인 거죠.

주가 상승 = (유동성 + 실적) × 기대감

그러나 이 기대감이라는 것을 '키워드'로 생각하고 접근하면 필패를 면치 못합니다. 기대감이라는 것은 나만의 기대감이 아닐 뿐 아니라 가능한 한 많은 시장 참여자가 공통적으로 기대를 가져야만 주가 상승으로 이어집니다. 그리고 기대하는 사람이 많으면 많을수록 주가 상승은 기하급수적으로 급등하게 됩니다. 기대하는 사람이 적을 경우에는 실적이 아무리 좋더라도 주가 상승은 기대감이 높은 종목보다 상승 폭이 더딜 수밖에 없습니다.

제가 지금 만 7년째 주식을 하며 가장 많이 받은 질문 중 하나가 이것입니다. '주식에서 어떤 재료가 기대감을 불러일으키나요?' 기대감을 일으키는 팩터를 알 수 있으면 그런 게 나올 때마다 매수해서 수익을 볼 수 있지 않겠느냐는 의도입니다.

하지만 이 **기대감은 같은 이슈, 같은 재료라고 하더라도 종목과 섹터, 시총 규모에 따라 달리 적용됩니다.**

예를 들어 바이오 업종의 기대감을 올리는 것은 FDA 허가 등의 신약 성공 가능성이 더 큽니다. 또 회사의 신약 성공 가능성으로 기술 수출(LO, License Out)까지 이뤄지면 불씨에 기름을 뿌리는 것과 같은 효과를 가져오지요. 이런 바이오 업종에서 내년 실적이 더 좋아질 것으로 예상된다는 것은 FDA 승인이나 기술 수출보다 덜한 주가 상승을 가져옵니다.

한편 FDA 승인을 얻어냈음에도 주가는 미동조차 않는 경우도 있습니다. 예를 들어 안과 질환 약이라든가 엑스레이 기술, 의료용 마스크 등 시장성이 많이 약한 경우는 주가가 기대만큼 오르지 않습니다. 그런가 하면 같은 경우지만 시장에서 폭발적인 반응을 얻어낼 때도 있습니다. 해외 바이오사가 안과 질환 관련 FDA 승인으로 몇십조 밸류 평가를 받았다거나, 엑스레이 기술이 나올 때쯤 정부에서 방사능 진흥 정책을 편다고 발표한다거나, 코로나19 초기처럼 마스크 품귀 현상이 빚어질 때는 상황이 다르죠.

삼성전자나 SK하이닉스, 그리고 그 아래 소부장*과 같은 제

• 부품·소재·화학 업종을 일컫는 말. 전기차 배터리, 반도체 소재와 자동차 부품, 제조를 위한 제조 장비 등 우리나라 산업의 중심인 제조업의 뿌리가 되는 산업을 말한다.

조업에서는 '실적이 오른다'만큼 큰 기대감을 가져오는 게 없습니다. 회사의 모든 신기술을 '실적'과 연결해서 해석할 정도입니다.

게임회사는 어떨까요?

게임 산업은 기본적으로 흥행 산업입니다. 어떤 작품 하나의 성공이 회사의 흥망성쇠에 큰 영향을 미칩니다. 한국의 대표 게임사 넥슨 같은 경우도 십수 년 전 성공시킨 〈던전앤파이터〉, 〈카트라이더〉, 〈마비노기〉 이후 그렇다 할 성공작이 없음에도 현재까지 국내 최대 매출을 이어가며 자리를 공고히 하고 있습니다. 엔씨소프트 역시 20년 전 출시한 〈리니지〉를 기본으로 〈아이온〉, 〈블레이드 & 소울〉 등의 게임으로 최고의 자리를 유지하고 있습니다.

크래프톤은 어떨까요? 딱 한 달 치 월급만 남길 정도로 기업 운영에 어려움을 겪었지만 〈배틀그라운드〉라는 게임의 성공으로 세계 최고 게임사가 됐습니다. 액션스퀘어는 〈블레이드〉라는 모바일 게임의 성공으로 코스닥 시장에 상장까지 할 정도죠. 앞서 설명한 위메이드는 〈미르〉 단 하나로 PC와 모바일은 물론 P2E까지 성공시키면서 승승장구 중이죠. 데브시스터즈라는 게임사는 상장 후 6~7년간 주가가 10분의 1로 토막 났지만 〈쿠키런: 킹덤〉이라는 신작 게임 하나로 주가가 20배 올랐습니다.

그래서 게임사의 가장 큰 기대감은 새로운 게임 출시입니다. 신작 게임 성공 시 회사의 명운을 바꿔버릴 수 있기 때문입니다.

IT 관련 보안회사의 기대감은 무엇일까요?

이들은 다른 기업들의 해킹이나 보안 사고가 터질 때 기대감을 갖습니다. 실적이나 신기술 등은 아무런 기대감을 불러오지 못

하죠. 이차전지 회사들의 경우는 '더 많이' 찍어내면 그만큼 매출이 늘어나기 때문에 공장 증설이 기대감의 주요 요소가 됩니다. 엔터 회사들의 경우에도 소속 가수들의 데뷔나 콘서트, 신작 영화 등의 공개가 기대감이 됩니다.

그렇지만 공통적인 기대감을 불러일으키는 요소도 있습니다. 대규모 매출 공시나 대규모 수주 계약 등이 대표적입니다. 에코프로비엠은 SK이노베이션과 양극재 10조 수주 계약을 공시하면서 정말 시총도 10조까지 올랐죠.

에코프로비엠 '시총 10조 원' 터치

이차전지 핵심 소재인 양극재를 생산하는 에코프로비엠이 장중 시가총액 10조 원을 돌파했다. 수주 확대 기대감에 매수세가 지속적으로 몰렸기 때문이다. 다만 밸류에이션(실적 대비 주가 수준)이 단기간에 높아진 만큼 주가 변동성에 유의해야 한다는 지적도 나온다.

9일 SK이노베이션(240,000 +1.27%)과 2024년부터 3년간 10조 1100억 원 규모의 공급 계약을 맺었다는 공시를 낸 이후 6거래일 연속 상승했다.

출처: 한국경제, 2021.9.16.

자회사의 유니콘 상장도 이슈가 됩니다. 삼성출판사는 관계사 스마트스터디의 유니콘 상장 이슈로 주가가 5배씩 오르기도 했습니다.

기대감을 불러일으키는 예는 수도 없이 많고 설명하자면 지면이 부족할 겁니다. 그리고 아무리 자세히 설명해도 실전에서는 상황이 달라질 수 있습니다. 이론이 아니라 실전에서 반드시 경험해야 해요.

그래서 모든 상황을 다 공부해야 합니다.

참 광범위한 말이죠? 이렇게 어려우면 주식 못 하겠다는 생각이 들지도 몰라요. 그런데 수학 능력 시험은 쉬운가요? 수능 시험을 잘 보기 위해서는 모든 영역을 다 공부해야 합니다. 사법 시험은 어떤가요. 시험 전날까지 할 수 있는 모든 공부를 다 해야 합니다. 이 세상의 모든 시험이 인간의 한계를 시험하죠

그렇기 때문에 어느 정도 실력이 오르기 전까지는 '내가 알고 있는 게 전부가 아니다'라는 생각으로, 오픈 마인드로 주식시장에 접근해야 합니다. 섣불리 확신하지 말고 계속 배운다는 생각으로 접근해야 해요. 몇 번이나 반복해서 드리는 말씀이지만 '매일 관찰'이 필요합니다. 그래서 상한가와 천만 주 거래량을 기록한 종목들을 매일 정리해보시라는 거고요.

9장

연말에는
유니콘을 만나라

저는 매년 말이면 다음 해 시장이 폭망하지 않는 한 안정적으로 수익을 내는 방법을 알고 있습니다. 차트 저점에서 분할매수만 잘 해두면 연 수익으로 최소 30%에서 50% 이상은 버는 방법입니다.

바로 다음 해 상장할 또는 상장 예정인 유니콘들을 찾아 관련주를 정리하는 것입니다.

보통 주식시장에 신규주가 상장할 때는 관련주들이 수혜주로 편입돼 주가가 크게 오르는 경우가 많습니다.

대표적인 경우가 2020년 10월 상장한 빅히트 엔터테인먼트(현 하이브)죠. 방탄소년단(BTS)을 가지고 있는 빅히트는 시장 초미의 관심사였습니다. 유니콘으로 일찌감치 낙점받은 게 컸죠. 빅히트에 투자를 한 스틱인베스트먼트의 주주사였던 디피씨는 빅히트의 상장이 다가옴에 따라 주가가 3월 3000원대에서 9월 2만 1900원까지 상승합니다.

마찬가지로 빅히트에 지분을 투자한 SV인베스트먼트도 3월 1500원대에서 10월 8500원대까지 상승합니다.

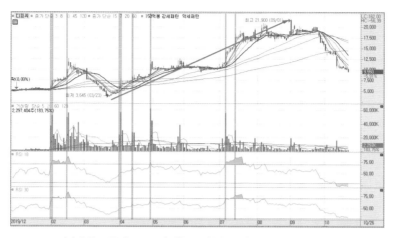

△ 디피씨 차트. 주가는 2020년 3월 3645원에서 같은 해 9월 2만 1900원까지 상승했다.

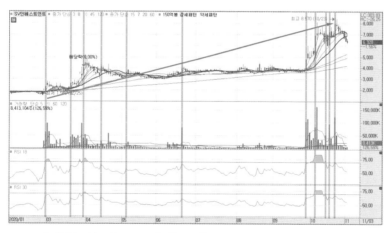

△ SV인베스트먼트 차트. 2020년 3월 1500원대에서 같은 해 10월 8500원대까지 상승했다.

아기상어로 유명한 스마트스터디 역시 유력한 유니콘 후보였습니다. 스마트스터디의 2대 주주인 삼성출판사는 스마트스터디의 상장에 대한 기대감만으로도 주가가 2021년 2월 2만 원대에서 같은 해 4월 5만 9000원까지 상승하는 힘을 보여줬죠.

2021년 1분기 가장 뜨거웠던 쿠팡의 뉴욕 증시 상장 역시 마찬가지입니다. 쿠팡의 국내 물류를 맡고 있는 동방의 경우 주가가 2020년 3월 1300원대에서 2021년 2월 1만 3000원대까지 10배 정도 상승했습니다.

2021년 하반기 가장 뜨거웠던 카카오뱅크는 어땠을까요? 카카오뱅크의 주주사였던 예스24는 주가가 2020년 6월 3000원대에서 2021년 8월 2만 원대까지 상승했습니다.

이처럼 다음 해 상장하는 회사를 예측해두면 적어도 그와 관련된 종목 몇 개만 잘 알아두더라도 압도적인 시장 수익률을 가져갈 수 있습니다. 물론 이는 두 가지 조건이 있습니다.

1 유니콘급 이상이어야 한다.
2 개인 투자자만 적용된다.

유니콘급이 아니고서는 시장의 관심이 모이질 않습니다. 그리고 기관들이 들어가기에는 종목의 시총이 작습니다. 하지만 개인 투자자 수준에서는 수익 내기에 아무런 부담이 없습니다.

초록창에 '유니콘' 검색

다음 해 유니콘 상장사만 찾으면 일단 안전마진은 확보할 수 있겠죠? 찾는 방법이요? 네이버, 구글 등 검색 포털에서 검색하면 됩니다. 하하, 참 쉽죠?

'유니콘 대어 2021년' 등의 키워드를 검색하면 이미 수많은 언론이 다 조사해둔 내용이 주르륵 뜹니다. 물론 저는 시황 리포트를 매일 만들기 때문에 가능성 있는 비상장사들을 따로 에버노트에 정리해두고 기회가 될 경우 비상장 주식을 직접 매입하기도 합니다.

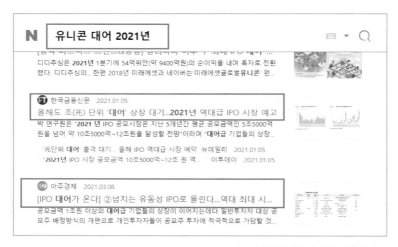

△ 네이버에서 '유니콘 대어'를 검색한 결과.

검색만 해도 종목들이 줄줄이 쏟아져 나옵니다. 이런 기사는 11월 말부터 이듬해 1월 초에 나와요. 그때부터 정리해도 되고 매일 공부하다가 관련 내용이 보일 때마다 하나씩 정리해도 좋고요.

중요한 건 이런 관점을 가지고 시장을 봐야 기회도 잡힌다는 거죠. 자신이 어떤 걸 보고 있더라도 주식과 연결하는 사고방식을 길러야 하는 겁니다.

이 원고를 쓰고 있는 시점(2021년 9월)에 2022년에 유니콘 대어가 될 회사는 아마 지아이이노베이션, 보로노이, 디앤디파마텍 등의 바이오 벤처가 꼽힐 것이고, 야놀자도 가능성이 큽니다. 에스엠랩은 분명 유니콘 대어가 될 것으로 생각합니다.

'유니콘' 바이오 줄줄이 코스닥 '노크'… 깐깐해진 상장심사 '변수'

지아이이노베이션은 독자적 플랫폼인 'GI-SMART'를 활용해 면역항암제 'GI-101'과 알레르기 치료제 'GI-301'을 개발했다. 이 중 'GI-101'은 지난 2019년 중국 심시어에 9000억 원 규모 기술수출이 됐고, 'GI-301'은 2020년 유한양행에 계약금 200억 원을 포함해 최대 1조 4000억 원 규모로 각각 기술이전을 했다. 총 계약 규모만 6억 2100만 달러(약 7200억 원)에 달하며 1300만 달러(약 150억 원)를 선계약금으로 받았다. 보로노이는 개편된 기술평가 제도를 활용한 첫 번째 기업이다.

앞선 지난 4월 한국거래소는 시장평가 우수기업의 기술평가 절차를 간소화하기 위해 시가총액 5000억 원 이상 기업은 단수기관 평가(평가결과 A 이상)를 통해 심사토록 기술평가제도를 개편했다. 보로노이는 지난 6월 기술보증기금으로부터 기술평가 A등급을 받은 바 있다.

출처: 한국경제, 2021.9.6.

동구바이오제약, 디앤디파마텍 투자 결실 얻나?

디앤디파마텍이 최근 지방간 치료제에 관한 기술특허를 획득하면서 이 회사 지분을 보유한 동구바이오제약에 업계의 관심이 쏠리고 있다. 디앤디파마텍이 연내 기업공개(IPO) 재도전 의지를 밝힌 가운데 이번 특허를 획득하면서 신약 파이프라인 개발 속도가 빨라질 가능성이 높은 만큼 동구바이오제약이 투자 결실을 맺을 것으로 기대돼서다.

디앤디파마텍은 지난해 12월 미국 식품의약국(FDA)으로부터 임상시험계획서(IND)를 승인받고, 비만 및 지방간질환 치료 후보물질인 'DD01'에 대해 임상실험 1상을 진행하고 있다.

출처: 팍스넷뉴스, 2021.9.21.

'토종 유니콘' 야놀자도 상장 착수… 주관사 선정 나선다

증권사 5곳에 제안서 발송 2022년 IPO 위한 절차 돌입

야놀자 관계자는 "최근 주관사 선정 절차에 착수한 것은 맞다"면서 "올해는 코로나19로 여행업계·전반이 타격을 받고 있어 현실적으로 힘들고, 2022년 상장하는 것이 목표"라고 설명했다. 이 관계자는 "내부적으로 야놀자의 가치와 철학을 가장 잘 이해하는 시장으로 상장을 추진한다고 가닥을 잡았다"고 설명했다.

출처: 매일경제, 2020.9.28.

2022 유니콘 최대어는?

저는 **2022년 유니콘 최대어는 에스엠랩**이라고 생각합니다. 앞에서도 다뤘죠(164쪽 참조).

양극재 생산 경쟁사인 에코프로비엠이 10조 규모 공급 계약을 맺었다는 공시를 내며 2021년 9월 시총 10조 원을 터치했죠. 하지만 양극재 핵심 기술은 에스엠랩이 훨씬 앞서 있습니다. 에코프로비엠은 현재 SK이노베이션과 니켈 90% 함량을 연구 중입니다. 아직 90%에도 도달하지 못했어요. 그런데 에스엠랩은 98%를 달성했습니다. 배터리 3사인 삼성SDI, LG화학, SK이노베이션이 모두 니켈 함량의 이론적 한계가 94%라고 했음에도 98%를 달성한 건 매우 의미가 큽니다. 그리고 이미 1200억 원을 투자해 대량 생산을 위한 채비도 마쳤습니다. 그리고 이미 시리즈A에서 삼성SDI가 에스엠랩에 투자했죠.

교수가 창업한 이차전지 스타트업 잘나가네

조재필 울산과학기술원(UNIST) 에너지화학공학부 교수가 창업한 에스엠랩도 업계의 주목을 받고 있다. 지난달에는 전기차 배터리 용량을 16% 늘리는 양극재를 개발해 업계의 주목을 받았다. 현재까지 국내 VC로부터 누적 640억 원 규모 투자도 받아 생산 설비도 늘리고 있다. 현재 2개 공장을 운영하고 있다. 또 스타트업으로는 이례적으로 지난 6월 1200억 원을 투자해 울산경제자유구역 안에 이차전지 양극재 생산시설 증설 계획도 발표했다.

출처: 서울경제, 2021.9.2.

사실 이미 유니콘 달성 아닐까요? 그리고 이 회사의 기술을 삼성SDI, LG화학, SK이노베이션 모두 쓰고 싶어 하지 않을까요? 그래서 내년 최대어는 에스엠랩이 될 공산이 큽니다. 적어도 1조 이상 밸류로 상장할 것이고 상장 후에도 지속적인 시세 상승이 가능한 종목이라고 생각합니다.

관련주들은 이미 다 정해졌죠. 지난 2021년 8월 세계 최초 하이니켈 양극재 생산 소식이 전해졌을 때 투자사들이 일제히 상승했습니다. 대장주는 DSC인베스트먼트였죠. 100% 자회사 슈미트를 통해 아주 초기부터 투자를 이어왔습니다.

2021년 8월 18일 저녁 에스엠랩 뉴스가 나오고 다음 날 아침부터 갭 상승*으로 시작한 DSC인베스트먼트는 장중 상한가까지 달성했습니다. 에스엠랩의 첫 노출이었죠.

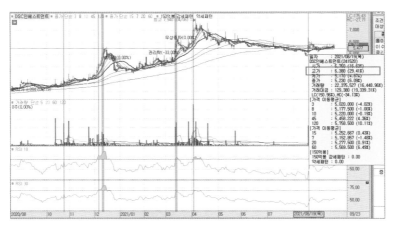

△ DSC인베스트먼트. 8월 18일 에스엠랩 뉴스가 노출된 다음 날부터 상승해 상한가를 달성했다.

● 전일 종가보다 금일 시가가 '갭(간격)'을 두고 더 고가에서 출발하는 것.

> **양극재 '魔의 94% 벽' 넘었다… 전기차 가격 낮아지나**
>
> 출처: 한국경제, 2021.8.18.
>
> **DSC인베스트먼트, '고효율 양극재 개발' 에스엠랩 투자 부각**
>
> 출처: 매일경제, 2021.8.19.

DSC인베스트먼트 외에도 관련주로는 SV인베스트먼트, 스틱인베스트먼트, KTB인베스트먼트(KTB증권)가 있습니다.

> **스틱인베스트 투자사, 세계 최초 테슬라 LFP 대체재 양극재 개발 성공 소식에↑**
>
> 스틱인베스트먼트가 투자한 에스엠랩이 망간과 니켈로만 구성된 단결정 양극재를 세계 최초로 개발하면서 관련 주가가 장중 오름세다. 스틱인베스트먼트의 스틱4차산업혁명펀드는 에스엠랩의 지분 6.34%를 보유하고 있다.
>
> 출처: 파이낸셜뉴스, 2022.1.18.
>
> **에스엠랩, "LFP 대체 가능 배터리 양극재 개발 성공"**
>
> 작년 12월달에 450억 원의 시리즈 C(Pre-IPO) 투자자금을 유치했고, KTB네트워크, 위드원인베스트먼트, KDB산업은행, KT&G, 한양증권, SV인베스트먼트, 동유, 뮤렉스파트너스 등이 투자자로 참여했다. 현재까지 누적 투자유치금은 1090억이고 올 7월에 코스닥 상장을 준비 중이다.
>
> 출처: 헤럴드경제, 2022.1.18.

2021년 말이나 2022년 초 유니콘 밸류로 투자를 받거나 유니콘 밸류로 상장이 확정됐다는 뉴스가 나오면 관련주들이 함께 올라갈 겁니다. 이런 관련주들만 잘 모아서 트래킹해도, 특히 바닥 잘 잡았을 때 적립식으로 모아가면, 적어도 30~50%는 떠먹여주는 방식이 아닐까 생각합니다.

10장

추세가
바꿀 때 산다

추세 전환 확인하는 지표, RSI

이 장에서는 제가 HTS 화면에서 설정해두고 매일 확인하는 차트 지표를 소개하겠습니다.

주식 초보자들이 백이면 백 모두 하는 질문이 있죠.

언제(얼마에) 사죠? 언제(얼마에) 팔아야 하죠?

자신의 지식을 바탕으로 어떤 시그널을 읽고 특정 종목을 매수하기로 마음먹었다면 언제 사는 게 좋을까요? 발견한 그 순간 즉시? 눈치 좀 보다가? 싸게? 비싸게?

네, 사실 어떤 답도 명확한 기준은 없습니다.

어떤 시그널을 보고 어떤 종목을 눈에 들었다면, 매수해야 할지 그냥 지켜만 보는 게 나을지, 혹은 어느 정도 가격에서 사는 게 좋을지, 나아가 어떤 가격에 매도하면 좋을지에 대한 판단은 무조건 빠른 편이 좋습니다.

자신의 모든 지식을 동원해서 가장 적절한 매수 타이밍을 결정해야 할 것입니다. 저는 어떤 종목을 매수하거나 펀드 상품, 비상장 투자를 검토할 때 수십 가지 상상을 합니다. 그럼에도 결정은 굉장히 빠르게 내립니다. 제가 머릿속에서 펼치는 상상의 90% 이상은 이미 매일 새벽에 저만의 리포트를 만들면서 검토가 완료되기 때문입니다. 새롭게 보는 요소는 5%에 불과하고, 나머지 5%는 RSI의 도움을 받습니다.

저는 종목 진입이나 매도할 때 꼭 보는 기준이 있어요. 바로 **매도와 매수의 강도**입니다.

어떤 종목을 봤을 때 여전히 매도 추세라면 매수를 하지 않는 편입니다. 또 너무 과하게 매수 추세일 때도 매수하지 않습니다. 저는 **매도 추세가 매수 추세로 바뀔 때**를 즐겨 매매합니다.

이때를 편하게 알아차리는 방법이 있어요. HTS에서 보조지표인 'RSI'를 설정해두고 지켜보면 됩니다. 이 지표를 쓰는 사람은 많아도 제대로 이해하고 쓰는 사람은 많지 않더라고요.

RSI(Relative Strength Index, 상대강도지수)는 추세가 가지고 있는 강도를 의미하는 것으로 추세의 강도를 백분율로 나타낸 것입니다. 기준 일수와 규모를 가지고 측정하는데, 상승이 없었으면 0, 하락이 없었으면 100의 값을 갖습니다.

이 지표의 핵심은 '상대적'입니다. 0에서 100 사이에서 움직이는 지표입니다. RSI를 14기준으로 설정하고(기본 설정) 지표가 0이라면 주가가 14일간 상승 없이 하락만 한 경우이고, 100이라면 주가가 하락 없이 14일간 오르기만 했다는 뜻입니다. 간단하게 말해서 RSI 값이 30 아래면 과매도이고, 70 위면 과매수로 봅니다.

저는 과매도에서 매수를 시작하고 있죠. 가장 즐기는 매매는 **과매도 상태에서 더 이상 매도가 나오기 어려울 때입니다.** 대개 **RSI30을 하향 돌파할 때 분할 매수를 시작합니다.** 어찌 보면 '(매도가) 있다가 없어질 때'라고 할 수 있겠죠?

보통 RSI는 14일 기준으로 세팅되어 있는데, 저는 RSI를 18일과 30일로 설정한 두 개의 지표를 봅니다. 너무 많은 종목이 검출되는 것이 싫고 여러 번의 매매보다는 몇 번의 확실한 매매에 큰 돈을 넣어서 수익을 내고 싶기 때문입니다. 키움증권 HTS에서는 '조건검색실시간' 메뉴에서 따로 검출할 수 있습니다.

이 전략은 큰돈을 확실하게 넣고 적은 회전율로 큰 수익을 기대할 경우에도 좋지만, 단타에도 잘 맞습니다. 하루에도 여러 개를 이런 식으로 매매할 수 있으니까요.

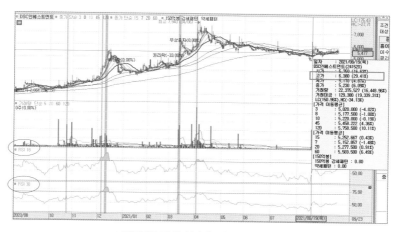

△ 보조지표 RSI를 설정해두면 위와 같이 차트에서 바로 확인할 수 있다.

△ HTS에서 RSI18, 30 조건에 맞는 종목을 따로 검출하여 살펴본다.

　이 방법이 저와 더 잘 맞았던 이유는 아무래도 제가 '거래량'을 중요하게 보기 때문이 아닌가 싶습니다. 매도가 계속된다는 것은 반대로 더 이상 매도할 것이 없어지는 순간도 곧 온다는 뜻이 되거든요. 그리고 그렇게 더 이상 매도할 게 없는데도 거래량이 터지면서 하락을 한다면 마지막 손절 물량이라고 생각할 수 있기 때문입니다.

　특히 모두가 아는 종목, 섹터, 테마라든가 최근에 급속도로 관심을 일으켜 큰 시세를 줬다가 별다른 악재 없이 가격 조정이 일어나고 거래량이 감소한 경우 더욱 잘 들어맞습니다.

　물론 90%의 사전 지식과 5%의 새로운 팩터를 알고 난 후에야 RSI로부터 5%의 도움을 받아 매매할 수 있는 것입니다. 무조건 RSI 하나로만 접근해서 성공한다면 이미 인공지능이 더 잘하고 있겠죠? 실제 종목 매매로 살펴보겠습니다.

케이스 스터디 **SK하이닉스**

SK하이닉스입니다.

D램의 현물가가 고정가를 하회하면서 촉발된 반도체 업황의 악화는 삼성전자와 SK하이닉스를 강타했습니다. 사실 미국 반도체 생산 기업인 마이크론 테크놀로지의 하락세를 보면 삼성전자와 SK하이닉스의 하락은 당연한 것이기도 했습니다.

그러다가 2021년 8월 10일 반도체 D램의 덤핑 판매가 불거지면서 급락이 시작됐죠. 특히 RSI18 기준 8월 12일 목요일에는 과매도에 들어갔습니다. 이런 대형주가 과매도라니, 더구나 반도체 고정가가 낮아지면 매출에 직결되니 악재인 것은 맞지만 불확실성은 10월 정도면 걷히고 리스크로 확정될 것으로 생각했습니다. 10월 중순 정도에 3분기(7, 8, 9월) 실적을 바탕으로 내년 1~2분기를 예측할 수 있을 거니까요. 앞에서도 이야기했지만 불확실성과 리스크는 별도로 봐야 합니다.

이렇게 RSI18 기준 과매도인 상황에서 다른 한 가지 지표를 중요하게 보고 있었습니다. SK하이닉스의 PBR(주가순자산비율)*

● 주가를 주당순자산으로 나눈 비율이다. 순자산은 회사를 청산할 때 주주가 받을 수 있는 가치를 뜻한다. 수치가 1배보다 낮으면 주가가 청산가치만도 못 하다는 의미다. (출처: 매일경제 용어사전)

△ SK하이닉스 차트. 8월 12~13일 RSI18 기준 과매도임을 볼 수 있다.

이죠. 이때 PBR이 1배 미만을 기록합니다. 2004년 이후 SK하이닉스의 PBR이 가장 낮았던 시기는 2007~2008 리먼브라더스 사태가 터졌던 금융위기 시기로, 그때 유일하게 1배를 하회했습니다. 즉, SK하이닉스의 PBR 1배 미만은 최악의 경제위기 상황에서나 나타나는 지표라는 이야기입니다.

증권사 HTS의 PBR은 결산 연도를 기준으로 계산되기 때문에 2020년 결산 기준입니다. 이를 2021년 예상 실적으로 변환해서 추정하면 2021년 8월 12일의 9만 8900원은 거의 금융위기급의 수준인 PBR을 보여주고 있었습니다.

거기에 현재 D램의 덤핑은 DDR4였습니다. 연말 인텔이 DDR5 지원 CPU를 선보이면 빠르면 내년 1분기 말 정도에는 SK하이닉스가 DDR5로 새롭게 시장을 개척할 수 있을 것이라고 봤습니다.

다음 날인 8월 13일을 바닥으로 SK하이닉스는 상승 곡선을 타게 됩니다. 퍼센트로 치면 총 10% 정도의 상승인데요. SK하이닉스는 사려고 마음먹는다면 수백억 원도 쉽게 살 수 있죠. 거기에 신용에 CFD*도 되기 때문에 단기 매매건 스윙이건 장투건 마음 편하게 매매할 수 있는 자리가 되는 거죠.(믿건 안 믿건 저는 2021년 8월 13일 금요일 SK하이닉스가 재차 하락하는 공포의 순간에 '지금은 더 빠지지 않는다'라고 확신하며 위에 설명한 내용들에 관해 이야기해주었습니다. 그리고 그날이 바닥이었죠.)

약 한 달이 흐른 지금(9월 12일입니다), 여전히 반도체 업황은 좋지 않습니다. 특히 삼성전자에 대한 기대감이 너무 높은 상황이죠. 더 빠질 것으로 봅니다. SK하이닉스도 더 빠질 수 있고요. 하지만 가격적 매력을 본다면 삼성전자보다 SK하이닉스가 훨씬 더 좋다고 단언할 수 있습니다. 지금 가격이야 어떻든 간에 DDR5에 대한 불확실성만 걷히면(지원 CPU만 나오면) 바로 리밸런싱이 일어날 것으로 생각하는 투자 건입니다.

일단 좋은 가격에 편입해두면 속이 편하잖아요. 적당히 단타로 치고 빠져도 되고, 스윙이나 장투로 보기에도 평단(평균 구매단가)이 낮으니 마음이 놓이고요.

- 개인이 주식을 보유하지 않고 진입 가격과 청산 가격의 차액(매매 차익)만 현금으로 결제하는 장외파생계약. CFD를 활용하면 최소 10%의 증거금으로 매수·매도 주문을 낼 수 있어 10배까지 레버리지 활용이 가능하다. (출처: 한경 경제용어사전)

신규 상장주에서는 RSI를 다르게 생각해야 합니다. 상장된 지 오래되지 않은 주식은 볼 수 있는 지표가 더욱 한정적입니다. 때문에 신규주는 충분한 지표를 가져갈 수 있을 때까지 기다리거나, 진입 시 남들이 보지 못한 것들을 최대한 확보한 다음에 매매를 결정해야 합니다.

제가 아모센스에 처음 관심을 둔 이유는 앞에서 언급한 코로나19 사멸 UV 조명 때문이었습니다(174쪽 참조). 관련주를 조사하던 중 아모센스가 나왔죠. UVD LED용 세라믹기판 제작 기술을 확인했습니다. 거기에 무선충전 기술까지 보유하고 있다는 사실도 확인했습니다.

그러나 신규주라서 진입 결정이 녹록지는 않았습니다. 다만 상장 때부터 150억 원, 500억 원 이상의 거래금액이 터졌다는 점에서 이 종목은 시장의 관심이 몰려 있고, 많이 사서 많이 팔 수 있는 끼를 가졌다고 볼 수 있었습니다. 그리고 7월 23일과 8월 20일의 RSI18 기준 40을 바닥으로 하고 있다는 것도 살 만한 지점이라고 생각했고요.

아모센스, 무선충전 기술 부각… 코스닥 상장 첫날 상한가

아모센스가 코스닥 상장 첫날 상한가로 직행했다.

특히 스마트폰 디지타이저(Digitizer)용 차폐시트를 개발했고 2012년 무선충전 차폐시트 원천기술을 개발해 특허를 출원했다. 2015년 4월 갤럭시 S6에 세계 최초로 무선충전 기능을 탑재한 이후 최근에 출시된 갤럭시 S20까지 무선충전 차폐시트를 공급하고 있다.

출처: 머니S, 2021.6.25.

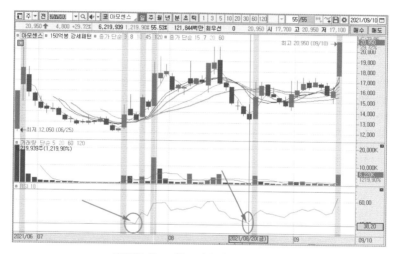

△ 아모센스 차트. 7월 23일과 8월 20일 RSI18 기준 40을 찍고 우상향한다.

결국 아모센스는 8월 20일 RSI18 기준 40을 찍고 지속적으로 우상향합니다. 갤럭시 플립3와 폴드3의 흥행으로 인한 관심도 한몫했지만, 사실 정부가 전기차의 무선충전을 시범사업으로 허용한 것이 결정적이었습니다.

갤럭시 폴드3 + 플립3 관련주

주변에서 이번 신제품에 대한 평이 아주 좋네요. 디테일 면에서는 애플보다 떨어지지만, 그건 애플을 써본 사람들 입장이고요. ㅎㅎㅎ

애플을 써보지 않은 사람들은 이번 신제품에 대한 평이 최고입니다.

그래서 최근 관련주들이 많이 오르고 있는데요.

에버노트를 찾다 보니, 두 가지 종목에서 초과수익 가능성이 엿보여서 등록합니다. 방점은 여러분이 직접 IR에게 전화를 해서 답을 구하셔야 하고요.

저도 해보긴 할 겁니다.

첫 번째 종목은 에스코넥인데요. 지난 7월 16일 IR과 통화할 때 플립3에 대한 공급 승인을 진행 중이라고 했는데요. 팔로업이 안 됐습니다. 공급을 하고 있다면 호재가 되겠죠.

또 아모센스도 눈에 띕니다. 무선충전 차폐 원천기술로 최근 S20까지 공급했다는데요. 이번 신제품에도 공급한다면 시세를 줄 수 있겠죠.

둘 다 확인을 해야 하는 이슈입니다.

△시그널 리포트. 아모센스의 무선충전 기술 확인.

아모센스, 아파트 전기차 충전 의무화↑ 세계 최초 무선충전 차폐시트 기술력

지난 2008년 설립한 아모센스는 차세대 전장 및 사물인터넷(IoT) 토털 솔루션 기업으로, 세계 최초로 무선충전 차폐 시트를 개발했다. 차폐시트는 무선충전기의 송신부에서 수신부로 전달되는 자기장을 누설 없이 수신부로 최대한 집속되도록 하기 위한 역할을 하는 핵심 소재 부품이다. 최근 전기차 무선충전에 대한 관심이 커지면서 부각되고 있는 기술 분야다.

출처: 파이낸셜뉴스, 2021.8.31.

아모센스가 직접 전기차 충전 사업을 하는 것은 아니었지만, 시장이 과열되면서 아모센스에도 매수가 몰린 것입니다. 원래 거래량이 빵빵 터지는 관심 종목이었으니 시장에서도 당연하게 반응한 것으로 생각할 수 있습니다.

처음 주목했을 때에 비해 주가는 한 달도 채 안 돼 50% 정도 상승했습니다.

이렇게 RSI를 이용하는 투자는 편한 구석이 있습니다.

하루 장이 끝나고 전 종목 차트를 둘러봅니다. 좋은 차트 상태인데 재료도 있고 시황과도 곧 맞아떨어질 것 같다면, 그 종목에 관심 갖고 트래킹을 시작하는 거죠. 그러다 보면 수익이 떨어집니다.

단, 처음에 강조했듯 **90%의 사전 지식과 5%의 뉴 팩터를 구분할 수 있는 눈이 꼭 필요해요.**

가격 평균회귀의 법칙

진입에 대한 전략을 짤 때의 핵심은 결국 '가격'이라고 생각합니다. 일단 편입한 가격이 싸야 단타건 스윙이건 장투건 속이 편하죠. 비싸게 사놓고 '나는 장기 투자, 가치 투자니까 괜찮아'라고 하는 건 자위하는 데 불과하다고 생각합니다.

뭐가 됐든 가급적 지켜야 할 원칙은 있다고 생각해요. 특히 단타에 가까울수록 더 지켜야 합니다. 바로 '**가격**'입니다. 종목을 편입할 때 비싸게 사지 마세요. **주식은 싸게 사서 비싸게 파는 게 기본입니다.**

다만 누구도 지금 종목이 감히 싸다, 비싸다를 명확하게 말하기는 어려운 게 사실입니다. 그래서 저는 몇 가지 가정을 하는데요. 굉장히 유용하게 사용하고 있습니다.

모든 상장 주식은 결과적으로 평균으로 회귀한다.

계속 오르는 주식도 결국에는 밸류에이션 평가를 받게 되고 고가와 저가의 중간값 정도로 가격이 결정돼요. 그리고 이 가격이 결정되는 데는 아주 단순한 논리가 적용됩니다.

바로 매도와 매수의 힘입니다. 너무 많이 팔면 매수가 나오게 되고, 너무 많이 사면 매도가 나오게 돼 있다는 거죠. 그래서 이 부분을 조금 편하게 볼 수 있게 돕는 유용한 지표가 RSI입니다.

사람들은 현재 주가, 즉 주당 가격이 맞고 틀리고를 논하지만 아무 의미 없다고 생각합니다. **주식시장에서 가격은 언제나 '선반영'입니다.** 모두가 돈을 벌기 위한 욕망으로 이미 나와 있는 다양한 이슈를 가격으로 매겨 매수 버튼을 누르고, 누구보다 빨리 수익을 내거나 덜 손해를 보기 위해서 매도 버튼을 누릅니다.

거래금액 확인하는 지표,
150억봉 · 500억봉

저는 앞서 소개한 RSI와 함께 거래금액 **150억봉**과 **500억봉**을 반드시 보고 있습니다. 시황과 재료, 다른 여러 지표와 연결해서 매일 확인하면 반드시 수익이 따라온다고 생각될 정도로 유용한 지표입니다.

HTS에서 자동으로 보여주는 지표는 아니고요. 수동으로 설정해야 보입니다(키움증권 HTS 메뉴 중 '강세약세'에서 설정).

150억봉 세팅 수식

C(1)*1.10〈C and C〉=O and 거래대금 〉= 15000

*전날 종가 대비 10% 이상 상승한 종목 중에 거래대금 150억
 터진 것을 검색하는 세팅입니다.
*15000을 50000으로 바꾸면 500억봉 세팅입니다.

*저는 150억봉은 분홍색, 500억봉은 주황색으로 설정했습니다.

아마 모든 증권사 HTS에서 설정 가능할 겁니다. 이걸 세팅하고 나면 이 책에서 소개한 차트에서 분홍색 혹은 주황색으로 표시되는 세로 기둥이 본인 HTS에도 나오게 됩니다.

이 봉은 거래'량'이 아니라 **거래'금액'**을 보여줍니다. 보통 개별 종목에서 150억 원 이상이 거래되는 것은 쉽지 않습니다. 더구나 500억봉이 출현하면 확실하게 이 종목에 시장 참여자들의 이목이 다 모였다고 볼 수 있죠.

이 150억봉, 특히 500억봉은 절대 아무런 이슈 없이 생기지 않습니다. 회사의 펀더멘털에 중요한 영향을 주는 이벤트가 생겼을 때 보입니다. 거래량 없던 종목에 이렇게 많은 거래금액이 터

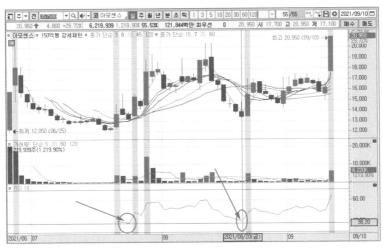

△ 거래금액 150억 원이 넘어갈 때 분홍색 봉이 등장하게끔 설정했다.

지는 것 자체에 큰 의미가 있습니다.

저는 이 150억봉, 500억봉을 '세력봉'이라고 부릅니다. (세력은 믿지 않지만 그냥 뭔가 있어 보여서 세력봉이라고 불렀는데요. 참 저렴하네요···. 이렇게 책에 쓸 줄 알았으면 처음부터 이름을 잘 붙일 걸 하는 후회가 0.1초간 들었습니다.) 이 지표를 지인에게 듣고 한번 활용해본 후에는 계속 쓰고 있습니다. 이 세력봉 하나만으로는 뒤통수 맞기 딱 좋지만, 다른 제반 팩터들과 함께 사용하면 참으로 매매를 편하게 해주는 지표입니다. 백번 설명보다 예시 차트를 보면 이해가 쉽습니다.

액션스퀘어의 경우 거의 2년간 바닥을 기다가 2021년 5월 4일 첫 500억봉(주황색) 출현 후 주가가 3배 갑니다.

첫 500억봉 출현 후에는 지속적으로 150억봉(분홍색)을 보여주면서 시세 상승을 이끌죠.

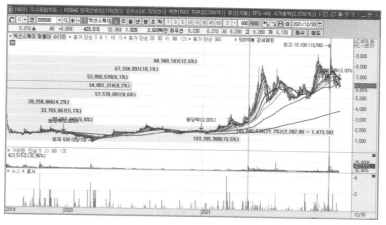

△ 액션스퀘어 차트. 첫 500억봉 출현 후 주가가 3배 상승한다.

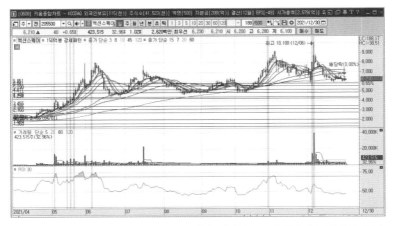

△ 액션스퀘어 차트. 150억봉이 지속적으로 나타난다.

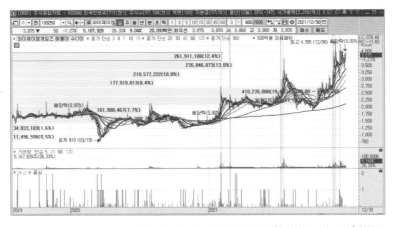

△ 와이제이엠게임즈 차트. 2021년 2월에 첫 500억봉이 출현했다.

와이제이엠게임즈입니다. 2021년 2월 첫 500억봉을 보여준 후 연초 대비 2배 이상 주가 상승을 보여줍니다.

컴투스홀딩스는 2021년 10월 5일 첫 500억봉 출현 후 단 3개월 만에 주가가 6배 상승합니다.

앞에서 P2E의 예시로 들었던 위메이드를 보시죠. 2020년 8월
17일 첫 500억봉이 출현하고 이후 약 10배 주가 상승을 이뤄냅니다.

예시를 들자면 1000개도 넘게 들 수 있을 정도로 사례가 많습

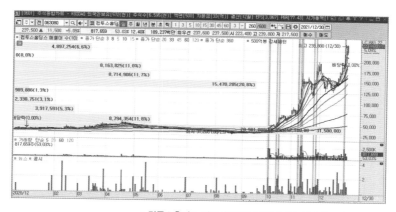

△ 컴투스홀딩스 차트. 10월에 첫 500억봉 등장 후 6배 상승한다.

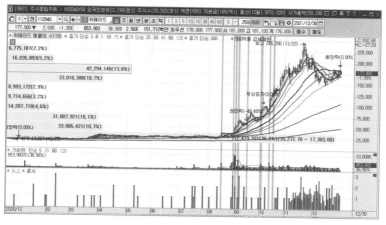

△ 위메이드 차트. 첫 500억봉(주황색) 후 주가가 10배가량 상승한다.

니다.

물론 적용되지 않는 경우도 있습니다. 세력봉 출현이 오보나 거짓 정보에 의해 형성되었거나, 펀더멘털을 움직이는 이벤트가 아닌 것으로 생성되었거나, 일시적 수혜에 불과한 것으로 주가가 움직였거나 한 경우입니다.

제넥신을 예로 들 수 있겠습니다. 2021년 5월 코로나19 백신 CMO 생산 계약을 체결한 것으로 주가가 움직이며 500억봉이 등장했지만 이후 화이자 백신 등이 더 효과적인 것과 백신 자체 효과에 대한 의문 등으로 펀더멘털에 긍정적 영향을 못 줬죠.

이처럼 세력봉 검출 지표는 해당 종목과 업황에 해박한 지식이 있는 경우 아주 강한 매수 신호로 해석할 수 있습니다. 이를 이용하면 단기 매매는 물론 중기, 장기 매매까지 모두 적용할 수 있는 유용한 수단이 됩니다.

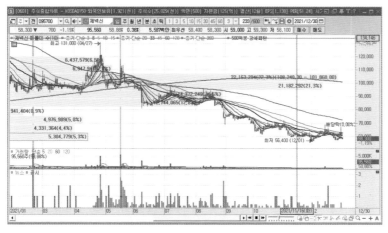

△ 제넥신 차트. 500억봉 출현 후에도 주가가 하락했다.

단타에 유용한 보조지표, 디마크

세력봉 지표가 모든 매매에 적용할 수 있는 친구라면 디마크 (Demark)는 단기 매매에 최적화된 친구입니다.

디마크는 전일 가격의 움직임을 분석하고 상황에 맞는 가중 치를 부여하여 주가의 흐름을 따라 투자를 도와주는 지표인데요. 간단하게 말해서 전날 가격에 따른 당일 저항선(상단)과 지지선 (하단)을 자동으로 그려주는 겁니다.

저는 디마크를 분봉에서만 사용하고 있습니다. 분봉 디마크 상단을 돌파할 때 매수세가 정말 세게 붙더라고요.

다음은 넷게임즈 12월 29~30일의 분봉 차트입니다. 디마크 상단을 돌파하지 못하고 횡보하다가, 다음 날 디마크 상단을 강하 게 돌파하고 나서는 시세를 뿜어주죠. 마찬가지로 디마크 상단을 지지하고 나서는 다시 안정적으로 상승세를 보여줍니다.

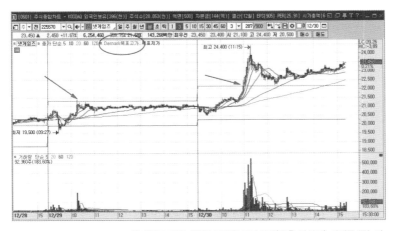

△ 넷게임즈 차트. 30일 상단을 돌파하자(우측 화살표) 시세를 뿜는다.

　　디마크는 단타, 특히 스켈핑에 매우 유용한 지표입니다. 다년 간 매매해보니 디마크에 프로그램 매매가 걸려 있다고 생각할 정 도로 저항선을 뚫을 때 강력한 매수세가 들어오는 걸 확인할 수 있어요.

　　다만 일단 뚫더라도 힘이 약할 경우(거래량이 크게 터지지 않을 경우) 급등한 만큼 급락할 가능성도 열려 있습니다. 절대 초보자가 건드릴 만한 매매 방법은 아니라는 이야기죠. 위험도가 있는 만큼 이 책에서는 간단하게 이런 게 있다는 정도로만 소개합니다.

　　HTS에서 간단하게 설정할 수 있습니다. 유튜브나 포털에서 검색하면 상세하게 설명한 콘텐츠가 많습니다. 잊지 마세요. 이런 지표는 어디까지나 도구일 뿐입니다. 활용하는 선수가 99%고 1% 가 도구입니다.

차트는 거들 뿐

단타와 스켈핑을 하는 분들은 크게 두 부류로 나뉩니다. 재료 매매를 하는 분들과 차트 매매를 하는 분들이죠. 차트로만 매매한다는 분들은 제 이야기가 불편할 수도 있어요.

하지만 저는 이렇게 생각합니다.

차트는 어디까지나 거들 뿐이다.
차트는 매매에서 5% 미만의 비중을 차지한다.

차트는 절대 투자자의 경쟁력을 올려주지 않습니다. 찾고자 하는 누구에게나 같은 정보를 주잖아요. 기본적으로 차트에 표시되는 모든 정보는 후행적입니다. 저는 차트를 예측에 참고하는 보조지표로 활용합니다.

차트만 가지고 돈을 번다고 하시는 분들이 많지만, 까놓고 보면 수익률이 1%가 되지 않는 경우가 허다합니다. 엄청난 돈을 베팅하고 찰나에 수익을 내는 경우가 대부분이죠. 깡통도 많이 찹니다. 본전이나마 지켰다면 손절을 잘한 것입니다. 차트로 수익을 낸다는 분들 스스로도 잘 압니다. 실제 성공률이 20~30%에 불과하다는 것을요. 오랜 시간 누적한 경험을 통해 단순히 차트뿐 아니라 여러 요소를 자신도 모르게 함께 적용하고 있는 거예요.

차트 패턴은 수시로 바뀝니다. 어제까지는 잘 맞던 차트 분석이 하루아침에 맞지 않는 경우가 매우 많습니다. 그리고 차트 패턴보다 믿을 수 있는 지표가 주식시장에는 너무 많아요.

　스스로 차티스트(차트+아티스트)라고 부르는 기술적 투자자분들이 자주 말하는 '완벽한 차트'가 나왔다고 하더라도, 그 업종이 비인기 섹터인 경우에는 거의 오르지 않겠죠. 심지어 당일 환율이 5% 올랐거나 외국에서 한국 주식 쇼트(매도) 리포트를 냈다고 가정해봅시다. 그 완벽한 차트에서도 주가는 멸망에 가깝게 떨어지겠죠.

　극소수 중 극소수 트레이더가 차트로 승부를 내고 실제 자산을 불리기도 합니다. 하지만 그들 대부분은 외롭습니다. 깡마른 경우가 많고 건강도 좋지 않아요. 극도의 스트레스 속에서 매매하기 때문입니다. 한번 멘탈이 꼬이면 엄청난 손실도 따라옵니다. 그러다 보니 술을 찾게 되고 독주를 좋아하게 되죠. 그렇게 이뤄낸 매매입니다.

　물론 실행 전략에서 차트를 빼놓을 수는 없습니다. 저도 차트를 좋아하고 진입 시 중요하게 봅니다. **기본으로 공부해야 하죠. 맹신해서는 안 된다는 겁니다.** 차트에 어떤 비밀이나 진리가 있는 게 아니라 의사소통을 위해 한글을 알아야 하는 것처럼 당연하게 알아야 할 한 부분이라고 생각하시면 됩니다. 차트 관련 서적은 시중에 많이 나와 있으니 기본기 정도는 숙지하시기 바랍니다.

11장

하락장에도 돈 버는 투자, 메자닌

투자 실행 전략에는 단순히 HTS에서 현물 종목을 '매수'해서 수익을 내는 것 외에도 여러 가지 방법이 있다고 말씀드렸죠. 그중 제가 자산 100억 원대로 점프하는 데 유용하게 활용했던 메자닌이라는 투자 방법을 소개해드립니다.

메자닌(Mezzanine)은 건물 1층과 2층 사이에 있는 라운지 공간을 의미하는 이탈리아어입니다. 리스크 측면에서 1층이 채권, 2층이 주식이라고 보고, 그 중간 정도의 위험 단계에 있는 투자를 지칭하는 것이죠. BW(Bond with Warrant, 신주인수권부사채)와 CB(Convertible Bond, 전환사채), CPS(Convertible Preferred Stock, 전환우선주) 등이 대표적인 메자닌 투자 상품입니다.

상승장에는 주식으로 전환해 자본 이득을 취할 수 있고, 하락장에도 채권이기 때문에 원금이 보장되는 데다 리픽싱(사채 행사 가격 조정)에 따른 이득을 챙길 수 있습니다.

제가 투자했던 메자닌을 예로 들어 설명하겠습니다.

저는 2018년 3월에 상장사 제넥신이 발행하는 CB에 투자했습니다. 당시 쿼드가 참여한 CPS 분야에 LP로서 참여했죠.

> **제넥신, 대규모 자금조달로 R&D 활력… 하이루킨 기대감 지속**
>
> 제넥신은 전날 공시를 통해 인터베스트, 유한양행, 쿼드, 라임 등을 대상으로 주당 9만 100원에 전환우선주 221만 9749주를 신규 발행하기로 결정했다고 밝혔다. 자금조달 규모는 2000억 원이다. 또 같은 날 500억 원 규모의 CB 발행도 결정했다.
>
> 출처: 이투데이, 2018.3.21.

차트를 보면 투자 단행 이후로 주가는 2018년 최고 11만 8000원까지 올라갑니다. 하지만 이후 쭉 빠지죠.

메자닌은 보통 1년간의 보호예수가 있기 때문에 투자 후 1년이 되는 2019년 3월 이후의 주가가 중요합니다.

2019년 3월 제넥신의 주가는 9만 8000원 수준으로 진입 단가(9만 1000원) 대비 큰 차이는 없는 상황이었습니다. 오히려 2019년 말로 갈수록 주가는 큰 폭의 하락을 겪어 4만 원대까지 떨어지죠.

큰 손실 같죠? 하지만 CB로 투자한 투자자는 사정이 다릅니다. 먼저 CB는 전환사채라는 이름 그대로 주식으로 전환 전에는 사채입니다. 주가가 하락했으면 그냥 원금과 이자를 달라고 하면 됩니다.

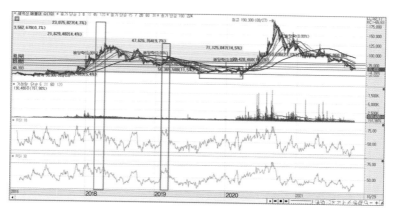

△ 2018~2021년 제닉신 차트.

CPS 투자자는 어떨까요? 메자닌의 가장 매력적인 점이 이때 부각됩니다. 메자닌을 발행할 때는 주가 하락 시 리픽싱(주가가 조정되는 것) 조항이 옵션으로 붙습니다. 이때 제닉신은 메자닌 발행 시 9만 1000원에서 70%까지 리픽싱 조항이 붙어 있었습니다. 때문에 9만 1000원이었던 주식은 약 6만 3000원까지 조정될 수 있었죠. 물론 6만 3000원대까지 낮아진다고 해도 주가는 여전히 4만 원이라서 손실은 마찬가지입니다.

하지만 2018년 3월에 똑같이 제닉신 주식을 매입한 일반 투자자는 주가가 4만 원이 되는 동안 무려 -60%에 가까운 손실을 감당해야 했지만, 메자닌 투자자는 -30% 수준에 머무르게 됩니다.

이뿐일까요. 원래 리픽싱 이전 가격인 9만 1000원에만 팔더라도 일반 투자자가 본전일 때 메자닌 투자자는 무려 +30% 수익이 되는 마법이 펼쳐지는 것입니다. 단가가 낮아지기 때문에 이후에는 조금만 주가가 올라도 수익률이 크게 상승합니다.

신한금융투자 · 인터베스트, '리픽싱 효과'… 제넥신 50% 수익

당시 CPS의 발행가는 9만 100원이었다. 보통주 전환비율은 1대 1이었지만 주가 하락에 따라 발행가의 70%까지 리픽싱이 가능한 조건이었다.

이번에 '신한인터베스트제1호'의 처분 단가인 9만 4696원은 최초 투자 단가(9만 100원)와 크게 차이가 나지 않는 금액이다. 하지만 지난해 발행가의 70%인 6만 3070원으로 리픽싱이 이뤄지면서 이번에 약 투자 원금 대비 약 50%의 수익률을 실현할 수 있게 된 것이다.

출처: 팍스넷뉴스, 2020.6.23.

제넥신은 2020년 8월에 코로나19 진행과 함께 백신 이슈로 주가가 19만 원까지 올라갔습니다. 일반 투자자가 2018년 3월 9만 1000원에 동일하게 매수했더라면 2020년 8월 19만 원에 가까운 주가를 찍었을 때 약 100%의 수익률을 거둡니다. 하지만 메자닌 투자자는 6만 3000원으로 리픽싱되기 때문에 무려 300% 이상의 수익을 거두게 되는 거죠.

때문에 메자닌 투자자들은 주가가 올라도 기분 좋고, 주가가 떨어져도 기분 좋습니다. 리픽싱 이후 주가가 투자 단가까지만 올라가도 큰 수익이 보장되거든요.

레고켐바이오

최근에 투자한 메자닌은 레고켐바이오입니다. 2021년 7월 1600억 규모로 발행한 CPS에 투자했습니다. 이 회사가 가지고 있는 ADC 플랫폼을 매력적으로 봤거든요. 좀 말이 안 될 수도 있는데요. 제가 이 회사에서 제일 매력적으로 본 건 모든 ADC 플랫폼이 임상 1, 2상이라는 데 있었습니다. 최소한 3상이 없기 때문에 제가 보호 예수에 있을 동안 '실패'할 확률은 낮다고 봤기 때문입니다.

> **레고켐바이오, 1600억 유증 성공… 최대주주 지분 10% 아래로**
>
> 리픽싱(전환가액 조정)도 75%까지 조정이 가능토록 해…
>
> 8일 레고켐바이오는 임상 및 연구개발 등 운영자금 확보를 위해 전환우선주(CPS) 발행을 통해 1600억원의 투자금을 확보할 계획이라고 밝혔다.
>
> 회사측은 "글로벌 임상단계 회사가 되기 위해 공격적으로 임상 파이프라인을 확대할 계획"이라며 "이미 여러 국내외 항체회사와 이중항체-ADC와 같은 새로운 분야를 포함한 파이프라인 확보를 위해 공동 연구개발이 진행 중"이라고 밝혔다.
>
> 출처: 프레스나인, 2021.7.8.

또 75%에 달하는 리픽싱 조항도 맘에 들었고요. 6월에 급등한 주가가 부담됐지만, 이 정도 리픽싱이면 주가 하락에도 충분히 방어가 되리라고 판단했습니다.

  하지만 제가 레고켐바이오에 꼭 투자해야겠다고 생각한 부분
은 밸류에이션이었습니다. 같은 임상 1, 2상에 있는 글로벌 바이
오 상장사들의 경우 밸류가 2~3조였습니다. 벨로스바이오, 자임
웍스, NBE 테라퓨틱스, ADC 테라퓨틱스 등이 그랬습니다. 그에
반해 레고켐바이오의 시총은 1.1조 원에 불과했고요.

  이 점만으로도 매력적이었지만 ADC로 허가를 받은 바이오
상장사들은 밸류가 엄청났습니다. 20조가 넘었어요. 3개의 허가된
ADC 의약품을 보유한 미국 상장사 시젠(구 시애틀 제네틱스)의 시
가총액은 당시에 30조 원이 넘었고요. 2020년 길리어드 사이언스
에 인수된 이뮤노메딕스는 무려 23.5조 원의 가치로 평가됐습니다.

  이래저래 투자하지 않을 이유를 찾을 수 없었어요. 못해도 본
전 이상은 충분히 가능하고, 터지면 20~30배 터질 수 있겠구나 싶
은 그런 투자였습니다.

  이렇게 메자닌 투자는 골치 아프게 매수 타점 등을 신경 쓰지

않아도 되는 장점이 있습니다. 물론 단점도 있죠. 회전율이 극히 떨어집니다. 한번 투자해두면 산술적으로 보호예수 기간인 1년 내에는 돈이 묶입니다. 좋은 딜을 발견해내는 것도 매우 매우 어렵지만, 판단이 빨라야 합니다.

국내 메자닌 투자 상품은 대부분 사모펀드 형식으로 출시되고 있습니다. 사모펀드는 금융투자법상 49인 이하로 결성 가능합니다. 돈이 아무리 많아도 그 안에 못 들어가면 기회를 놓치죠. 성공 가능성이 높은 딜일수록 자산가들이 서로 하겠다고 덤빌 것이기 때문에 결정이 늦어지면 기회를 놓치게 됩니다. 그러니 딜을 보고 IM(Investment Manual, 투자 설명서)을 본 후 즉시 판단할 수 있는 눈이 필요합니다.

이것이 미래를 바꾼다

메타버스

보통 사람들은 VR(Virtual Reality)과 같은 가상현실이 아직 멀었다고 생각합니다. 이미 지난 2016년에 VR 붐이 크게 일었지만 찻잔 속의 태풍이 된 것도 과소평가에 영향을 주었을 것으로 생각합니다. 최근 메타버스 테마주가 조금씩 보이기는 하지만 실질적인 가치를 인정한 투자라기보다는 투기적인 매매에 가깝습니다.

하지만 메타버스의 핵심인 VR 기기 오큘러스 퀘스트2가 아이폰의 초기 판매율을 압도적으로 앞지르고 있다면 어떨까요? 세상을 바꿨던 아이폰과 견줄 수 있다는 가정만으로도 뭔가 달리 보이지 않나요?

저는 메타버스가 PC(개인용 컴퓨터)와 아이폰(모바일)에 이어 인류 생활에 혁신을 가져오는 세 번째 머신이 될 확률이 매우 높다고 생각합니다. 왜냐하면 이미 오큘러스 퀘스트2는 아이폰을 앞질렀거든요. 사람들이 못 보고 있을 뿐입니다.

2021년 9월 기준으로 페이스북은 자사 오큘러스 퀘스트2의 판매량을 공식 발표하고 있지는 않습니다. 하지만 분기 리포트로 역산해보면 매분기 100만~200만 대 판매로 추정되고 있습니다.

그런데 말입니다. 아이폰은 2007년 출시 첫해 6개월간 140만 대 판매고를 올렸고, 전 세계 외신에서 이를 대서특필했습니다.

'아이폰' 유럽서도 통할까?

아이폰은 앞서 미국 시장에서 출시 3개월 만에 30만 대, 3분기까지 누적 140만 대를 판매하며 흥행몰이에 성공했다. 업계에서는 아이폰의 유럽 시장 반응이 애플이 글로벌 휴대폰 업체로 확실하게 자리를 잡는 잣대 역할을 할 것으로 예측했다.

출처: 전자신문, 2007.11.5.

모건스탠리 "내년 아이폰 판매량 첫 감소"

아이폰의 판매량은 출시 이후 매년 증가세를 보여왔다. 아이폰을 처음으로 출시한 2007회계연도에 애플은 140만 대의 아이폰을 판매했으며 판매량 증가율이 가장 저조했던 아이폰5S 이후에도 판매량이 마이너스 증가율을 보인 적은 없었다.

출처: 뉴스핌, 2015.12.5.

오큘러스 퀘스트2는 이 숫자를 가볍게 뛰어넘은 겁니다. 그동안 가장 많이 팔렸던 플레이스테이션 VR이 5년간 기록한 600만 대 판매량을 단 6개월 만에 추월한 거죠. 2021년 오큘러스 퀘스트2의 판매량은 1000만 대에 이를 것으로 추정되고 있습니다.

물론 하드웨어로만 사이클이 열리진 않습니다. 킬러 콘텐츠가 반드시 필요합니다. VR계에서 현재까지 가장 많이 팔린 콘텐츠는 〈비트세이버〉입니다. 음악을 들으며 광선검을 휘둘러 다가오는 목표물을 제거하는 게임입니다. 〈비트세이버〉는 2021년 9월 기준으로 400만 장 판매되었고, 음원으로는 4400만 곡을 팔았습니다. 총매출은 약 2000억 원입니다. 이 숫자가 크지 않게 느껴질 수 있습니다. 전 세계 1위 게임 〈배틀그라운드〉의 2020년 매출이 약 2조 원입니다. 〈로블록스〉는 1조 원의 매출을 올리고 있습니다. 여기에 비한다면 〈비트세이버〉의 매출은 대단해 보이지 않지만, 단말기 개수를 비교하면 이야기가 달라집니다. 〈배틀그라운드〉와 〈로블록스〉가 구동되는 PC 단말기 수와 VR 단말기 수는 최소한 100배 차이가 납니다. 즉, 단말기 개수 대비 매출은 〈비트세이버〉의 압승입니다. 콘텐츠에서 중요한 ARPU(Average Revenue Per User, 사업자의 서비스 가입자당 평균 수익)는 VR이 압도적으로 높다는 계산이 나옵니다.

단순 계산으로 VR 기기가 PC 단말기 수만큼 증가한다면 ARPU는 폭발적으로 늘어나게 됩니다. 압도적 사용자 경험을 주는 VR인 만큼 매출은 충격적으로 늘어날 것입니다.

페이스북의 CEO 마크 저커버그는 메타버스에 올인하고 있다고 자주 천명했습니다. 이미 오큘러스 마켓은 열리고 있습니다. 오큘러스 스토어에 등록된 콘텐츠 중 3분의 1이 매출 100만 달러를 넘겼습니다. 그리고 2021년 기준 6개월간 총 1000억 원의 매출을 올렸습니다. 시장 소비력이 정말 압도적으로 강한 것입니다.

그리고 모바일을 떠올리면 이 메타버스 시장이 곧 열릴 것이라고 추론할 수 있습니다.

1 새로운 기기가 나오면 개발사가 퍼스트파티, 서드파티 등에 개발비를 주면서 콘텐츠를 만들거나 개발사가 직접 콘텐츠를 생산한다.
2 기기는 처음에는 얼리어답터에게 팔리지만 기기가 유의미한 누적 판매 숫자를 넘어서면 킬러 콘텐츠가 나온다.
3 이 킬러 콘텐츠 때문에 디바이스 수요가 급증한다.
4 디바이스 수요가 늘면 하드웨어 회사들이 고성능 제품 개발에 나선다.
5 고성능 기기 덕분에 고품질 콘텐츠가 나오면서 글로벌 히트작이 나온다.

이 내용을 모바일에 대입하면 이해가 쉽습니다.

처음 스마트폰이 나왔을 때는 얼리어답터 중심으로 판매됐습니다. 하지만 〈앵그리버드〉, 〈애니팡〉 등 경쟁 요소와 하트 보내기 등 스마트폰에서만 줄 수 있는 재미를 가진 게임이 크게 히트하면서 스마트폰 보급이 대중화됐습니다. 이후 〈블레이드 for Kakao〉와 같은 3D 액션 게임이 대히트를 치고, 이후 〈리니지〉, 〈오딘〉, 〈배틀그라운드〉 같은 하드코어 고사양 게임까지 모바일 출시되면서 스마트폰은 시장의 주류 디바이스로 자리 잡게 됐습니다.

VR은 2021년 드디어 1000만 대 판매고의 영역에 오르게 됩니다. 여기서 킬러 콘텐츠 하나만 나오면 기기의 수요는 터지게 될 겁니다.

이미 숫자로도 오큘러스 퀘스트는 2022년부터 시장에 충격을 줄 것으로 생각합니다. 현재 오큘러스 퀘스트2의 가격은 원화 기준 45만 원입니다. 2021년 판매한 1000만 대를 매출로 환산하면 무려 4조 5000억 원입니다. 2022년에 2000만 대를 판매할 경우 매출은 바로 9조 원으로 수직 상승합니다. 여기에 소프트웨어 매출이 붙기 시작하면 숫자는 기하급수적으로 증가합니다.

즉, 지금이 바로 VR 시장의 개화기라는 말입니다. 페이스북은 내년에 기기 성능이 월등히 개선된 오큘러스 퀘스트3를 내놓기로 했습니다. 얼마나 더 팔게 될까요? 1억 대 이상 팔 수 있을까요? 만일 1억 대가 판매되면 '제2의 스마트폰 혁명'이라는 것에 아무도 토를 달지 못할 겁니다.

컴투스라는 종목을 아시나요? 우리나라에서 피처폰 시절부터 가장 먼저 모바일 게임을 선보였던 회사입니다. 우리나라에는 아이폰이 글로벌보다 2년 늦은 2009년에야 들어왔는데요. 다른 게임사들이 아이폰에 대한 대응을 등한시할 때 이 회사는 일찍이 아이폰 앱스토어 시장에 뛰어들었고, 〈서머너즈 워〉라는 게임을 준비했죠. 이 게임이 해외에서 대박을 터트리면서 주가는 2009년에서 2015년까지 거의 30배 가까이 오릅니다.

만일 VR 기기가 아이폰의 궤적대로 2022년 2000만 대 판매를 돌파한다면, 그리고 지금부터 킬러 콘텐츠를 만들 수 있는 회사를 잘 잡는다면, 모바일보다 훨씬 큰 파괴력을 감안할 때 10배가 아니라 20배, 30배, 50배, 100배까지도 가능할 거라고 생각합니다.

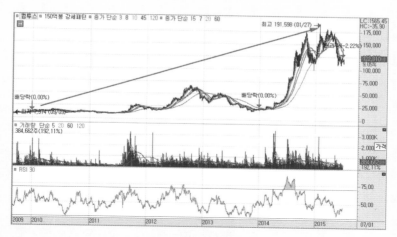

△ 컴투스 차트.

이미 페이스북은 NFT(Non-Fungible Token, 대체불가 토큰)과 코인까지 발행하고 있습니다. 이는 모두 메타버스와 디바이스, 소프트웨어 그리고 궁극적으로 '거래'까지 염두에 둔 설계라고 생각합니다.

메타버스의 첫 킬러 타이틀

이미 페이스북은 이 첫 킬러 콘텐츠 '게임'을 위해 아주 발 빠르게 움직이고 있습니다. 제2의 〈애니팡〉, 제2의 〈쿠키런〉을 찾는 거죠.

페이스북, VR 게임사 '빅박스VR' 인수

출처: IT조선, 2021.6.14.

페이스북, 'VR 판 포트나이트' 만든 게임사 인수

출처: 이데일리, 2021.6.13.

페이스북, VR 슈팅 게임 업체 '다운푸어' 인수

출처: 이데일리, 2021.5.2.

페이스북, VR 게임 제작사 인수… 오큘러스 시너지↑

출처: 블로터넷, 2020.6.23.

페이스북, VR 게임 비트세이버 제작사 인수… 콘텐츠 수급 집중

출처: IT조선, 2019.11.27.

스마트폰도 스펙이 낮은 초창기에는 〈애니팡〉이나 〈쿠키런〉, 〈드래곤플라이〉 등의 게임이 성공했습니다. 기기 성능상 고사양보다는 VR만의 차별화된 감동을 주는 콘텐츠가 성공할 것이라 생각합니다.

3D 게임이나 RPG류의 게임은 아직 시기상조입니다. VR 기기 사용자들이 가장 많이 호소하는 어지럼증을 아직 해결하지 못했거든요.

그래서 가능성 높은 킬러 타이틀의 조건은 다음과 같습니다.

1 VR을 사서 꼭 해봐야 하는 타이틀이면서
2 다른 기기에서는 절대로 주지 못하는 사용자 경험을 주고
3 기기 성능에 크게 구애받지 않는 것.

저는 VR에서 이런 영역은 'VR 홈트레이닝'이 아닐까 생각합니다. 다른 지역에 사는 친구들과 가상현실 공간에서 멀티플레이로 필라테스나 자전거 경주를 할 수 있겠죠. 점수를 통해 상호 경

쟁하는 시스템이 도입되면 충분히 킬러 타이틀로서 면모를 갖추
게 될 겁니다.

이미 미국에서는 이런 VR 홈트레이닝 콘텐츠가 월 9.99달러
의 구독 모델로 나왔습니다.[•] 선점 효과를 가진 콘텐츠들은 VR 단
말기 판매량이 증가할수록 자연스레 매출이 늘어나는 부가 효과
를 가져갑니다.

펠로튼 인터랙티브(이하 펠로튼)이라는 미국 상장사는 무려
300만 원 하는 실내 자전거를 판매합니다. 펠로튼의 실내 자전거
는 모니터가 달려 있는데요. 실내에서 운동하면 모니터 속에서 경
쟁자들과 함께 만나서 자전거 시합을 합니다. 미국에서 '펠로튼한
다'라는 말은 '운동한다'라는 말로 통용될 정도입니다.

이 회사의 시가총액은 2021년 9월 기준 36조 원입니다. VR 단
말기를 이용한 홈트레이닝 프로그램이 제대로 시장에 자리 잡는
다면 이보다 큰 가치를 평가받지 않을까요?

2021년 7월 기준으로 펠로튼의 구독자 수는 208만 1000명입
니다. 펠로튼의 300만 원짜리 자전거형 머신의 구독자가 무려 200
만 명이 넘습니다(앞으로는 저가형 트레드밀도 선보일 계획입니다).
매출은 대략 1조 5000억 원입니다.

ARPU는 더 압도적입니다. 1조 5000억 원을 200만 명으로 나
누면 약 75만 원입니다. 1인당 매출이 무려 75만 원이라는 놀라운

● 출처: FITXR LAUNCHES $9.99 SUBSCRIPTION PLAN, GETS MULTIPLAYER,
HIIT WORKOUTS(버추얼 리얼리티 타임스, 2021.4.16.)

숫자가 나옵니다. PC에서도 모바일에서도 내지 못한 ARPU가 펠로튼에서 나오는 거죠.

오큘러스 퀘스트2 보급 속도를 보면 펠로튼보다 훨씬 더 빠른 속도로 가능하지 않을까요?

디지털 자산

먼저 저는 가상화폐 직접투자를 거의 하지 않는다는 점을 말씀드립니다. 가상화폐 투자 총수익은 많아야 1억 원 정도 되지 않을까 싶습니다. 대신 저는 두나무와 팻투게더, 해시드 펀드 등에 투자하고 있습니다. 앞으로도 블록체인 기업에 대한 투자는 계속해서 늘려갈 예정입니다.

가상화폐의 미래에 대해서는 많은 이야기가 있습니다. 가치가 없다, 있다, 붕괴된다, 현금보다 낫다… 수많은 주장과 논리가 있죠. 가치 투자의 화신 워런 버핏은 "비트코인에 투자하지 않는다"라고 몇 번이나 공언해왔습니다. 하지만 워런 버핏과 쌍벽을 이루는 투자의 대가 레이 달리오는 "금보다는 적지만 비트코인에 투자하고 있다"라고 밝히기도 했습니다.

대가들 사이에서도 의견이 갈리는 거죠. 뭔가 싸한 느낌이 오지 않으시나요? 저는 가상화폐 영역에 '모호성'이 있다고 느꼈고, 따라서 투자 기회가 있다고 생각했습니다. 그리고 이 모호성을 공부하다가 가상화폐 생태계의 높은 가능성을 봤습니다.

2021년에 아이폰13이 출시되니까 2023년에는 아이폰15가 출시되겠네요. 자, 2023년에 여러분이 아이폰15를 129만 원에 구매한다고 가정해보겠습니다.

1. A는 아이폰15만 들어 있는 상품으로 129만 원입니다.
2. B는 아이폰15에 메타버스에서 동일한 상품이 구현되는 쿠폰이 들어 있는 상품입니다. 애플이 제공하는 가상현실에서 아이폰 액세서리를 사용할 수 있는 거죠. 가격은 129만 원으로 같습니다.

메타버스를 사용하지 않는 사람들은 1번이나 2번이나 효용이 같습니다. 그래도 2번을 고르지 않을까요? 저는 여기에 투자 기회가 있다고 생각했습니다.

'현실 세계의 모든 자산이 디지털 자산이 될 수 있다'라고 생각한 거죠. 현실 세계에서는 아이폰15라고 해도 아이폰16이 나오면 구형 모델이 되겠지만, NFT로 인증이 된 아이폰15는 가상현실 세계에서 특별한 가치를 지닐 수 있거든요.

B세트 아이폰15의 메타버스 아이템이 만일 자신이 좋아하는 연예인의 것이라면? 내가 사랑하는 연인의 것이라면? 좋아하는 창업자나 정치인의 것이라면? 가상세계 속에서 영원히 변치 않는 특정의 가치를 지니게 되는 것입니다.

이미 세상의 모든 자산은 변하고 있어요. 과거에는 현금이나 부동산, 금, 상장 주식, 채권만이 가치 있는 것으로 취급됐습니다.

하지만 현재는 비상장 회사의 주식이라던가 원자재, 예술품, 특별한 한정판 등이 이미 자산의 영역으로 깊숙이 들어왔습니다. 이 과거와 현재 사이에 VC들이 있는 겁니다.

이는 디지털 자산에서도 그대로 드러납니다. 과거에는 비트코인과 이더리움 정도만 자산으로 인정받았습니다. 하지만 시간의 경과에 따라 수많은 상장 알트코인°이 자산으로 편입됐죠. 이뿐일까요? 비상장 스타트업 주식처럼 아직 상장되지 않은 수많은 코인이 미리 거래되고 있으며, NFT는 이제 막 날개를 펴고 있습니다.

특히 국내 암호화폐 거래소인 업비트를 운영하고 있는 두나무가 투자하는 곳들을 보면 더욱 그런 확신이 듭니다. 두나무는 수신(커스터디), 여신, 브로커리지(상품중개), 자산운용 등 디파이낸스 영역까지 침투하려고 할 겁니다.

'없다가 생긴' 영역이죠.

기회가 있다고 보는 게 맞지 않을까요?

뉴 머니

사실 이 이야기를 하기 위해서 앞서 메타버스와 디지털 자산에 대

● 비트코인을 제외한 가상화폐를 말한다. 대표적으로 이더리움, 리플, 라이트코인 등이 손꼽힌다.

해 설명했습니다. 여러분이 '뉴 머니' 부분만 제대로 이해하신다고 해도 이 책의 가치는 책값을 수만 배 뛰어넘을 것입니다.

지금 이 책을 읽고 있는 여러분 앞에 무엇이 놓여 있나요?

아마 대부분 책 옆에 스마트폰을 두고 있을 겁니다.

1990년대 후반 세계에 '없다가 생긴' 기술이 하나 나왔습니다. 그것은 바로 '인터넷'입니다. 처음 인터넷이 세상에 등장했을 때 대다수 미디어의 반응은 '인터넷은 너무 사용성이 떨어져서 도태될 것'이었습니다. 그리고 10년 후 스마트폰이 등장했고, 그로부터 몇 년 뒤 아이폰이 세상에 등장했죠.

인류의 50% 이상이 인터넷을 쓰는 특이점이 오고, 다음으로 인류의 50% 이상이 스마트폰을 쓰는 특이점이 오면서 사람들은 그제서야 깨달았습니다. '올드 머니와 뉴 머니'를요. 인터넷 등장 당시 인터넷 사업에 뛰어든 기업과 아닌 기업은 완전히 달라졌습니다. 지금 세계 시총 상위의 회사들은 대부분 인터넷과 스마트폰 사업을 하는 회사들입니다. 애플, 구글, 페이스북, 마이크로소프트, 넷플릭스 등이죠.

인터넷 사업을 한 기업과 인터넷 사업을 하는 기업에 투자한 사람은 뉴 머니로의 성장을 함께했습니다. 그리고 스마트폰의 출현은 올드 머니와 뉴 머니의 격차를 가파르게 벌렸습니다.

그리고 그로부터 30년이 지난 2020년, 두 번째 올드 머니와 뉴 머니가 나타났습니다. 그것이 바로 블록체인과 메타버스입니다. **블록체인은 1990년대의 인터넷이고, 메타버스는 바로 2000년대의 스마트폰인 것입니다.**

크립토파이낸스

이 부분을 쓰고 있는 2021년 말, 누군가 저에게 인류 역사상 가장 큰 혁명이 무엇이냐고 물어본다면 저는 '크립토파이낸스(crypto finance)'라고 말하겠습니다.

크립토파이낸스로 인해 화폐의 정의가 달라지고 있거든요. '크립토파이낸스' 하면 아마 바이낸스나 업비트 등 거래소에서 일어나는 가상화폐 거래만 생각하실 거예요. 하지만 이 거래소의 거래 영역은 너무너무 작습니다. 현재 주식을 거래하는 HTS, MTS의 거래 영역 역시 전체 자본시장에서 1% 정도의 영역에 불과합니다.

이 현물 시장보다 훨씬 큰 시장이 있어요. 바로 여신과 수신 시장입니다. 기초자산으로 현금이나 다른 자산을 빌려주는 것을 말합니다. 이미 국내 굴지의 초대형 은행들이 국내 최대 크립토 벤처 캐피털리스트(VC) 등과 함께 이 크립토 기반의 여신, 수신을 진행하고 있습니다.

거래소와 여신, 수신 다음에는 뭐가 있을까요? 이 시장보다 더 큰 게 바로 상품 중개 시장입니다. 다양한 ETF 등 차익 거래를 말하는데요. 그리고 상품 중개 시장보다 더 큰 게 바로 자산운용 시장입니다. 크립토가 현재 이 자산운용 시장까지 확대되었고, 이미 그 규모는 2경을 넘어섰습니다.

여기까지 왔는데 크립토는 사기라든가 실체가 없다는 말을 하기는 어려울 겁니다. 여전히 크립토는 사기라고 생각하는 분들은 아마도 '돈'에 대한 고정관념이 있는 거예요.

돈이라는 게 뭘까요?

원시시대에는 잘 깎은 돌을 '돈'이라고 하고 '교환'의 대상으로 삼았습니다. 이후 문명의 시대에 오면서 구리를 잘 조각해서 '상평통보' 등의 이름을 붙여서 돈이라고 불렀습니다. '돈'이라고 부르는 사물에 '국가'가 지급보증을 해주면서 가치가 생기게 되는 거죠.

그런데 현재 전 세계에 돈의 종류가 얼마나 있는지 아세요? 적어도 200개입니다. (제가 아래 언급되는 국가들을 비하하는 것은 아니라는 점을 알아주세요. 어디까지나 예시입니다.) 만일 여러분이 태국과 거래할 일이 생겼어요. 그때 바트를 받고 싶으신가요? 방글라데시와 거래하는데 타카를 받고 싶으신가요? 터키와 거래하는데 리라를 받고 싶으신가요? 한국인이니까 원화를 받고 싶겠지만 '미국 달러'로 준다면 가장 좋다고 생각하고 있지 않으신가요?

달러, 위안화, 유로화, 엔화 등 기축통화와 기축통화급으로 불리는 통화가 있지만 대부분 국가 간 거래에서는 달러로 받고 싶어합니다. 그런데 이 달러가 문제가 심합니다. 금본위 시대에야 소유하고 있는 금만큼의 달러를 찍었지만 지금은 무한대로 찍어내고 있습니다. 그럼에도 **'사회적 합의'**로 달러를 최고로 쳐주고 있습니다. 그러나 2020년과 2021년을 거치면서 달러도 드디어 인플레이션에 접어들었죠. 결국 달러는 시간이 지날수록 가치 하락을 겪게 됩니다.

하지만 비트코인과 이더리움 등 크립토 기축통화는 처음부터 발행량이 정해져 있습니다. 오히려 소각과 분실로 수량이 줄어듭니다. 여기에 위조와 변조도 불가능합니다. 지금까지는 이런 장점만 있었지만 NFT를 비트코인과 이더리움으로 거래하기 시작하면서 '**사회적 합의**'까지 생긴 겁니다. 여기서 '없다가 생긴 것'이 나오게 된 거죠.

그리고 이 NFT라는 것이 나오면서 웹 3.0('웹 쓰리'라고 부릅니다)가 나오게 됩니다. 웹 1.0은 단순한 기록과 등록이었다면 웹 2.0으로 오면서 사용자들이 SNS에서 뭐든지 만들어내고 함께 공유하기 시작했습니다. 하지만 이 모든 것은 중앙 관제 시스템이라 중앙 서버에서 확인이 가능했고 소유권을 알 수 없었죠. 대표적으로 엔씨소프트의 〈리니지〉에서 수억 원에 거래되는 '진명황의 집행검'의 소유권이 엔씨소프트 것이라는 판례가 여럿 있죠. 그러나 웹 3.0으로 오면서 상황은 달라졌습니다.

간단히 말하면 웹 3.0은 데이터가 중앙 저장소가 아닌 탈중앙화된 자율조직(DAO, Decentralized Autonomous Organization)들을 통해 개인의 네트워크에 분산되어 저장되고, 개인 데이터에 대한 소유권은 플랫폼이 아닌 개인에게 돌아가는 겁니다. '가짜는 없어'라는 공감대가 형성된 블록체인 기술에 기반한 새로운 웹 환경입니다. 웹 3.0에서는 '진명황의 집행검'의 소유자를 알 수 있게 되는 거죠.

크립토파이낸스는 이미 안정기에 접어들었습니다. 과거 3~4년 전만 해도 중국에서 채굴을 금지하면 비트코인이 30%씩 폭락했죠. 하지만 2021년에는 중국이 아무리 금지하고 규제해도 시세에 아무런 영향을 미치지 않습니다. 다른 나라에서 채굴하고 거래소를 옮기면 되거든요. 중국이라는 거대한 나라도 크립토에 영향을 못 미치게 된 겁니다. 미국도 마찬가지고요. 이 크립토를 멈추게 하려면 인터넷을 셧다운시키면 됩니다. 하지만 그건 전 세계 어디도 할 수 없죠.

그리고 NFT를 비트코인과 이더리움을 통해 거래하면서 화폐로서의 사회적 합의가 생겼습니다. 미얀마나 아프가니스탄, 방글라데시는 가난한 나라로 알려져 있지만 그 나라의 상위 0.01%의 부자는 한국의 최상위권 부자만큼 엄청난 부를 가지고 있습니다. 하지만 그들이 바로 옆 한국, 일본에만 와도 인정받을 수 있을까요? 미얀마, 아프가니스탄, 방글라데시 돈보다 비트코인과 이더리움이 낫다는 인식을 그 0.01% 부자들이 하기 시작한 거죠. 이미 가치가 생긴 겁니다.

메타버스의 특이점이 올 때

이렇게 2020년대에 들어서 가상화폐에 기반한 블록체인이 '사회적 합의'를 통해 가치를 갖게 됐습니다. 그리고 인터넷 출현 후 10년 뒤 스마트폰이 나타난 것처럼, 2020년으로부터 10년이 지난 2030년에는 제2의 스마트폰인 '메타버스'가 나타날 것으로 생각합니다. 메타버스가 나타나면서 블록체인이 모든 산업 영역에 의미를 주게 되는 거죠.

메타버스는 아직 우리가 상상할 수 없는 영역일 겁니다. 그래서 지금 벌어지는 일들은 받아들이기 어려운 거예요. 종이 신문만 보던 시절에 인터넷으로 뉴스를 본다는 것이 얼마나 어색했습니까? 누구나 발품 팔아 실제 부동산을 보고 있을 때 샌드박스나 디센트럴랜드에서, 그것도 한국에 앉아서 뉴욕의 가상 부동산을 산다는 것도 받아들이기 어렵죠. 하지만 세계 1위 크리스티 옥션에서 수백억 원에 낙찰되고 있습니다. 메타버스에서의 생활이 50%를 넘어가는 특이점이 올 때 지금 말이 안 된다고 생각한 모든 것은 모두 '말이 되는 것'으로 바뀔 겁니다. 메타버스 안에서는 200개가 넘는 각국의 통화가 아니라 디지털 자산으로 거래할 거고요.

이 메타버스는 우리 생각보다 훨씬 빨리 올 겁니다. 코로나가 10년을 가속시켰거든요. 그리고 이 변화의 트리거는 높은 확률로 애플 글래스가 될 것으로 생각합니다. 2022년에 첫 출시되는 애플 글래스는 VR로, 2023년에는 AR로, 그리고 최종적으로 뉴럴링크* 등의 기술을 통해 사람의 생각만으로 컨트롤되는 글래스로 진화할 것으로 생각합니다. 그리고 이 **뉴럴링크가 적용되는 순간이 바로 메타버스의 특이점이 될 것입니다.**

메타버스의 특이점이 온다면 어떤 세상이 펼쳐질까요? 이때가 2030년이라는 가정하에 2020년의 블록체인과 메타버스 산업을 움켜쥔 기업·투자자와 그렇지 않은 기업·일반인의 격차는 상상할 수도 없게 벌어질 것으로 생각합니다.

저만의 생각이 아니라 역사와 통계가 말해주는데요. 산업이 고도화될수록 중산층은 줄어들게 됩니다. 국가 간 패권은 인구가

● 테슬라의 CEO 일론 머스크가 세운 뇌신경과학 기업. 인간의 뇌와 컴퓨터를 연결하는 프로젝트를 실행하고 있다. 뇌에 칩을 이식한 원숭이가 뇌 작동만으로 게임을 하는 영상으로 화제를 모았다.

중요하지만 국력은 인구 대비 '중산층'이 많아야 강해집니다. 현재 미국에 중산층이 가장 많고요. 중국은 가파르게 따라오다가 줄어들기 시작했습니다. 미국 역시 줄어들고 있지만 중국의 중산층 감소 속도가 더 빠릅니다. 그리고 인도와 아프리카는 중산층이 빠르게 늘고 있습니다.

저는 2030년 메타버스에 특이점이 와서 인류의 50% 이상이 메타버스를 이용하게 되면 중산층은 사라질 것으로 생각합니다. 서민도 없어지고요. 그야말로 소멸의 시대가 될 것으로 생각합니다. 격변하는 2020년대에 블록체인과 메타버스에 올라탄 사람과 그렇지 않은 사람은 더욱 큰 차이를 겪게 될 겁니다. 중산층은 아예 소멸하고 사회는 세 계층으로 나뉠 것이라 예상합니다.

먼저 블록체인과 메타버스에 타지 못한 올드 머니에 머무른 사람들은 '저소득층'이 될 겁니다. 인공지능과 로봇의 역할로 인간의 입지는 줄어들지만 정부 역할을 하는 기업과 기업 역할을 하는 국가는 저소득층 국민에게 일자리를 주면서 계층을 유지시킬 것 같아요. 그리고 이 저소득층은 'VR(가상현실)'을 사용합니다. 답답한 현실을 벗어나 VR 세계에서 자유로움을 만끽하죠. 그러므로 VR 메타버스에서 보내는 시간이 더욱 늘어나게 됩니다.

그리고 블록체인과 메타버스에 탄 뉴 머니의 사람들은 '상대적 부유층'이 될 겁니다. 이들은 'AR(증강현실)' 메타버스를 누립니다. 깨끗하게 정비된 도시와 모든 것이 갖춰진 IOT(사물인터넷) 아파트와 건물에서 쾌적한 삶을 살게 될 겁니다. 오프라인과 증강현실이 결합된 세상에서 안전하게 사는 것이죠. 상대적 부유층이 되기 위한 자산은 한국 기준 최소 400억 원 정도가 될 것으로 생각합니다. 통화 가치 하락과 자산 가치 부상으로 이미 평당 2억 원을 넘보는 강남 핵심지가 나오고 있는데요. 2028년 정도부터는 아파트 수명 때문에 주요 구축 아파트가 재건축에 들어가야 하겠죠. 그런 아파트들은 후에 평당 5억 원씩은 하지 않을까요?

상대적 부유층이 400억 원은 돼야 한다니, 말이 안 된다고 생각하실 수 있습니다. 그런데요. 2015년만 해도 10억 원만 있어도 부자라고 했습니다. 10억 원이면 웬만한 강남 아파트는 살 수 있었고, 외제차 하나 끌고 다니면서 안정된 삶을 살 수 있었어요. 하지만 그로부터 겨우 6년 지난 2021년에는 10억 원이 어떤 느낌인가요? 50억 원 정도는 있어야 2015년의 10억 원 느낌 아닐까요?

2015년과 2021년의 부에 대한 인식 차이는 통계로도 증명됩니다. KB국민은행에서는 매년 '대한민국 부자 리포트'를 발행하는데요. 2015년 대한민국 부자 리포트에서는 한국 부자 기준으로 금융자산 기준 10억 원을 꼽았습니다. 그런데 2020년에는 70억 원은 돼야 부자라고 평가했으며, 2021년에는 100억 원으로 발표했습니다. 그런데 2030년에 400억 원이 과대평가일까요?

마지막으로 블록체인과 메타버스를 조직하고 AR과 VR 서비스를 제공하는 사업자와 핵심 투자자들은 '하이클래스'가 될 것입니다. 그리고 이들의 무대는 바로 우주가 될 것으로 생각합니다. 특히 미국은 자신들이 이미 세계를 지배했고, 미래의 무대는 우주라고 생각하고 있습니다.

갑자기 우주라니 말이 안 된다고 생각하실 수 있지만 손정의의 소프트뱅크가 발표한 2020년 글로벌 유니콘 스타트업 자료에 따르면 미국에는 50개도 넘는 우주 관련 스타트업 유니콘들이 있습니다. 이미 일론 머스크, 제프 베이조스와 같은 하이퍼리치들은 우주 산업에 경쟁적으로 뛰어들고 있죠. 미국 자체도 우주 정책을 매우 강하게 밀고 있을 뿐만 아니라, 세계 극소수 실력자들이 모이는 빌더버그 회의에서도 우주 정책은 핵심 중의 핵심 과제로 논의되고 있습니다. 한국을 포함한 미국 외 선진국에서도 우주 산업을 주목하고 있습니다. 특히 중국은 2021년 기준 우주 전담 인력이 최소 30만 명에 이릅니다. 미국 NASA는 1만 7000명, 일본 JAXA는 1500명입니다. 우리나라 한국항공우주연구원은 800명이고요.

이 하이클래스에 속하기 위한 자산 규모는 어느 정도가 될까요? 최소 10조 원 이상 되지 않을까요? 2021년의 우리는 '넘사벽' 부자의 자산이 보통 1조 원 규모라고 생각하죠. 10년 후라면 10조 원이라고 봐도 보수적인 전망일 거라고 생각합니다.

.ıl

30년 만에 오는 뉴 머니의 시대, 생각만 해도 떨리지 않나요? NFT 프로젝트인 크립토펑크와 보어드에이프요트클럽(BAYC), NBA 탑샷의 놀라운 가치 상승, 메타버스 플랫폼 샌드박스와 디센트럴랜드에서의 부동산 투자 열풍, 〈액시 인피니티〉가 대중화한 P2E 게임을 개발한 한국 위메이드의 성공 등 모든 것이 이제 시작입니다.

앞으로 10년, 메타버스의 특이점이 오기 전까지 현명하게 자산을 움직이는 사람이 커런시(통화)를 뉴 머니로 전환해 부를 일굴 수 있지 않을까요?

PART 3

실전에서의
신호와 소음

12장

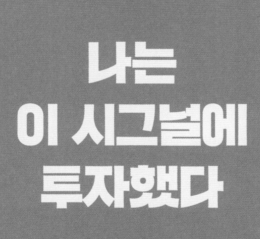

나는
이 시그널에
투자했다

여기에서 소개하는 내용은 대부분 제가 직접 투자한 딜입니다. 읽다 보면 왜 투자했는지 공통점을 발견하실 수 있을 거예요. 저는 **처음부터 끝까지 '라이프스타일에 투자한다'는 이야기를 다른 말로 풀어내는 중입니다.**

'없다가 생긴 것'을 보는 안목은 일반 주식뿐만 아니라 비상장 종목이나 펀드나 메자닌에서도 범용적으로 활용할 수 있습니다.

비상장사 투자는 보다 장기간으로 봐야 합니다. 그래서 '없다가 생긴 것'에 더해 '라이프스타일을 바꿀 것인가'에 대해 고민하며 투자합니다. 라이프스타일은 결국 대중화된 사회현상이에요. 아직 오지 않은 사회현상을 파악하고 선제적으로 투자하는 게 성공적인 투자의 요체라고 생각합니다.

주식시장은 치열한 경쟁은 물론 엄청난 인지편향이 용광로처럼 들끓는 곳입니다. 처음에는 운으로 수익을 두어 번 내더라도 본인의 '스타일'을 찾지 못하면 이리저리 끌려다니다가 만신창이가 돼 깡통을 차고 시장을 떠나게 되는데요, 꼭 미련을 못 버리고 다시 돌아왔다가 이번에는 빚까지 지고 떠나게 되죠.

저는 이 **자신만의 투자 스타일이야말로 '투자 전략'이자 '투자 철학'**이라고 생각합니다. 투자 철학은 비이성이 지배하는 시장에서 남들과 차별화된 종목과 섹터를 찾아내는 데 중요한 역할을 합니다.

지식을 쌓다 보면 자신이 살아온 경험과 잘 맞아서 더 나은 성과를 내는 종목을 알게 되고 섹터도 알게 됩니다. 그리고 잘 안 맞고 손실이 잘 나는 차트나 종목, 섹터를 깨닫게 되고요. 그러면서 자연스럽게 자신이 잘하는 영역을 알게 됩니다. 그때부터 이제 '투자자 초입'에 올랐다고 보는 게 맞는 것 같아요.

케이스 스터디 **마이크로디지탈**
#국산백신개발 #세계최초

2021년 8월 5일 저녁, 정부는 국내 회사들의 코로나19 국산 백신 개발을 적극 지원하겠다고 발표했습니다. 이에 다음 날인 8월 6일 삼성바이오로직스, SK바이오사이언스 등의 주가가 큰 폭으로 상승합니다.

6일 새벽, 저는 마이크로디지탈을 검토했습니다. 백신을 생산하려면 배지와 백이 필요한데 이 회사는 둘 다 생산하고 있었거든요. 또한 기사를 통해 이미 샘플을 납품했다는 사실도 확인한 터였습니다.

국산 백신 정책 HP

어제 국산 백신 정책이 장 후에 나왔어요. 그래서 다양한 종목들이 시간 외에서 좋은 시세를 보여줬습니다. 그런데 딱 숨어 있는 몇 개 종목이 있는 것 같습니다. 다 가는 것은 아니지만 봐둬서 나쁠 건 없을 겁니다.

이번 정책의 핵심은 mRNA에 맞춰져 있습니다(DNA 백신은 지못미…).
이를 위해 정부는 지질나노입자(LNP), 뉴클레오시드삼인산(LTP), 일회용백 등의 수급이 어려운 원부자재 지원에 나선다고 발표했습니다. 여기에 중소기업이 마련하기 어려운 스마트공장(결국 클린룸이겠죠)도 지원한다고 했고요.

LNP, LTP, 일회용백 모두 봐둬야 합니다.

◎ LNP 관련주
[특징주] 나노스, 모더나 mRNA 탑재 LNP 제형기술 코든파마 독점공급 부각
[특징주] 에스티팜, 전 세계 유일 mRNA 5캡핑+LNP기술 보유… K바이오 참여 소식에 상승세
[특징주] THE E&M, 화이자 mRNA 활용된 LNP 방식의 '인공세포막' 원천기술 개발
[특징주] 위더스제약, mRNA 백신 핵심 LNP 기술 보유사 투자 부각 강세

◎ NTP 관련주
파미셀, 코로나19 백신 원료 공급으로 올해 최대 실적 전망
파미셀은 올해 원료의약품 매출액이 300억 원을 웃돌 것으로 19일 전망했다. 지난해 원료의약품 매출액 192억 원 대비 50% 이상 늘어날 것으로 기대했다. 회사 관계자는 "화이자와 모더나 등이 생산 중인 코로나19 mRNA 백신 제조에 사용되면서 국내외 제약업체의 공급 요청이 이어지고 있기 때문"이라고 설명했다. mRNA 백신은 제조 과정에서 발생한 불순물을 제거하는 정제 과정을 거치게 되는데, 파미셀이 생산 중인 뉴클레오시드 종류 중 하나인 DMT-dT가 이에 사용된다.

◎ 일회용백 관련주
[특징주] 마이크로디지탈, 코로나 백신업체도 세포배양백 최대 1년 대기… 국내 유일 생산
"마이크로디지탈의 일회용 세포배양 시스템은 삼성바이오로직스, SK바이오사이언스, 셀트리온 등에 샘플 납품을 완료한 상태로 파악한다"며 "테스트가 끝나면 본격적으로 공급이 시작될 것으로 기대한다"고 덧붙였다.

△시그널 리포트.

특히 마이크로디지탈의 경우 **IR과 통화**하여 삼성바이오로직스, SK바이오사이언스, 셀트리온에 본격적으로 납품할 것이라는 뉘앙스를 확인했습니다. 다만, 비밀유지 계약에 의해 정확한 워딩은 못 하는 것 같았어요.

뿐만 아니라 마이크로디지탈은 RSI18 기준으로도 며칠 전 **과매도**를 찍은 만큼 확실한 바닥이라고 생각했습니다.

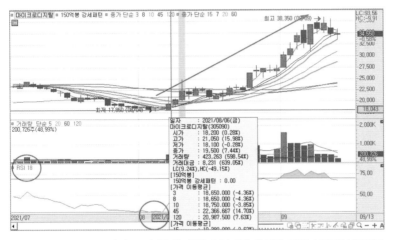

△ 마이크로디지탈 차트(2021.8.6.). 이후 한 달간 100% 수익률을 기록한다.

역시 기술적으로도 바닥인 상태에서 재료와 시황이 함께 맞아떨어지면서 당일 15% 상승 이후 지속적으로 상승해, 1개월도 채 안 됐지만 100% 상승률을 기록합니다.

케이스 스터디 **원익피앤이**

#정부정책 #전기차

2021년 8월 28일 정부는 신축 아파트에 전기차 충전기를 5% 이상 설치하도록 의무화하고, 기존 아파트에도 주차 면적 대비 2%의 전기차 충전기를 확보하게 할 것이라고 예고했습니다.

> **아파트 전기차 충전기 확대… "신축 5% · 기존 아파트 2% 설치 의무"**
> 정부는 우선, 전기차 운전자들이 손쉽게 이용할 수 있도록 집과 직장 근처의 전기차 충전소를 대폭 확대하기로 했습니다. 전기차 충전시설 의무설치 대상이 500세대 이상 아파트에서 100세대 이상 아파트로 늘어나고, 공중이용시설과 공영주차장의 경우 총 주차 면수 50면 이상으로 확대됩니다.
>
> 출처: YTN, 2021.8.28.

기사가 주말에 나왔지만 월요일에는 시장이 조용했습니다. 하지만 이튿날인 화요일부터 시장은 달리기 시작했죠. 전기차 충전주들이 모두 급등하기 시작했습니다.

원익피앤이, 디스플레이텍 등 관련 대장주들은 대부분 단기간에 30~50% 정도 급등했습니다. 전기차 충전 플랫폼 차지인에 투자한 알티캐스트 역시 급등한 것을 확인할 수 있었습니다.

전기차 충전

◎ 관련 기사

'신축 5% · 구축 2%' 아파트 전기차 충전기 설치 의무화

아파트 100세대 이상 시 전기차 충전시설 의무설치

아파트 전기차 충전기 설치 의무 강화… 신축 5% · 구축 2% 의무설치 – 한국정경신문

[특징주] 디스플레이텍 주가 20% 급등 배경은

디스플레이텍은 한국충전의 지분 24%를 보유 중이다.

업계에 따르면 현대자동차는 한국전력이 최대주주로 있는 한국전기차충전서비스(이하 한국충전) 인수를 위한 현장 실사에 착수했다.

한국충전이 전국에 운영 중인 550여 개 충전소가 주요 대상이다.

충전업체 인수가 이뤄지면 현대차그룹은 완성차 업체로 유일하게 독자 충전서비스가 가능해진다.

[특징주] 원익피앤이, 52주 신고가… 전기차 종합 솔루션 기업 기대

△전기차 충전주에 관해 정리한 시그널 리포트.

△ 원익피앤이 차트. 정부 정책 발표가 나고 며칠 후부터 급등했다.

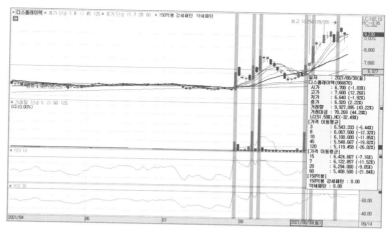

△ 디스플레이텍 차트. 정부 정책 발표 며칠 후 급등했다.

△ 전기차 충전 플랫폼 차지인에 투자한 알티캐스트 역시 급등세를 기록했다.

정부 정책은 종목을 찾는 데 나침반 같은 역할을 합니다. 정부
에서 하고자 하는 일은 일단 개인이나 기업이 하는 것보다 큰 규
모의 자금이 집행되고 장기간 진행되기 때문입니다. 잠시 손실 구

간이 있더라도 결과적으로는 우상향할 확률이 높습니다.

금양

#수소사회 #세계최초

2021년 8월 말에는 현대차그룹이 수소사회 선포식을 '9월에 열
것'이라는 기사가 각종 경제지를 통해 나왔습니다. 이에 몇 개월
째 하락하고 있던 수소 관련주들이 9월에는 크게 오를 것이라고
추측했습니다.

> **현대차 글로벌 수소비전 선포, "하이드로젠 웨이브 내달 베일 벗는다"**
>
> 정의선표 수소사회 첫 결과물, 독보적 혁신기술 등 공개 예고
> "세계 기후변화 대응 앞장설 것."
> 현대차그룹이 수소사회를 앞당기기 위한 그룹의 비전과 독보
> 적인 기술을 온라인으로 최초 공개한다. 지난해 초 정의선 회
> 장이 '기술 혁신을 통한 원가 절감, 일반 대중의 수용성 확대,
> 가치사슬 전반의 안전 관리체계 구축'이라는 수소사회 3대 방
> 향성을 제시한 후 내놓는 첫 결과물이다.
>
> 출처: 디지털타임스, 2021.8.26.

수소주는 원래 엄청난 시세를 주는 섹터였는데 코로나19 때
문에 몇 개월간 관심에서 소외된 상태였습니다. 새롭게 **재료가 나**

타난 데다가 그 주인공이 현대차그룹이라면 분명 시세를 줄 것으로 내다봤습니다.

　　그리고 실제로 9월이 다가올수록 관련주들이 큰 시세를 주기 시작했고요. 그중에서 저는 금양을 체크했습니다. 금양은 수소연료전지의 핵심 소재를 **세계 최초**로 개발한 전례가 있거든요.

SIGNAL REPORT   2021.8.31.

- -

부끄럽지만 나도 세계 최초 수소인데… 금양

9월은 수소 테마가 될 것이라고 예상했었는데요. 그대로 진행 중입니다.
오늘은 9월 9일에 한국수소융합얼라이언스가 '국제수소산업협회얼라이언스 포럼'을 연다고 발표했습니다. 상장사는 한 번씩 다 눈여겨봐두세요.
그중에 덜 부각된 친구가 있는데요. 바로 금양입니다.
금양은 아래와 같은 정보를 가지고 있습니다.

금양

◎ 요약
▶ 수소융합얼라이언스 회원사
▶ 세계 최초로 개발된 초미세 나노입자 제조기술 보유
▶ 해당 기술은 수소연료전지의 효율을 높이고 생산 원가를 절감하는 기술로 KIST로부터 기술이전받음.
▶ MEA 구성 요소인 백금촉매의 사용량을 줄이고 전기 생산의 효율을 가장 높일 수 있다.

◎ 관련 기사
글로벌 기업 금양, 수소연료전지 첨단소재 상용화 눈앞(2021.2.1.)

수소 모빌리티의 핵심으로 꼽히는 수소연료전지의 효율을 높이고 생산 원가도 절감하는 기술을 이미 확보해 국내 수소경제 활성화에 기여할 전망이다.

금양은 지난해 9월 KIST로부터 '초미세 나노입자 합성 촉매기술'을 이전받아 상용화 단계를 밟고 있다. 몇 가지 화학물질을 섞어 입자 크기가 2nm(나노미터 · 10억 분의 1m)인 초미세 합금을 대량 합성할 수 있는 기술이다. 이 기술을 수소연료전지 시스템에 적용하면 생산 단가를 낮추고, 동시에 전기 생산 효율은 높일 수 있다.

수소연료전지 시스템에서 전기는 수소 이온이 탄소 지지체와 백금 촉매로 이뤄진 막전극집합체(MEA)를 통과하면서 발생하는데, 백금 촉매 입자 크기가 2nm일 때 전기 생산 효율이 가장 높다. 기존 기술로는 고르게 2nm 크기 입자를 가진 촉매를 생산하기 어려웠지만 초미세 나노입자 합성 촉매기술을 활용하면 이런 한계를 극복할 수 있다.

수소차 한 대를 구동하는 데 충분한 전기를 생산하려면 고가 금속인 백금이 24g 필요한 것으로 알려져 있는데, 이 기술을 활용하면 약 10g으로 줄일 수 있다.

수입에 의존하는 백금 사용량을 줄이고 수소 모빌리티 핵심 기술을 국산화해 국내 수소경제 활성화를 앞당길 것으로 기대된다.

올해 초미세 나노입자 촉매와 이를 활용한 MEA를 생산하는 파일럿 라인(대량 생산라인 전 단계)을 구축해 MEA 시제품을 내놓고, 내년 양산에 들어가는 것이 목표다.

[단독] 韓 주도 '글로벌 수소연합체' 뜬다

30일 자동차 업계에 따르면 다음 달 9일 한국 수소융합얼라이언스(H2KOREA)는 미국 · 유럽 · 호주 등 수소 강국의 민간 협회가 참여하는 '국제수소산업협회얼라이언스 포럼'을 온라인으로 개최한다.

이번 포럼에서는 GHIAA의 설립 · 운영 방안이 논의되고 각국 협회들이 GHIAA 설립의향서(LOI)를 체결한다. GHIAA는 내년에 정식 출범하게 된다.

LOI에는 △수소 정책과 규제 공유, 공통의 기준 마련, △수소기술 공동 개발과 실증, △글로벌 수소백서 작성 등의 내용이 담길 것으로 전해졌다.

한국의 수소 민간 협회인 수소융합얼라이언스가 주도적으로 GHIAA를 창설하게 되는 만큼 글로벌 수소산업의 표준과 규범을 정하는 데 우리 목소리가 많이 반영될 것으로 기대된다.

△금양에 관해 정리한 시그널 리포트.

그리고 금양은 당일 2.31%로 출발해 23%까지 상승합니다.

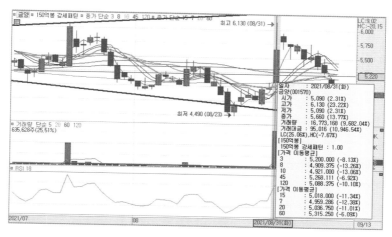

△ 금양 차트(2021.8.31.)

일진파워

#핵연료봉재처리

지난 2021년 9월 1일 저녁에는 '사용 후 핵연료 재활용 기술'에 관한 한미연구보고서가 한국과 미국 양국에서 공동 승인됐다는 뉴스가 나왔습니다. 핵연료봉의 재처리라니 '없다가 생긴 것'이죠?

없다가 생긴 건 언제나 큰 변화의 시작점이 됩니다. 그동안 재활용이 불가능했던 핵연료 제어봉을 재활용할 수 있는 길이 열렸습니다. 그것도 핵 관련 최고 권위 국가인 미국에서 승인을 받았네요. 이 기술의 핵심은 SFR(소듐냉각고속원자로)입니다. 이와 관련한 주식들을 찾으면 수익을 낼 수 있지 않을까요?

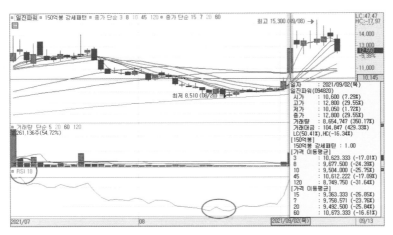

△ 일진파워 차트(2021.9.2.). 상한가를 기록했다.

    그리고 일진파워가 딱 그 영역이었습니다. 평소 **거래량**이 빵빵 잘 터지는 종목에 RSI18 기준 **과매도** 근처까지 왔다가 머리를 들어 올렸죠. 기술적으로도 차트는 바닥인 상태라는 이야기입니다. 여기에 '**없다가 생긴 것**'이라는 강력한 시그널이 더해지니 주가는 상한가를 기록합니다.

케이스 스터디 **지더블유바이텍**

#세계최초

2021년 8월 29일은 일요일이었는데요. 재미난 기사가 하나 나왔습니다.

    70년 된 혈액 원심분리 기술을 비약적으로 발전시킨 중소기업 라디안큐바이오에 대한 이야기가 소개되었습니다. 수억 원 치료 비용을 수백만 원으로 줄여줄 수 있는 기술이라고 하더군요.

"수억 원 치료 비용이 수백만 원으로 …", 70년 기술 바꾼 韓 중소기업

라디안큐바이오는 세계 최초로 미세유체역학 기술을 활용한 새로운 백혈구 추출 기술을 상용화해 바이오업계를 깜짝 놀라게 했다. 1949년 세계 최초의 원심분리기가 발명된 후 70여 년 만에 혈액 전처리(물리·화학적 분리) 분야에서 국내 중소기업이 큰 획을 그은 것이다. 이 회사는 이 기술이 접목된 혈액 전처리 기기 'M바이시스'를 작년 서울성모병원, 원자력병원 등에 공급한 데 이어 대용량 모델인 'M콜'을 개발해 오는 10월 국내 유명 암 치료 연구기관에 납품할 예정이다.

아직 세계적으로 비슷한 기술을 상용화한 사례가 없어 현재까진 이 회사의 경쟁 상대는 없다. 대형 글로벌 진단회사와 국내 유명 면역세포치료제업체가 최근 이 회사에 지분 투자를 검토하고 있는 배경이다.

출처: 한국경제, 2021.8.29.

제 에버노트에서 검색해보았더니 이미 지더블유바이텍이라는 상장사가 이 회사와 업무협약 MOU를 맺었다는 기사가 기록되어 있더군요(2021.6.18.). 다음 날인 월요일 아침 시그널 리포트에 '또 하나의 **세계 최초 관련주**'로 소개하기도 했습니다.

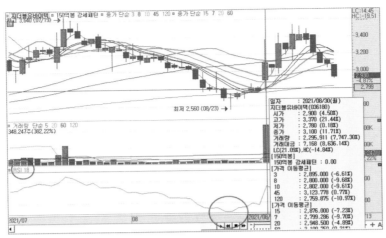

△ 지더블유바이텍 차트. 8월 30일 21%까지 상승했다.

이날 지더블유바이텍은 장중 20%가 넘게 상승하는 힘을 보여줍니다.

케이스 스터디 **하나투어**

#리오프닝기대감 #불확실성제거

코로나19로 가장 피해를 본 업종은 뭐니뭐니해도 관광업입니다. 해외는 물론 국내 여행까지 모두 침체되면서 자금 흐름이 막혀버렸으니까요. 당연히 주가는 안 좋게 흘렀습니다. 그러나 백신 접종률이 올라가고 '트래블 버블' 논의까지 나오면서 관광주와 항공주는 조금씩 올라갔습니다. 이른바 '리오프닝' 기대감이죠.

그리고 2021년 9월 14일에는 반가운 기사 한 줄이 나왔습니다. 하나투어에서 1년 6개월 만에 전 직원이 정상근무 체제로 복귀한다고 발표한 거죠.

하나투어, 내달 전 직원 근무 복귀··· 코로나 이후 1년 6개월 만

출처: 매일경제, 2021.9.13.

불확실성의 한 축이 제거되는 순간이죠? 주가 역시 화답했습니다. 당일 3% 갭 상승으로 출발해 10%까지 올랐습니다.

△ 하나투어 차트. 9월 14일 큰 상승을 보인다.

하나투어뿐 아니라 다른 관광주들도 크게 올랐습니다. 섹터 전체에 수급이 몰린 거죠. 노랑풍선은 23%까지 올랐죠.

그런데 하나투어가 정상근무 할 것이라는 소식을 미리 알 수 있었다면 어떨까요? 그것도 며칠이나 앞서서요.

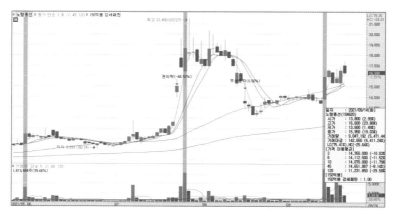

△ 노랑풍선 차트. 9월 14일 기준 23%까지 올랐다.

사옥 팔아 10월부터 전 직원 정상근무 나서는 하나투어

허리띠를 졸라맨 하나투어는 올해 10월 전 직원 정상근무를 목
표로 사업 확장에 나설 방침이다.

출처: 뉴스웨이, 2021.8.27.

하나투어 위드 코로나 대응으로, 김진국, 송미선 자산매각해 체력 비축

9일 하나투어에 따르면 10월부터 모든 직원이 정상근무 체제
에 들어가면서 위드 코로나 시대를 위한 준비에도 속도가 붙을
것으로 예상된다.

출처: 비즈니스포스트, 2021.9.9.

하나투어, 10월부터 전 직원 정상근무··· 급여 정상지급

지난 4월부터는 근무인력을 조금씩 늘려왔고 10월에는 유·무
급 휴직 시행 1년 6개월 만에 전 직원 정상근무 체제로 전환한다.

출처: 파이낸셜뉴스, 2021.9.13.

보시다시피 이렇게 며칠이나 앞서 하나투어가 업무를 재개한다는 소식의 시그널은 들려오고 있었던 거예요. 다만, 경제 재개는 멀었다고 생각하는 부정적인 편향이 이런 사실들을 눈에 들어오지 않게 하고 있었던 거죠.

시그널을 읽기 위해서는 무엇보다 오픈 마인드가 필요하다는 사실, 잊지 마세요.

케이스 스터디 크래프트테크놀로지스
#인공지능투자

크래프트테크놀로지스는 제가 2020년 8월에 1000억 밸류 정도로 투자한 곳입니다.

투자를 계속하다 보니 언젠가 한국도 주식 투자 양도세를 부과하기 시작하면 해외 주식 투자자가 늘어날 수밖에 없다고 생각했습니다. 같은 세금을 낸다면 좀 더 투명하고 상승 가능성 높은 시장에서 투자를 하겠죠. 국내 주식보다 미국 주식을 선택하기 마련입니다. 그러나 제가 영어도 부족하고 현지 기업 정보를 알기 어렵잖아요. 이럴 때 투자 수익률을 어느 정도 안정적으로 확보하며 투자할 수 있다면 좋을 것 같았습니다. 인공지능이 제격이죠.

그런 점에서 AI(인공지능)가 도와주는 투자 시스템은 제가 항상 꿈꿔오던 것이었는데요. 크래프트테크놀로지스가 국내에서 가장 앞서 있다고 판단했습니다.

크래프트 美 대형주 넥스트 밸류 ETF, "AI가 무형자산까지 계산"

'크래프트 AI 인핸스트 미국 대형주 넥스트 밸류 ETF(NVQ)'
는 인공지능(AI)이 운용하는 액티브 상장지수펀드다. 가치주
에 투자하되 유형자산뿐만 아니라 무형자산의 가치까지 고려
해 기업을 평가하고 종목을 선택한다는 점에서 신개념 가치주
펀드로 꼽힌다.

출처: 서울경제, 2021.5.7.

한국 스타트업이 굴리는 美 ETF…, 테슬라 주가 변동 '귀신같이' 맞혔다

한국 스타트업이 뉴욕 증시에 상장시킨 인공지능(AI) 운용 상
장지수펀드(ETF)가 월가의 주목을 받고 있다. 테슬라의 주가
변동을 정확하게 예측해 주식을 사고팔아 높은 성과를 거두면
서다. 5년 전 창업해 서울 여의도에 본사를 둔 크래프트테크놀
로지가 화제의 ETF를 만든 주인공이다.

출처: 한국경제신문, 2021.4.16.

사람의 수고를 덜어주면서 자동으로 수익을 내준다면 그보다
더 편한 일은 없을 테니까요. 최근 투자 라운드는 1조 밸류로 돌고
있을 뿐 아니라 유니콘 레벨로 상장을 준비 중입니다.

|덧붙임|

2022년 1월 크래프트테크놀로지스가 소프트뱅크로부터 약 1500억
원을 투자받으면서 그 가치를 입증했습니다.

WSJ, "日 소프트뱅크, 韓 금융 AI 스타트업 '크래프트'에
1억 4600만 달러 투자"

출처: SBS, 2022.1.11.

케이스 스터디 **직방**

#가상오피스

6000억 밸류로 투자한 직방은 성공이 보장된 회사라고 생각했습니다. 돈이 많건 어떻건 부동산 이용 시 중개료에 대해서는 할 말이 많을 겁니다. 최대 0.9%이고 다들 조정이 된다고 하지만 저는 0.9% 이하를 낸 적이 없습니다. 언제나 최고 가격을 냈죠.

하지만 실제로 부동산이 하는 일은 매우 한정적입니다. 사고 발생 시에도 5000만 원의 보증이 전부입니다. 이뿐입니까. 허위 매물이 득실득실한 기존 부동산 시장에서 원룸, 투룸, 오피스텔 구하는 사람들이 얼마나 많은 헛걸음을 했습니까.

직방은 이런 불편함과 불합리함을 개선했습니다. 직접 가지 않아도 실매물을 사진과 동영상으로 볼 수 있게 하고 중개사들의 수수료도 현실적으로 조정하는 순기능을 가져왔습니다.

국민 대다수가 현재 공인중개사 시스템의 불합리에 공감하고 있었기 때문에 직방은 국민의 지지를 받으며 움직이고 있습니다. 정권 차원에서도 공인중개사의 표보다 직방을 지지하는 일반 국민의 지지가 더 많기 때문에 (타다의 경우와 달리) 쉽게 움직이지

않죠. 골목상권 침해는 직방에서는 잘 일어나지 않습니다.

여기에 직방은 가상현실상의 공간을 분양하는 '메타폴리스'
를 선보였습니다.

교통 통근의 시대에서 통신 통근의 시대로 바꾸는 기술을 연
구한다는 이야기죠. 이게 현실화되면 사회구조를 건드릴 수 있는
기술이라고 생각해서 투자를 결정했죠.

|덧붙임|

2022년 3월 직방이 무려 3조 밸류로 투자를 유치한다는 기사가 나왔
네요. 이와 함께 직방 투자사들의 주가도 급등했습니다. 특히 스톤브
릿지벤처스는 상장한 지 얼마 안 된 회사인데, 이 소식으로 상한가를
기록했습니다.

DSC인베스트먼트, 직방 3조 규모 프리IPO 추진 소식에 강세

출처: 머니S, 2022.3.4.

스톤브릿지벤처스, 직방 프리IPO 추진 몸값 3조… 약 300배 수익 기대

출처: 파이낸셜뉴스, 2022.3.4.

케이스 스터디 **파킹클라우드**

#공유모빌리티 #전기차충전

파킹클라우드는 빌딩이나 아파트 등의 비어 있는 주차장을 공유할 수 있게 만드는 주차 공유 플랫폼 '아이파킹'을 서비스하는 스타트업이에요.

서울에서 주차하려면 정말 힘들지 않습니까. 파킹클라우드는 이런 불편함을 해결해주는 곳이죠. 단순하게 주차장을 공유하는 수준에서 벗어나 인공지능 머신러닝 차량번호인식(LPR)을 도입하고 전국 아이파킹존을 클라우드로 연결했습니다. 본사 통합관제센터에서 원격으로 현장 이슈를 실시간 해결하고 아이파킹존을 매달 수십에서 백여 개 이상 확장하고 있죠.

공유 자동차가 많아지는 시대에 어쩔 수 없이 다가올 미래 산업이라고 생각해서 2000억 밸류에 투자했어요. **모빌리티의 최종 종착지는 주차장이** 될 수밖에 없습니다. 생각해보세요. 수많은 공유 자동차, 공유 킥보드, 나중에는 배달용 드론까지 모두 주차장이 필요하게 될 겁니다.

파킹클라우드 '아이파킹', 누적 주차 7억 대 돌파

파킹클라우드는 AI 머신러닝 LPR(차량번호인식)을 도입하고 전국 아이파킹존을 클라우드로 연결했다. 본사 통합관제센터에서 원격으로 현장 이슈를 실시간 해결하고 소프트웨어 업데이트도 무상 진행해 차량번호 인식률을 지속적으로 향상시킨다. 간단한 A/S는 출동보다 빠른 원격진단으로 처리한다.

파킹클라우드는 2015년 주차장에서도 하이패스처럼 무정차 자동 결제가 이뤄지는 '파킹패스'를 국내 최초로 선보였다. AI 카메라가 차량번호 인식 후 클라우드에 등록된 차량정보와 카드를 매칭하는 파킹패스는 2018년 아마존 무인 상점 '아마존 고'보다 3년 이상 앞서 상용화한 영상인식 결제 서비스다.

출처: 스마트경제, 2021.5.9.

파킹클라우드, 주차장에 태양광 기반 전기차 충전 인프라 구축

국내 최대 주차 플랫폼 파킹클라우드가 신재생에너지 민간독립발전기업 브라이트에너지파트너스(BEP)와 전기차 충전 인프라 개발에 나선다.

출처: 전자신문, 2021.9.7.

파킹클라우드, NHN 이준호 회장 등 250억 원 투자 유치

이번 투자 유치는 지난 2018년 SK네트웍스 이후 3년 만으로 누적 투자금은 1135억 원이다. 이 회장은 지난 2017년 한국투자증권, IBK 캐피탈과 함께 120억 원을 투자한 이후 추가 투자를 단행했다.

출처: 전자신문, 2021.3.22.

환경 문제는 전 세계적 이슈죠. 결국 모빌리티 분야도 전기 자동차, 전기 킥보드, 전기 드론 등으로 바뀔 테고, 이 충전 베이스는 반드시 주차장으로 귀결될 거라고 확신해요.

게다가 NHN의 이준호 회장까지 투자를 단행하는 등 또 외롭지 않게 엑시트를 기다려볼 수 있을 것 같습니다. 2021년 말에는 SK가 투자하면서 NHN과 함께 **미래 주차장 솔루션**을 그리게 됐습니다.

케이스 스터디 야놀자

#무인화시스템 #디지털트랜스포메이션

야놀자의 경우는 많이 아쉬워요. 8800억 밸류의 구주를 매입하는 딜이 있었는데, 무산됐죠. 결국 이것도 9.15조 밸류로 편입했어요. 계획보다 훨씬 높은 가격에 편입했지만 저는 야놀자가 적어도 30조 이상 가치의 회사로 성장할 것으로 판단했습니다. 무엇보다 손정의 회장의 비전펀드가 투자한 이상 2023년에는 상장해서 엑시트할 기회를 얻게 될 거라고 판단한 점도 있고요. 사모펀드 치고는 빠른 엑시트거든요.

무엇보다 제가 야놀자 투자를 결정하게 된 가장 큰 이유는 비전펀드 인수 후에 진행된 임원진의 인터뷰였습니다. 야놀자가 단순히 숙박 플랫폼이 아니라 **무인화 솔루션**을 기획하고 있다는 점이 놀라웠습니다. 그리고 한 줄 언급되었을 뿐이지만, **글로벌 클라**

우드를 기획하고 있다는 점도 업사이드 요소로 생각했습니다.

최찬석 CIO, "야놀자 클라우드로 세계 호텔 예약"

호텔 로비의 카메라가 투숙객의 신원을 확인하고 무인 키오스크로 체크인을 도와준다. 고객은 스마트폰에 전송된 코드로 엘리베이터와 객실 문을 열고 TV, 조명을 제어한다. 고객으로선 번거로움이 크게 줄어들고, 호텔은 객실 관리와 운영 비용을 줄여 효율성을 높일 수 있다는 게 최 CIO의 설명이다.

야놀자는 호텔예약관리 시스템에도 클라우드 방식을 도입해 글로벌 시장을 공략하고 있다. 매월 사용료를 내는 구독 서비스로, 전산 시스템 도입이 늦은 아프리카 시장 등에서 호평을 받고 있다.

출처: 한국경제, 2021.8.5.

코로나 이전에는 호텔 체인을 운영하기 위해서는 다음과 같이 세분화된 시스템이 필요했습니다.

1. 객실 판매/예약 매니지먼트
2. 객실 운영
3. 체크인과 체크아웃
4. 시설 관리, 하우스키핑
5. 인력 수급 및 관리

하지만 코로나 사태 이후부터는 이렇게 많은 인력을 쓰기 부담스워졌어요. 전 세계의 호텔이 불을 끄고, 이후 엄청난 적자에 시달렸던 일을 우리 모두 알잖아요. 다들 기억하실 겁니다. 서울 삼성동 한복판의 파크 하얏트 서울의 불이 모두 꺼지고, 광장동의 워커힐 호텔도 운영을 전면 중단했었죠.

이제 인력을 최소로 운영하면서 어떤 상황에서도 비즈니스를 지속할 수 있는 시스템이 필요해진 겁니다.

이런 면에서 야놀자가 지향하는 무인 시스템은 전 세계 호텔 체인이 원하는 시스템 그 자체라고 판단했습니다. 저 다섯 가지 시스템을 야놀자는 모두 지원합니다.

또 이미 롯데월드 예약의 경우 야놀자를 이용하는 사례가 가장 많다는 것, 야놀자를 통한 KTX 예약이 시작되었다는 사실도 투자 결정 버튼을 누르는 데 도움이 되었습니다. 여가 생활을 통합하는 슈퍼 앱이 되겠구나 생각하게 되었거든요.

아, 야놀자 덕에 H2O호스피탈리티라는 곳에도 관심을 갖게 됐고 시리즈C에 투자했습니다. H2O호스피탈리티는 자체 개발한 ICT 기반 호텔 통합운영시스템을 통해 호텔 운영의 디지털 트랜스포메이션 가속화를 돕는 숙박 시설 운영 기업입니다.

H2O호스피탈리티, 카카오·산은 등서 300억 시리즈C 투자 유치
'케조라-인터베스트 펀드'도 참여
동남아 등 해외 비즈니스 확장
호텔 산업 디지털화를 선도하는 H2O호스피탈리티(대표 이웅희)

가 카카오인베스트먼트와 KDB산업은행 등 다수의 투자사로부터 300억 원 규모의 시리즈C 투자를 유치했다고 7일 밝혔다.

출처: 아시아경제, 2021.9.7.

숙박 관련해서는 스테이폴리오도 빼놓을 수 없는 포트폴리오입니다. 리오프닝 수혜 투자로 가장 기대하고 있는 저의 3대 투자처이기도 하고요. 스테이폴리오는 단순하게 숙소를 큐레이션하는 게 아니라 모든 장소에 이야기가 담겨 있습니다. 숙소마다 매거진 심층 기사를 읽는 듯하죠. 체크인, 체크아웃 등 모든 절차가 비대면으로 이뤄지는 것은 물론이고요. 숙소 하나하나가 빼어나다 보니 '파인 스테이'로 불리기도 합니다.

케이스 스터디 파두
#비메모리반도체 #메타버스

지난해에 제가 가장 많은 금액을 투자한 회사 중 하나는 파두라는 SSD 컨트롤러 반도체를 만드는 스타트업입니다. 신주와 구주를 섞어서 4500억 밸류에 투자했는데요.

메타버스 시대에 클라우드의 중요성은 말해봐야 입 아픈 사실이죠. 그런데 이 회사는 그런 클라우드를 구성하는 SSD 컨트롤러를 **삼성전자와 동급 혹은 그 이상**으로 만든다는 사실에 무조건 들어가야겠다고 생각했어요.

삼성전자의 위대함이야 전 세계가 알고 있지만 삼성전자의 SSD를 쓰는 빅테크 입장에서는 삼성전자에만 의존하는 것은 불안하기 때문에 공급선 다변화를 위해서라도 파두를 사용하겠다고 생각한 거죠.

실제로 파두가 글로벌 빅테크사들과 공급을 논의하고 있다고 공식 IR에서 밝힌 점도 투자에 중요 포인트가 됐습니다.

최근에 SK하이닉스가 파두의 컨트롤러를 차용한 SSD를 메타(구 페이스북)에 공급한다는 소식이 들려왔어요.

SK하이닉스, 메타(페이스북)와 SSD 공급 계약 체결

메타는 메타버스 사업을 준비하면서 클라우드용 SSD 수요가 늘어난 상태다. SSD는 반도체를 이용해 데이터를 저장해 자기 디스크를 이용하는 하드디스크(HDD)보다 데이터를 읽거나 쓰는 속도가 더 빠르다는 장점이 있다. 이번 계약에서 데이터용 SSD 제품 규격 등 주요 사안에 합의했다.

이번 계약과 관련해 반도체 설계를 담당하는 팹리스 스타트업 파두(FADU)가 핵심 역할을 했다. SK하이닉스가 파두가 제작한 핵심 반도체인 컨트롤러를 차용해 메타와 계약했기 때문이다. 파두는 SSD에 들어가는 핵심 반도체인 컨트롤러를 개발하는 업체다. 국내에서는 삼성전자 등이 SSD 컨트롤러를 독자적으로 설계하는 능력을 갖췄다.

출처: 조선비즈, 2022.1.25.

지금 컨트롤러가 뭐지? 하고 계신 분들을 위해 설명드릴게요. 아시다시피 SSD(Solid State Drive)는 낸드플래시를 이용해 만든 차세대 저장장치로, 기존 HDD를 대체하고 있죠. 컨트롤러는 중앙처리장치와 낸드플래시를 효율적으로 연계 및 제어하는 반도체로, SSD의 성능을 좌우합니다. SSD뿐 아니라 스마트폰이나 메모리카드 등에 장착되는 eMMC(임베디드 멀티미디어 카드) 등 낸드플래시 메모리로 만드는 솔루션들에 탑재되는 시스템 반도체(비메모리 반도체)입니다. "낸드가 책을 꽂아 넣는 서재라면, 컨트롤러는 어떤 책을 언제 어디에 넣고 꺼낼지 결정하는 사서 같은 역할을 한다"라고 볼 수 있죠*. 필수 부품입니다.

케이스 스터디 **유니젯**

#VR

유니젯은 마이크로LED를 만들기 위한 장비를 제조하는 업체입니다. 업력이 10년 넘은 회사로 차세대 기술을 만들기 위해 정말 갖은 노력을 하고 있었지만 빛을 보지는 못하고 있었습니다.

저는 유니젯에 100억 밸류로 투자했는데, 개인적으로 기대하는 투자 중 하나입니다. 이 회사의 임원진은 지금이 아니라 언제나 미래를 보는 눈을 가졌더군요. 무엇보다 VR이 주도산업이 되

• SK하이닉스 뉴스룸 참조.

려면 마이크로LED가 대중화되어야 한다고 판단했거든요. 그런데 유니젯이 이 기술에 집중하고 있었습니다. 글로벌사에 이미 샘플을 납품했다는 이력도 눈에 들었고요. 거기에 파트너사로 국내 최고 기술력의 AP시스템과 APS홀딩스가 함께한다는 것을 알고 이 회사가 끝을 볼지도 모른다고 생각했습니다. 그래서 투자를 결정했어요.

애플, APS홀딩스에 FMM 샘플 요청… VR용 3000PPI급

FMM은 적(R), 녹(G), 청(B) 유기발광다이오드(OLED) 유기물을 증착할 때 사용하는 얇은 금속 마스크다. 현재 중소형 6세대(1500×1850mm) 유리원장에서 스마트폰 패널 등에 유기물을 증착할 때 FMM을 사용한다. 유기물 증착에 필요한 미세한 구멍은 습식 식각(웻 에칭) 방식으로 만든다. 이 방식에서 구현할 수 있는 해상도는 600PPI 수준이다.

애플이 APS홀딩스에 레이저 패터닝 방식의 3000PPI급 FMM을 요청한 것도 이 때문으로 보인다. 3000PPI급 FMM을 만들려면 레이저 드릴링 방식이 유일하다는 게 업계 평가다.

출처: 디일렉, 2021.9.14

그런데 이렇게 희소식을 전했더라고요. APS홀딩스에 관한 기사였지만 분명 유니젯의 장비가 들어갔겠구나 생각했습니다.

정말 잘되면 좋겠어요. 수익의 문제가 아니라 세상을 바꾸는 신기술을 위해 노력하는 회사는 꼭 빛을 봐야 한다고 생각하거든요. 자본은 세상을 밝히는 좋은 회사에 흘러들어 가야 합니다. 그러다 보면 투자자에게도 돈은 자연스레 따라온다고 생각합니다.

케이스 스터디 **모노랩스**
#원격진료

모노랩스는 개인 맞춤형 건강기능식품 구독 서비스를 운영하는데요. 간단히 말해 비타민을 파는 회사입니다. 각 개인에 딱 맞는 영양제를 맞춤 처방하고 약봉지처럼 소분해서 팔고 있어요. 우리가 흔히들 종합 비타민을 먹고 있지만 사실 어떤 비타민이 자신의 몸에 필요한지 알고 먹는 사람은 많지 않거든요. 모노랩스는 개인별로 영양사와 상담할 수 있게 해주고 그 결과를 통해 소비자에게 꼭 맞는 비타민을 배송해줍니다.

단, 제가 매력 포인트로 본 점은 단순한 개인 맞춤형 비타민이 아니었습니다. 모노랩스 이용자는 오프라인 약국에서 약사와 상담하고 비타민을 처방받을 수 있는데, '원격'으로 영양사와 일대일 화상 솔루션을 이용하여 비타민을 처방받을 수도 있습니다. 의료법에 저촉되지 않는 '원격 진료'였죠. 더구나 우리나라는 코로나 때문에 원격 의료와 의약품 배송에 대한 규제가 규제 샌드박스 제도를 통해 풀려 있었습니다. 특히 전직 게임사 CEO였던 대표의 경험이 빛을 발했는데, 어플을 따로 설치하지 않아도 모바일로 즉시 화상이 구현되는 기술이 저를 매료시켰습니다.

원격 진료는 다가올 미래의 필수 산업이라고 생각하거든요. 다들 아시겠지만 고혈압 등에 관한 약을 정기적으로 타기 위해 병원에 가면 몇 시간이나 대기하는데 정작 의사는 1분 정도 상담하고 진료를 끝내는 경우가 많습니다. 이렇다면 굳이 대면 진료가 필요 없잖아요?

또한 탈모, 발기부전, 다이어트 등에 관한 상담에는 대면 진료가 필요 없는 경우도 있고 의사와 접수 간호사에게 질병을 상담하기도 애매한 면이 있습니다. 이런 부분은 분명 원격 의료로 대체될 거라고 생각했거든요. 또 약국에 가서 탈모, 발기부전, 다이어트에 관한 약을 사는 것도 뭔가 남사스러운 면이 있는데요. 이런 면에서도 '약 배달' 사업이 인간의 불편함을 덜어줄 수 있다고 생각합니다.

그러던 차에 모노랩스에 관해 알게 되었고, 사업이 유망하다고 생각했습니다. 그래서 프리밸류 100억 원에 투자했고요. 56억 원이 모집됐습니다. 현재 모노랩스는 첫 투자 대비 10배가 넘는 밸류로 시리즈B 투자를 유치하고 있습니다. 1년도 안 된 사이 '텐배거'가 됐네요. 실제 IPO 혹은 매각되는 과정까지 가면 얼마나 더 성장할지 모르지만, 저는 처음부터 유니콘이 될 거라고 생각했습니다.

13장

이런 종목은
무조건 피한다

주식 투자를 할 때는 원칙이 있어야 한다고 여러 번 말씀드렸습니다. 그러나 이 원칙이 다 들어맞더라도 피해야 할 종목들이 있습니다. 물론 투자자 각자의 원칙에 따라 종목들이 다를 수 있습니다.

제가 투자하지 않는 종목은 다음과 같습니다.

√ 3년 연속 적자인 종목

√ CB 및 BW 전환일·제3자배정 보호예수 만기일·스톡옵션 전환일이 얼마 안 남은 종목

√ 최근 2년간 자기자본 대비 적자가 50%가 넘은 적이 1회라도 있었던 종목

√ 관리종목과 환기종목

√ 스팩주

√ 우선주

√ 남이 추천한 종목

√ 그리고 삼성전자

앞의 8개 사항은 제가 주식 투자를 하는 동안 너무 많은 피해를 입으면서 생긴 일종의 트라우마입니다. 어떤 분들은 트라우마를 극복해야 한다고 생각하지만 주식시장에서 군이 그럴 필요가 있을까 싶어요. 한국만 해도 주식 종목이 코스피, 코스닥 등 모두 합해 2300개가 넘는데 군이? 그냥 다른 종목이랑 싸우렵니다.

3년 연속 적자인 종목

먼저 3년 연속 적자인 종목은 별도 기준과 연결 기준 모두 주의하는 편입니다. 별도 기준 4년 연속 적자인 경우 코스닥은 관리종목 지정을 받습니다. 관리종목으로 지정되면 거의 당일 하한가 한 번은 각오해야 합니다. 더 당황스럽게 하는 건 관리종목 지정 2개월 전 즈음해서 미리 '관리종목 혹은 상장폐지 가능'에 대한 공시가 나오는 것입니다. 이때 상장폐지에 두려움을 느끼는 개미들의 투매에 미리 한 방 맞게 되면 참으로 큰 스트레스를 받죠. 별도는 흑자지만 연결 기준으로 4년 연속 적자면 관리종목으로 지정되지 않습니다. 하지만 개인 투자자들은 이런 거 잘 몰라요. 그냥 4년 연속 적자면 상장폐지되는 줄 알고 던지는 게 일상다반사입니다. 그러므로 그냥 3년 기준 적자인 종목은 가급적 안 사는 게 맞습니다. 1년 내내 보수적으로 움직여도 매도 물량이 쌓이거든요.

참고로 5년 연속 별도 기준 적자면 상장폐지입니다. 4년 연속 적자이면서 관리종목인 친구는 아예 쳐다보지 말아주세요.

전환일이 얼마 안 남은 종목

두 번째 사항은 저도 정말 1년에 서너 번씩 당하는 일입니다. CB 전환일이나 BW 전환일 등은 정말 꼼꼼히 살피지 않는 한 놓치기 쉽거든요. 아주 가끔이지만 한 번 당하면 −20%는 하루 만에도 나오니 무척 피곤합니다. 보호예수가 풀리는 애들도 정말 주의해야 하고 스톡옵션 행사일도 다 피해야 합니다.

저는 이를 '지뢰 밟았다'라고 표현합니다. 정말이지, 제가 이것 때문에 앱 개발 중입니다. 종목 검색하면 각종 주요 정보와 함께 위험 요소를 평가해주는 앱이요.

자기자본 대비 적자 50% 이상 기록

최근 3년간 자기자본 대비 적자 50% 이상이 2회 이상 나오면 무조건 관리종목 지정입니다. 그리고 다음 해에도 연속으로 나오면 즉시 상장폐지 사유가 되고요. 정말 무서운 사유인데 이 내용을 잘 모르는 사람이 많더군요. 대부분 개미 투자자는 4년 연속 적자 정도만 봅니다.

마침 지난 2021년 11월 15일, 관련 이슈 때문에 쓴 글이 있습니다. 베스파라는 실제 종목을 들어 자세하게 설명하겠습니다.

보통 코스닥 종목은 4년 연속 별도 기준 영업적자가 나오면 관리종목으로 편입하고, 5년 연속이면 상장폐지입니다. 그런데 사실 5년 연속이 아닙니다. 관리종목 편입 이후 같은 이유가 또 '연속'해서 나오면 상장폐지가 되는 알고리즘입니다.

베스파가 관리종목으로 지정된 이유는 4년 연속 영업적자를 기록해서가 아닙니다. 적자는 3년 연속이었어요. 실질 사유는 법인세 차감 전 순손실이 자기자본 대비 50%를 넘겨서입니다. 자본시장법은 3개년 중 2년간 '법인세 차감 전 순손실이 자기자본 대비 50% 이상'나면 관리종목으로 지정합니다.

관리종목 지정 후 다음 해에도 '법인세 차감 전 순이익이 자기자본 대비 50% 이상'이 '연속'해서 나오면 즉시 상장폐지시킵니다. 즉시예요.

베스파는 지난 금요일인 11월 12일 공시를 통해 3분기 실적을 발표했습니다.

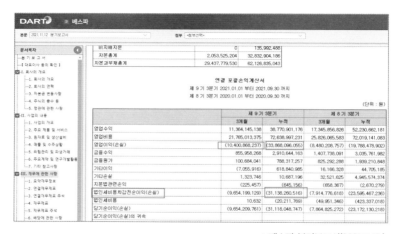

△ 베스파 분기보고서(2021.11.12.).

이 회사는 3분기 연속 적자를 냈습니다. 법인세 차감 전 순손실은 −310억입니다. 이 손실이 자기자본의 50%를 넘을 경우 내년 감사보고서와 함께 즉시 상장폐지됩니다.

좀 더 내려가서 자본변동표에서 기초 자본을 봅시다. 2021년 기준 328억입니다. 328억의 50%, 즉 −164억 이상 손실이 나면 바로 상장폐지라는 뜻이죠. 그런데 3분기까지만 해도 −310억 손실이죠. 게다가 손실이 −18억만 더 나오면 '완전 자본잠식'입니다. 자본시장법상 즉시 상장폐지 사유입니다. 매달 평균 −30씩 손실이 나고 있으므로, 사실상 이미 거의 확정적으로 상장폐지 사유를 두 가지나 충족한 겁니다.

피할 방법이 있을까요?

4분기에 200억 이상 순이익이 나면 이 회사는 상장폐지를 모면합니다.
−310억(3분기까지) + 200억 흑자(4분기) = −110억이죠? 328억(2021년 기초 자본금) − 110억 = 결산 자본금은 218억이 되는 거고, 여기에 −110억이니 아슬아슬하게 −50% 수준이 안 되는 겁니다.
하지만 4분기에 출시한 〈타임디펜더스〉 등은 모두 망했습니다.
실적으로는 이미 방법이 없습니다.
4분기에는 적자가 더 나오게 돼요. −200억까지도 날 수 있습니다. 대부분 상장사는 평가손 이슈가 4분기에 붙거든요. 완전 자본잠식으로 즉시 상장폐지될 가능성이 큽니다.

그럼 이 회사가 살아날 방법은 단 하나 남습니다. 자본금이 압도적으로 커지면 됩니다. 지금 328억 기초 자본금에 손실 −400억(좋은 상황 가정)이 나면 −72억입니다. 그럼 여기서 1000억의 제3자배정 투자를 받으면 어떨까요? 자본금 928억(1000억+328억−400억)에 −400억 적자면 50%를 넘깁니다.
그런데 말입니다. 지금 이 회사 시총이 600억입니다.
시총 600억짜리 회사에 1000억을 넣어줄 회사는 있을까요?
'아!! 그럼 주주배정 유증을 하면 되겠구나!!'라고 생각하시는 분들 계실 겁니다.
하지만 관리종목은 거래소에서 주주배정 유증을 허락하지 않습니다. 주주 보호 측면에서요.
'아!! 그럼 CB 발행해서 자본금 확충하면 되겠구나!!'라고 생각하시는 분들 계실 겁니다.
이제 CB 발행해도 주가 오르면 위로 리픽싱됩니다. 아무도 CB 투자 안 해요.

베스파를 반면교사 삼아서 다른 관리종목들도 주의하세요.
3년 동안 한 번이라도 법인세 차감 전 순손실 50% 이상 나온 종목은 이 방법으로 계산하셔서 위험 요소를 미리 벗어나셔야 합니다.
즉, 바로 탈출하십시오. 정리매매 들어가면 1/20 토막입니다.

2022년 1월, 다시 차트를 확인해보았습니다. 계속해서 우하향 중이지만 사는 사람들이 있습니다. 네이버 종목 토론방 등에 가보면 투자를 받거나 2022년에 신작을 출시하여 살아날 거라고 생각하는 투자자가 여전히 많습니다. 하지만 법리상 불가능한 겁니다. 이미 매매동향(주체별 수급)을 보면 기존 기관 투자자들이 다 매도 중이죠.

그럼에도 희망을 갖는 개인 투자자들이 있습니다. 게시판을

△ 베스파 차트.

△ 베스파 매매 동향.

읽어보면 누군가는 진실을 쓰고 있지만 자기가 믿고 싶은 것만 믿죠. 그래서 알아야 합니다. 아는 만큼 리스크도 피할 수 있다고 생각합니다.

|덧붙임|

출간을 앞두고 다시 확인해보았습니다. 2022년 2월 9일 자로 결국 거래정지되었네요.

관리종목과 환기종목

관리종목과 환기종목은 스스로에게 다짐하는 기피 종목군입니다. 관리종목은 지금 당장 거래정지된다 해도 이상하지 않은 종목입니다. 환기종목 역시 주의해야 합니다. 어차피 2300개 종목이 있으니 굳이 하지 않는 게 최소한의 리스크 관리죠.

스팩주와 우선주

스팩주를 잘 모르고 매매하시는 경우도 많은 것 같습니다. 스팩(SPAC, Special Purpose Acqusition Company)이란 기업인수목적회사를 말합니다. 펀딩 하듯 개인 투자자들의 자금을 공개적으로 모아 비상장사를 합병할 목적으로 특별 상장하는 서류상의 회사입니다. 주목적은 괜찮은 회사를 찾아 합병에 성공하여 기대감으로 주가가 상승하면 이를 통해 이익을 실현하는 것입니다. 증시 상장이 되기 때문에 주식 매매를 통해 투자금은 언제든지 회수할 수 있고요.

스팩주의 장점은 3년간 합병을 못 할 시에도 (상장폐지되면서) 상장 당시 가격에 이자를 얹어 돌려준다는 겁니다. 공모가에 산다면 이익은 확정이죠(우리나라 스팩 공모가는 보통 2000원입니다). 그런데 합병하려는 비상장사 입장에서는 스팩주 가격이 오르면 합병 비율이 불리해지기 때문에 선호하지 하지 않습니다. 즉, 스팩주는 가격이 오르면 이득이 없는 겁니다.

더군다나 유통 비율이 낮고, 저시총주라는 이유로 투기 세력이 작전을 자주 겁니다. 요즘 핫하다지만, 개미들은 피해 보기 일 쑤입니다.

우선주(preferred stock)는 '삼성전자우'처럼 종목 뒤에 '우'가 붙는 종목입니다. 일반적인 주식은 보통주로 의결권이 있습니다. 그러나 우선주는 의결권이 없는 대신 보통주보다 이익배당 우선순위가 높습니다.

저는 우선주 역시 매매하지 않습니다. 우선주는 거래량이 극도로 부족한 저유동성 종목이기 때문이죠. 한번 물리면 몇 년을 고생할 수 있습니다. 같은 이유로 우선주 역시 작전 세력이 잘 건드립니다. 우선주로 돈 버는 초보 투자자가 많은데요. 그건 순전히 '운'입니다. 접근하지 말아야 합니다.

남이 추천한 종목

투자로 성공하려면 독립심이 강해야 합니다. 남이 추천한 종목은 어떤 상황이 되더라도 자신이 생각한 게 아니므로 그 사람에게 의존하게 됩니다. 그런 식으로는 절대로 수저를 못 바꿉니다. 수익을 낸다 하더라도 아무것도 배우지 못했기 때문에 오히려 다음번에 더 큰 손해를 입을 수 있습니다.

주변을 둘러보세요. 종목 추천받아서 부자가 된 사람 있나요? 투자자라면 자신의 눈과 실력으로 찾아야 합니다. 저는 제 주변의 대가들이 추천하더라도 사지 않습니다. 예의상 극소량 사두고 주가가 오르면 "덕분에 잘 먹었다" 하며 수익금 털어서 선물을 사주거나 식사를 대접합니다. 저는 제가 찾은 종목으로 매매해야 큰 수익을 낸다는 걸 알기 때문입니다. 언제나 저는 제가 준비한 만큼만 먹습니다.

특히 돈 주고 종목 추천을 받아야 할 정도면 주식 투자를 하기에는 아직 부족한 실력이란 걸 자인하는 겁니다. 시중에서는 90% 이상의 적중률을 가진 기법을 판매한다는 글을 자주 볼 수 있습니다. '전설의 시초가 매매법', '자산 얼마를 모은 XX 기법' 등 참 많죠. 저는 그 기법을 판매하는 사람 혹은 회사가 90% 이상의 확률로 수익을 거두고 있더라도 그 기법을 구매한 사람의 99% 이상은 손실을 내고 있을 거라고 확신합니다.

그 기법을 만든 사람도 그 기법을 만들기까지 적어도 10년 이상이 걸렸을 것이고, 그 기법을 만드는 동안 무수한 손실을 경험했을 겁니다. 그 과정에서 조금씩 조율하면서 자신만의 기법을 완성한 겁니다. 즉, 그 기법을 만든 사람도 그 기법에 확신을 갖는 데 10년 이상 걸렸는데, 그걸 그냥 돈 주고 산 사람은 얼마나 더 오래 걸릴까요? 그러니 전문가의 기법을 사는 행동은 정신 나간 행동입니다.

그리고… 삼성전자

마지막으로 삼성전자입니다. 이건 약간 반어법인데요.

약세장이나 하락장에서 다시 상승장으로 접어들 때 사람들은 삼성전자 주식을 삽니다. 삼성전자가 망하면 대한민국이 망할 테니 가장 안전한 자산이라고 생각하면서요. 하지만 삼성전자는 그렇게 많은 사람이 사지만 가장 늦게 오르는 편입니다. 빠질 때도 가장 늦게 빠지고요. 그만큼 안전한 종목이지만 이 종목으로 개미 투자자가 큰돈을 벌 수는 없어요.

그리고 삼성전자에 투자하는 사람들의 목적은 아주 다양합니다. 호재로 삼성전자를 매수하는 주체는 오로지 호구 개미뿐이라고 해도 과언이 아닙니다.

기관들은 삼성전자 주식을 사는 매수 주체의 수만큼 다양한 이유로 삼성전자 주식을 사고팝니다. 기관들은 개인 투자자들이 상상도 할 수 없는 양의 정보를 가지고 접근합니다. 그에 반해 개인 투자자들은 A4 용지에 반 페이지도 못 채울 정도의 정보만 가지고 접근합니다. 그러니까 삼성전자를 산 개미 투자자들은 "대체 왜 빠지는 거야?"라는 말을 입에 달고 살게 됩니다.

14장

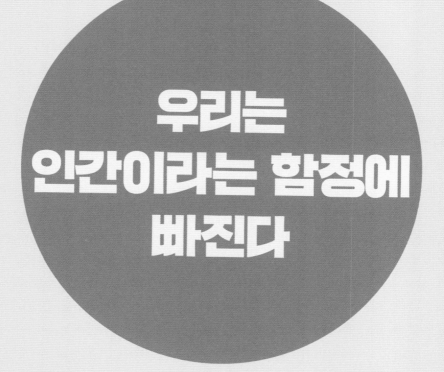

우리는
인간이라는 함정에
빠진다

인간의 심리 결정 구조를 보면 각자의 삶과 경험칙에 따라 매우 직접적이고 단순하게 의사결정을 합니다. 각자의 상식(이라고 쓰고 편견이라고 읽는다)과 지적 능력으로 매 순간 빠르게 결정을 내리고 행동합니다. 머릿속에서 복잡한 과정을 거치는 것 같지만, 사실은 꾸준히 쌓아온 경험칙에 따라 직관적으로 결정하는 것이죠. 이를 심리학에서는 '휴리스틱'이라고 부릅니다.

간단한 예로, 문고리가 달려 있는 문을 마주쳤다고 가정해보죠. 우리는 당연히 앞으로 밀어서 열려고 합니다. 그런데 문이 안 열립니다. 이번엔 당겨보죠. 꿈쩍도 하지 않습니다. 어리둥절해하는데 그제서야 옆으로 밀라는 화살표 표시가 눈에 들어옵니다. 미닫이문이었던 거죠.

인간은 본능적으로 자기가 계속 봐온 것을 당연하게 받아들이고, 이는 '편향'이라는 결과를 가져옵니다. 우리의 상식이나 지식은 '제한적인 합리성' 내에서 쌓아온 것에 불과하다는 이야기죠.

주식 이야기로 돌아오겠습니다. 인간은 각자의 휴리스틱을 통해 실시간으로 투자에 관해 판단하게 되는데 문제는 이 판단이 매번 같지가 않다는 것입니다. 또한 불확실성이 커지면 인간의 결정은 매우 매우 매우 복잡하면서도 비합리적이고 변덕스러워집니다. 투자를 하는 사람들은 이 사실을 냉정하게 자각하고 있어야 합니다.

불확실성과 매수 선택

두 명이 있습니다.

> **김수진은 시드머니 500만 원에서 수익을 내 1억을 만들었습니다.**
> **임치호는 처음부터 10억으로 시작해 11억으로 불렸습니다.**

500만 원으로 시작한 김수진에게는 1억이라는 자산이 엄청난 성공을 의미합니다. 반면 10억이 11억이 된 임치호에게는 1억이 큰 차이를 가져오지 않습니다. 똑같은 1억이지만 김수진과 임치호에게는 효용이 다르다는 이야기입니다.

놀랍게도 이 차이는 불확실한 상황에서 나타나는 '위험회피' 성향에 강한 영향을 미칩니다. 주식에서는 '리스크 관리'를 말합니다.

돈은 버는 것은 무조건 좋지만, 처음 1000만 원을 번 경험이 두 번째 1000만 원을 번 경험보다 효용이 높고, 두 번째 1000만 원을 번 경험이 세 번째 1000만 원을 번 경험보다 더 효용이 높다는 이야기예요. 효용이 높다 = 기분이 좋다로 해석해도 같습니다.

좀 더 들어가볼까요.

두 가지 선택지가 있습니다.

A: 100% 확률로 1000만 원을 벌 수 있다.

B: 50% 확률로 2000만 원을 벌거나, 한 푼도 받지 못한다.

이때 사람들 대부분이 A를 선택합니다.

A는 처음 1000만 원을 얻는 것이고 B는 1000만 원을 얻고 난 후 두 번째 1000만 원을 얻는 효용이죠. 그러나 B는 50% 확률로 첫 번째 1000만 원을 날릴 위험이 있습니다. 그렇기 때문에 B를 선택하지 않게 됩니다.

불확실한 상황에서 인간은 기본적으로 이렇게 결정합니다. 그런데 여기서 재미있는 일이 벌어집니다.

10억이 있는 임치호에 비해 500만 원이 있는 김수진은 B를 선택할 확률이 압도적으로 높아집니다. 확실한 1000만 원과 불확실한 2000만 원이라는 같은 조건이지만, 얻는 효용이 너무나도 다르기 때문이죠. 그래서 인간의 심리가 재미있습니다.

위의 선택지에서 B를 선택한 분은 '주식을 못하는 부류'에 속할 확률이 높습니다. A를 택한 분은 리스크 관리를 하고 있고(위험 회피를 하고), B를 택한 분은 리스크 관리를 안 하고 있죠(좋게 말해서 리스크 테이킹을 하고 있죠).

주식 매수에 관한 선택에 적용해보면 이렇게 말할 수 있겠죠. '자본이 충분한 사람은 좀 더 안전 지향 투자를 하게 되고, 그렇지 않은 사람은 좀 더 위험을 감수하는 투자를 하게 된다.'

다시 말하면 자산이 많아지면 **'불확실성이 같은 상황에서'** 더 안전한 판단을 하기 때문에 오히려 자산이 꾸준하게 쌓입니다. 반면에 자산이 적거나 줄고 있는 경우에는 계속 도박하는 것처럼 판단하게 되는 것입니다.

저도 처음에는 B를 선택하는 사람이었습니다. 지금은 명확히 A를 선택하는 사람이지만요.

불확실성과 매도 선택

불확실성에 대한 인간의 심리는 이렇게 매수 선택에서만 작동하는 게 아닙니다. 매도를 할 때도 작용합니다.

주식 투자로 돈을 버는 방법은 무엇일까요? 싸게 사서 비싸게 팔면 될 겁니다. 수익 났을 때 팔지 말고 길게 가져가면 되고, 손실이 났을 때 빨리 손절하면 됩니다.

하지만 이는 인간의 본능에 역행하는 행동이에요. 인간은 기본적으로 불확실한 기회에 탐닉하는 본능이 있습니다. 불확실성에서 얻는 이익으로 굉장히 큰 쾌감과 기쁨, 유혹을 느끼죠.

그래서 매달 정해진 월급 200만~300만 원이 들어오는 것보다 로또 5000원짜리로 30만 원 당첨되는 일에 더 큰 흥분을 느낍니다.

스탠퍼드 대학교의 논문에 따르면 도박사, 도박 중독자들은 베팅에 성공했을 때 당연히 뇌의 도파민이 크게 분비되는데, '안타깝게' '한 끗 차이로' 실패했을 때도 '와, 아깝다!'라는 반응과 함께 베팅에 성공했을 때와 같은 수준으로 도파민이 분비됩니다. 바로 이것이 인간의 본능입니다.

그래서 인간은 주식이라는 불확실한 수익에 더 큰 유혹을 느끼게 됩니다.

특히 단타 매매자의 경우 거의 수익을 낼 뻔한 순간의 희열이 수익이 확정될 때만큼 많은 도파민 분비와 연결되기 때문에 더욱더 쉽게 중독됩니다. 자주 그 순간을 맛보는 만큼 더 빠져나오기 어려워지죠.

모바일 게임에서 욕을 먹고 있지만 확률형 아이템이 사용자에게 제공하는 짜릿함은 사실 인간의 본능을 자극하는 훌륭한 비즈니스 모델이죠. 욕하면서도 게임 속 아이템 박스를 열면서 '제발 좋은 아이템이 나오길' 기도하는 모습은 흔하게 볼 수 있습니다. 게임 속 아이템을 강화하다가 실패하면 모든 것을 잃을 수 있음에도 인간은 성공할 때의 큰 이익을 기대하면서 몇 번이고 시도하죠.

이러한 불확실성에 대한 탐닉은 주식에서도 그대로 적용됩니다.

누구나 손실을 기대하면서 매수하지는 않을 겁니다. 언제나 수익이 나올 것을 상상하면서 매수를 시작하죠. 초보 투자자는 주식을 사는 순간부터 마음이 요동칩니다.

그리고 보통 초보 투자자들은 분할매수? 그런 거 없습니다. 한 호가에 왕창 사고 오르기만을 기도합니다. 하지만 현실에서는 절대 그런 일이 일어나지 않죠. 일단 평가손실로 시작합니다. 그리고 주가는 계속 빠지죠.

처음에 확신에 찼던 마음가짐은 온데간데없고 하염없이 빠지는 주가에 애먼 속만 태웁니다. 이런 상황에서 인간은 기도를 합니다. '기사만 나오면 갈 거야', '내가 아는 호재가 나오면 갈 거야', '공시가 나오면 갈 거야'라고 주문을 걸며 손실 구간에서 손절하기보다 불확실성에 기댑니다.

그러다가 수익으로 바뀌면 불확실성에서 벗어나고 싶어 하는 본능이 고개를 들며 최대한 빨리 수익 실현을 하고 싶어 안달합니다.

한참이나 물려 있다가 본전 근처에서 던지는 거죠. 그리고 주가는 저 하늘 높이 오르게 됩니다. 그걸 바라보며 자신의 손가락을 탓하죠.

손실 구간에서는 불확실성에 기대고, 수익 구간에서는 불확실성에서 벗어나려는 알고리즘이 있는 겁니다. 이런 알고리즘 속에서 인간은 수익일 때 빨리 팔고 손실일 때 버티면서 매매를 무척자주 하게 되죠. 많은 투자자가 가장 후회하는 '뇌동매매'가 바로이 알고리즘에 따라 움직인 겁니다.

이런 본능을 억누르려면 장기간 훈련하고 공부하고 노력해야합니다. 자신만의 투자 방법이 생겨야 이런 본능을 조금씩 제어할수 있게 됩니다.

수익이 날 때 긴장하지 말고 계획에 따라 수익 실현을 하세요. 또 손실이 날 때 희망 갖지 않고 원칙에 따라 손절해야 합니다. 이게 바로 '매매 원칙'을 확립하는 방법입니다. 주식 매매는 인간의 본능을 완전히 거스르는 행동입니다. 그걸 극복하려면 매매 원칙을 습관의 수준까지 올려야 합니다.

물론 말처럼 쉬운 일은 아니지만요.

한계효용과 손실회피 심리

연봉 5000만 원인 직장인이 갑자기 보너스 500만 원을 받으면 기분이 어떨까요?

"와! 대박! 사장님 감사합니다!!"

그런데 연봉 5억 원을 받는 직장인이 보너스 500만 원을 받으면 기분이 어떨까요?

"……."

아무 생각 없을 겁니다. 큰 효용이 없거든요.

같은 500만 원이지만 효용의 크기는 완전히 다른 겁니다. 자산이 적을수록 같은 돈의 '변화'에 더 큰 효용을 느끼고, 자산이 많아지면 '좋은 건 맞지만' 효용은 크게 줄어들게 됩니다.

바꿔 말하면 이 이야기는 자산이 늘어날수록 투자 성향이 바뀔 수밖에 없음을 의미합니다. 초기에는 단타로 시작한 사람이라도 자산 증가가 어느 수준을 넘어가면 다른 매매 방식을 선택할 수밖에 없다는 거죠.

저는 그 기점을 순자산 200억으로 생각합니다.

손실과 관련해서도 그렇습니다.

5000만 원 가진 개미가 500만 원 손실 볼 때의 고통과, 5억 원 가진 개미가 500만 원 손실 볼 때의 고통은 엄청나게 다릅니다.

문제는 위에서 두 개미가 각각 같은 500만 원을 벌 때의 기쁨보다 500만 원을 잃을 때의 고통이 몇 배 더 크다는 것입니다. 심지어 5억이 있다고 해도 500만 원 손해는 너무 싫을 것 같죠? 이것이 바로 인간의 손실회피 심리입니다. 위험회피 심리와는 달라요. 인간은 손실을 본능적으로 너무 싫어합니다.

그래서 정말 재미있는 문제가 생깁니다. 바로 **손실을 싫어해서 위험을 감수하게 된다는 것**입니다.

손실을 확정하기가 싫어서 손절을 안 하고, 혹시 모를 상승 가능성에 기댑니다. 바로 불확실성에 기대는 것, 손실을 피하는 것, 위험을 감수하는 것이 모두 같은 뜻을 지니게 되는 순간입니다.

이 심리를 명확하게 풀어내는 질문이 있습니다.

여러분은 현재 5000만 원을 가지고 있습니다. 그리고 아래 선택지 중 하나만 선택해야 합니다.

A. 확실하게 1000만 원을 얻는다.

B. 50% 확률로 2000만 원을 얻거나 50% 확률로 한 푼도 얻지 못한다.

질문을 주의 깊게 읽고 답을 적어보세요.

이번엔 다른 질문입니다.

여러분은 현재 7000만 원을 가지고 있습니다. 그리고 아래 선택지 중 하나만 선택해야 합니다.

A. 확실하게 1000만 원을 잃는다.

B. 50% 확률로 2000만 원을 잃거나 50% 확률로 하나도 잃지 않는다.

질문을 매우 주의 깊게 읽고 답을 적어보세요.

아마 B, A 혹은 A, B를 골랐을 겁니다. (AA나 BB는 좀 이상한 분입니다. ^^;;)

첫 번째 질문은 수익 상황에서 나타나는 선택 심리에 대한 문제이고, 두 번째 질문은 손실 상황에서 나타나는 선택 심리에 관한 문제입니다.

첫 번째 질문에서 인간은 수익을 결정해야 하는 상황에서는 가능한 한 위험을 회피하고 수익을 확정 지으려고 합니다. 그래서 A를 고르는 비율이 압도적으로 높습니다.

반면 두 번째 질문은 손실을 결정해야 하는 질문인데요. 인간은 손실을 어떻게든 피하고 싶어 하기 때문에 50%의 손실을 보지 않을 수 있는 선택을 고르는 비율이 압도적으로 높습니다.

여기까지 읽으면 아마 눈치채는 분들이 있을 겁니다. 두 질문은 같은 질문이에요. 둘 다 A를 고르면 6000만 원이 되고요. B를 고르면 5000만 원 혹은 7000만 원이 됩니다.

하지만 대부분 BA 혹은 AB를 고르게 되니 참 신기하죠.

이 손실회피 경향만 마음 속에 잘 새겨두어도 손절이 덜 무서워질 겁니다. 이 손실회피 심리를 잘 제어해야 정말 큰 손실을 보지 않습니다. 이미 주변의 온갖 시그널이 손절하라고 외치고 있는데 손실회피 심리 때문에 외면하고 있다면 결과는 뻔하겠지요.

사이버머니 심리와 원금회복 심리

도박에 중독되는 사람들은 원래부터 이상한 사람들이었을까요? 그렇지 않습니다. 평범한 사람일수록 궁지에 몰리면 극단적인 도박에 빠져든다고 생각합니다.

오히려 냉철한 이성을 가진 특별한 사람들만이 도박사로서 이름을 알리고 그 자리에서 버틸 수 있죠. 앞에서 언급한 수익과 손실 상황에서의 선택은 주식에서는 물론 도박에도 적용됩니다.

명절이 되면 가족, 친지들과 함께 고스톱이나 포커를 하는 분이 많습니다. 그때 게임에서 돈을 따고 있는 분들은 그걸 실제 돈으로 생각하지 않습니다. 게임머니로 생각하죠.

도박장에서도 비슷한 경우가 나타납니다. 도박은 칩으로 하잖아요? 그래서 더욱 현금으로 생각하지 않게 됩니다. 이는 주식에도 적용됩니다. 주식 계좌에 있는 돈은 신용이나 미수로 갑자기 확 불어나기도 하는데 그러면 더더욱 실제 돈으로 생각하지 않게 됩니다.

사실 주식하시는 분들은 종종 계좌의 돈을 사이버머니로 생각합니다. 여러분이 도박이든 주식이든 명절 고스톱(응·??)이든 해서 원금 500만 원으로 2000만 원을 벌었다고 칩시다.

그럼 보통 이렇게 생각하지 않을까요?

원금은 별도로 분리하고 수익금만 가지고 '추가 베팅(투자)을 하자'고요.

그리고 상황은 이렇게 흘러갑니다. '어차피 잃어도 본전이니까'라면서 처음보다 더 경솔하고 과감하게 베팅(투자)을 하게 됩니다. 결국 쉽게 번 돈은 쉽게 나간다는 이야기죠. 분명 같은 돈인데 도박이나 주식으로 벌어들인 돈은 다른 돈으로 생각하는 겁니다.

이렇게 최근에 얻은 수익을 과감하게 재투자하려는 심리는 시장에 거품을 만들어냅니다. 1990년대 미국 개인 투자자들은 주식 투자에 계속 집중했습니다. 이미 벌어들인 수익이 충분하기 때문에 장이 하락하더라도 수익만 까먹을 테니 괜찮다고 생각한 거죠.

2020년과 2021년을 아우르는 현재와 놀랍도록 일치하지 않나요?

이런 사이버머니 심리 상태에서는 수익금만으로 주식을 하고 있더라도 마음속으로는 최고 수익을 얻었을 때의 평가 금액을 '원금'으로 생각한다는 것이 문제입니다.

그 최고 수익을 잊지 못해 꼬불쳐둔 원금에 비상금까지 다 털어 넣는 경우가 허다합니다. 그러다 손실을 보면 평범한 사람조차 필사적으로 손실을 막기 위해 무모한 베팅을 감행합니다.

그렇기 때문에 투자자는 손실을 보고 있는 상황 자체를 극히 새롭게 봐야 합니다. **손실로 들어서는 순간 자신의 판단은 정상과 이성의 범주를 넘어서 있을 가능성이 매우 높다는 것을 인지해야 합니다.** 아무리 정상적인 사람이라도 손실로 진입하는 순간 손실회피 본능이 강해지면서 위험을 감수하게 되고 도박 같은 투자로 이어질 확률이 매우 높다는 것.

그렇기 때문에 '원금회복 심리'는 주식 투자자에게 최고, 최악의 적입니다.

명심하세요. 정말 명심하세요. 정말 정말 아무리 강조해도 부족하지 않습니다. 자신의 마음속에 '원금회복'이라는 게 떠올랐다면, 이미 정상적으로 사고하지 못하는 상황이라는 겁니다. 당신이 초인적으로 냉철한 이성의 소유자가 아닌 한 상황은 더욱 악화될 테니, 어서 손절하거나 제삼자에게 조언을 구하세요.

단타 성향 고집

시장이 성장하는 한 우량주는 버티면 수익이 나게 돼 있습니다. 다만 대형주의 경우 길게는 5년에서 10년 동안 물릴 수 있다는 게 함정이죠. 장기 투자를 하면 보통 얻을 수 있는 소득이 크긴 합니다. 클 확률이 높습니다. 잘 잡은 스윙은 정말 짧은 시간에 큰 수익을 가져다주죠. 하지만 그럼에도 단타가 주는 매력이 분명 있습니다.

한계효용에 관한 이야기에서도 설명드렸지만 '지금' 얻는 기쁨이 나중에 시간이 흘러서 얻는 기쁨보다 비교할 바 없이 크기 때문입니다. 그래서 수익을 바로 한정 짓게 되죠.

장기 투자가 주는 큰 수익을 고빈도 매매를 함으로써 넘어설 수 있다는 것도 핑계가 됩니다. 실제로 제가 2015년부터 2017년 말까지 그렇게 자산을 불렸고요. 고빈도 매매를 하려면 장기 투자자보다 몇 배, 몇십 배 공부하고 더 많은 종목을 알아야 합니다.

하지만 자본이 증가하면 단타에서 벗어나는 연습을 해야 합니다. 아무리 그 과정이 재미있고 흥미롭더라도 다양한 포트폴리오로 확장해야 합니다. 언제까지고 단타로 할 수 있다는 자신감은 나이가 들면서 자만감으로 쉽게 바뀌게 됩니다. 그리고 실수로 이어지죠. 실수는 다른 게 아니에요. 인지가 늦어지는 것입니다.

나이가 들면 인정해야 하는 게 있습니다. 바로 '속도의 차이'입니다. 체력과 정신력의 정점을 넘어서면 속도가 많이 느려집니다. 육체적인 측면도 있지만 정신적으로도 판단 속도가 느려지게 돼 있어요.

이는 트렌드를 읽어내는 안목에서 가장 명확하게 드러납니다. 나이가 들면서 익숙한 것에 머무르려고 하고 새로운 것을 낯설어하는 본능이 더 강해지거든요. 그러면서 변화의 흐름을 빠르게 읽지 못하는 경우가 늘어납니다. 그렇게 조금씩 늦어지다가 치명적인 실수를 한 번이라도 하는 날엔 많은 것을 잃을 수 있습니다.

먼 곳을 바라볼 줄도 알아야 해요. 눈앞의 이익만 보는 습관 때문에 먼 미래를 보는 능력이 축소되는 겁니다. 먼 미래의 즐거움을 상상하고 원본 그대로 보려는 노력을 일찍부터 시작해야 합니다.

처음에는 작게 시작하더라도 계속해서 더 큰 투자를 하도록 신경 써주세요. 자본금이 적을 때는 호가가 얼마 없고 거래량이 적은 종목에서도 수익을 낼 수 있습니다. 하지만 그런 종목에 묶여서는 안 됩니다. 큰 기대를 하지 말고, 들어가더라도 작은 수익에 감사하면서 최대한 빨리 나와야 합니다.

물론 주식 실력이 늘어서 어떤 매매라도 자신 있게 된 투자자라면 상관없습니다. 하지만 초보자라면 처음부터 길을 잘 들이셔야 해요.

눈을 가리는 확증편향

인간은 어떤 주장을 반박하는 사실을 찾기보다는 그 주장이 맞다는 증거를 찾으려는 본능이 있습니다. 그래서 자신이 맞다고 생각한 사실이 있으면 지속적으로 맞는 증거만 찾으려고 하죠. 이를 **확증편향**이라고 합니다.

인간은 일단 자신의 예언이 맞아떨어지기를 바라거든요. 이게 꼭 나쁜 건 아닙니다. 자신의 신념을 지키기 위해 그에 따라 행동하고 그에 맞는 결과를 얻을 수 있으니까요. 인간의 뇌는 과거에 일어난 일들을 패턴화해서 미래를 유추하는 특성이 있습니다. 심지어는 아무런 관련 없이 일어난 일들도 하나의 스토리로 엮어 생각하는 습성이 있지요.

하지만 주식시장은 변수가 너무 많은 데다가 그 변수들끼리

또 영향을 미칩니다. 그래서 오히려 이런 추론은 실패로 귀결될 때가 많습니다. 시작할 때의 관점이 잘못되면 방향도 잘못되는 거죠.

자신이 투자한 종목에서 '호재'는 더 크게 평가하고 '악재'는 작게 보게 되거든요. 그래서 자신의 판단과 맞는 호재가 나와 주가가 오를수록 더 크게 확신하면서 포트폴리오를 늘리는 선택을 하게 되고, 이미 자신의 판단과 다른 악재가 드러나 주가가 하락하는데도 인정하지 않고 버티게 됩니다.

이 확증편향은 초심자에게 아주 빈번히 발견됩니다. 주식 투자를 처음 하는 사람은 주식시장이 좋을 때 시작하는 경우가 많습니다. 누구나 좋다고 할 때 시작하죠. 그래서 수익을 거두는 경우가 많습니다. 이를테면 초심자의 행운이죠. 문제는 이 행운을 실력으로 생각할 때입니다. 근거 없는 자신감 때문에 무리한 투자에 나서게 될 때 특히 문제가 됩니다. 자신의 판단과 다른 결과가 나오고 있음에도 자신의 실력과 잘못을 인정하지 않고 '외부'에서 잘못을 찾습니다. 이제 번 돈을 까먹기 시작하죠.

확증편향은 경험 많은 투자자가 사로잡혔을 때 가장 무섭습니다. 경험과 지식이 풍부하다 보니 자신의 투자를 과신하게 됩니다. 그래서 투자에 관한 판단이 틀어졌음에도 자신을 믿고 포트폴리오를 과도하게 늘립니다. 소위 물타기를 시전하죠. 이미 발생한 악재를 매우 낮춰 본 겁니다. 그래서 돌이킬 수 없는 손실을 입기도 합니다.

그런데 여기서 문제가 더 커집니다. 실패한 투자는 실패로 인정하고 끝나면 되는데요. 이를 자신의 '내부' 문제에서 찾습니다.

자신을 맹신한 나머지 자신의 부족한 '어떤 부분'만 고치면 다음 투자는 성공할 수 있다고 착각합니다. 확증편향임을 인정하는 것 외에는 방도가 없습니다.

'누구나 모든 것을 알 수 없고, 누구나 틀릴 수 있다'라는 열린 마음으로 모든 사실을 가감 없이 받아들여야 한다고 생각합니다.

고수들은 테마주에서 실수하는 경향이 있습니다. 정치, 에너지, 수소, 원자재, 소비재, 여행 그 어떤 테마라고 하더라도 자신의 판단을 너무 과신하면 큰 손실을 입기 십상입니다. 테마주의 변동성 때문에 한 번의 판단 미스는 치명적인 손실을 낳을 수 있습니다.

주식은 오디션 프로그램입니다. 자신의 기준이 아니라 남이 보기에 잘하는 사람을 골라야 우승자를 맞힐(수익을 낼) 수 있습니다. 나만 멋지다고 생각한 참가자는 우승할 수 없습니다. 다른 사람도 멋지다고 생각해야죠.

우리가 주식을 사는 궁극적인 이유는 뭘까요. 가치가 오를 거라고 생각하기 때문일 겁니다. 그리고 나뿐만 아니라 다른 사람들도 해당 주식의 가치가 오를 거라고 판단할 만한 종목을 고르는 겁니다. 내가 먼저 판단하고 다른 투자자도 똑같이 해당 주식의 미래 전망을 밝게 볼 주식을 고르는 것이 투자입니다. 다만 투자 스타일에 따라 다른 사람들이 좋게 보기까지 필요한 기간은 며칠일 수도 있고 몇 달, 몇 년 후일 수도 있습니다. 당일일 수도 있고요.

기간이 어떻든 나만 좋게 보는 확증편향은 주식 투자에서 극히 경계해야 하는 요소입니다. 아무도 좋게 보지 않는다면 주식은 오르지 않고 횡보하거나 빠질 테니까요.

확증편향을 막기 위해서는 무엇보다 겸손해야 합니다. 자신의 실력에 대한 과도한 자신감은 자만으로 변질되기 쉽습니다. 또 극단적으로 잘될 거라는 예상은 금물입니다. 언제나 자기 생각대로 안 될 가능성이 있다는 걸 염두에 둬야 합니다. 갑자기 급등이 나타나서 큰 시세가 나오는 경우에는 무조건 일부라도 수익 실현을 시작하세요. 급등하면 더 오를 것 같은 환상에 빠지지만 착각일 뿐입니다.

모두가 나처럼 생각할 거라고 생각하지 마세요. 일단 내 포트폴리오에 들어오면 객관성을 잃기 쉽습니다. 내 투자 아이디어가 맞을지 남들과 이야기해보고 귀담아들으세요. 내 주장이 틀렸다고 지적받으면 손해 볼 뻔한 위험을 넘겼다고 생각해주세요.

마지막으로 **너무 '지금'만 바라보지 마세요.** 인간의 본능은 원래 나중보다 지금 당장을 선호합니다. 그래도 주식이 아니라 예금이었다면 연 5%만 준다고 해도 껌뻑 죽을 거 아닙니까? 그런데 왜 주식에서는 무조건 더 많이 벌어야 한다고 생각하시나요. 처음에는 단타로 시작하더라도 꾸준하게 더 큰 자본과 미래를 상상해주세요.

노력은 당연하다, 방향이 중요한 것

'이만큼 열심히 일했는데 왜 급여를 안 올려주지?'

'이렇게 열심히 일했는데 왜 승진시켜주지 않지?'

'나만큼 열심히 일하는 사람은 없는데 왜 인정해주지 않지?'

이 생각에 공감하는 분들 많죠? 제가 직장 생활 때 그랬거든요. 하루 16시간씩 소처럼 일했더니 정말 소인 줄 알고 부려먹기만 한다고 회사를 원망하곤 했어요. 제 밑에 부하 직원 한 명이 절실했는데, 회사에서는 계속 제 위로만 사람을 놓더라고요. 참 원망스러웠습니다.

그런데 제가 회사를 차리고 사람을 고용하니까 알겠더라고요. 오너 입장에서는 그 사람이 제 역할을 잘하는데 굳이 자리를 올리고 싶지 않아요. 그 일을 그렇게 잘하는 사람을 또 찾기는 어렵거든요. 일당백 역할을 하는 사람을 승진시키면 원래 하던 일을 맡기기 위해서 두 명, 세 명의 인력을 새로 뽑아야 하는데 영 비효율적이죠.

'아니, 이렇게 열심히 하고 있는데 어떻게 그럴 수 있지?' 하지만 오너 입장에서는 '그러라고 월급 주잖아' 이거 하나로 정리가 되는 겁니다. 승진을 원한다면 지금 하는 직무를 열심히 잘하는 게 문제가 아니라, 승진을 원하는 자리의 사람이 하는 일을 할 준비가 되어 있어야 하는 거였어요. 그런데 죽자고 자기 직무에 맞는 것만 해왔으니, 윗사람이 보기에는 굳이 좋고 쌩쌩한 부품을 교체할 필요가 없는 거죠.

주식도 마찬가지입니다. 정말로 주식을 잘하려면 시간과 노력을 들이는 건 당연한데요. 자기만족형의 노력을 죽도록 하는 건 잘하는 게 아닙니다. 중요한 건 방향입니다. 과거가 아니라 미래를 보면서 자기가 해야 할 매매를 명확히 생각하면서 지식을 쌓고 시그널을 보는 능력을 키워야 하는 거죠.

물론 말처럼 쉽지는 않습니다. 이런 말씀을 드리면 대부분 '그걸 어떻게 하는 거죠?', '노력을 어떻게 해야 하죠?' 이렇게 되묻더라고요. 살면서 생각을 해본 적이 많지 않아서 그래요. 시키는 것만 하는 데 익숙하고, 스스로 일을 만들어가면서 해본 경험이 부족한 겁니다. 한국식 교육이 그렇죠. 획일화된 '정답' 교육을 받으니까요.

체격이 건장한 남자가 있습니다. 어떤 문을 열려고 그것을 밉니다. 그런데 열리지 않아요. 조금 세게 밀어봅니다. 그래도 열리지 않네요. 팔을 걷어붙이고 있는 힘껏 밀어봅니다. 그래도 꼼짝 안 해요. 한동안 고생하던 남자는 결국 지쳐서 문 옆에 털썩 주저앉습니다.
그런데 한 남자가 걸어오더니 문을 가볍게 당깁니다.
쉽게 열리네요.

더 걱정되는 것은 이런 경우입니다.

문을 밀고 있는 남자에게 가서 "밀지 말고 당기셔야 합니다"라고 알려줍니다. 그런데 이렇게 대답하는 거죠.
"제가 너무 급해서요."
"급한 게 무슨 상관이에요. 당기는 거라니까요."
그래도 듣지를 않습니다.

"이미 밀기 시작한 거라 어쩔 수 없어요. 조금만 밀면 열릴 것 같아요…."

고집이 있는 거죠. 오픈 마인드가 안 되는 분들입니다. 준비가 안 됐는데 빚으로 주식을 하거나 주식으로 생활비를 마련해야 하는 분들이 종종 그런 경향이 있습니다. 급하니 주위의 말이 들어오지 않는 거죠.

노력은 당연합니다. 누구나 무언가를 달성하기 위해 노력과 시간을 들여야 합니다. 하지만 정작 투자를 하는 이유인 '수익'을 위한 핵심은 노력보다는 방향입니다. 잊지 말아주세요.

유목민의 즐겨찾기

다음은 제가 2015년부터 주식을 공부하면서 문턱이 닳도록 방문했던 곳들입니다. 과거에는 중요하게 보다가 요즘은 기계적으로 자동 매크로 설정으로 체크하고 자주 가지 않는 곳도 많습니다. 하지만 투자자라면 알아두면 좋습니다.

물론 1등은 다트입니다.

전자공시

• 금융감독원 전자공시시스템

dart.fss.or.kr

증시 일정

• 팍스넷 증시스케줄

월간, 연간 증시스케줄 제공

www.paxnet.co.kr/stock/

infoStock/issueCalendarMonth

• 한국IR협의회 IR캘린더

상장사 NDR 리스트

http://kirs.or.kr/support/

schedule.html

해외

• 심플리월스트리트

해외 상장사 지분 관계 확인

simplywall.st

- **미국 인플레이션 데이터**

  미국 인플레이션율 및 물가상승

  률 등 월 단위 업데이트

  ko.tradingeconomics.com/united-

  states/inflation-cpi

- **인베스팅**

  다우존스 개요 및 산업뉴스 확인

  www.investing.com/indices/us-30

- **인베스팅 원자재**

  원자재 현재가 및 등락 확인

  kr.investing.com/commodities

기업분석 리포트

- **한경 컨센서스**

  국내외 애널리스트 기업분석 리

  포트 DB

  consensus.hankyung.com

- **한국거래소 기업공시채널 KIND**

  기업분석리포트 검색(홈 > 상장법

  인상세정보 > 기업분석보고서 >

  기업분석리포트)

  kind.krx.co.kr

증시 현황

- **금융투자협회**

  증시 자금 추이와 반대매매 금액

  및 비율 확인

  freesis.kofia.or.kr

- **세이브로**

  의무보호예수 정보 검색(증권 >

  의무보호예수)

  seibro.or.kr

한국 경제

- **관세청 수출입 무역 통계**

  국가·품목·경제권별 수출입 통

  계·실적 확인

  unipass.customs.go.kr/ets

정책

- **대한민국 정책브리핑**

  정책뉴스, 정책브리핑(가장 빠른

  공식 사이트)

  www.korea.kr/news/

  policyNewsList.do

- **조달청 나라장터**

  전자조달, 공공기관 물자구매,

시설공사 입찰 정보

www.g2b.go.kr

경제·산업 동향

• **한국경제 속보**

국내외 실시간 속보 확인

www.hankyung.com/

realtime#202012010514i

• **더벨**

기업 움직임 및 주요 거래 뉴스

확인

www.thebell.co.kr

• **딜사이트**

자본시장 내 주요 거래 및 투자

정보 확인

dealsite.co.kr

• **빅카인즈**

뉴스빅데이터 분석서비스

www.bigkinds.or.kr

• **더그루**

경제 산업 뉴스(단독 기사가 많

은 곳)

www.theguru.co.kr/mobile

• **더브이씨(THE VC)**

한국 스타트업 투자 DB(회원가

입해야만 볼 수 있는 전문 벤처

기업 정보 전문 사이트. 투자자

들을 알아볼 수 있음)

thevc.kr/svinvestment

• **스몰캡 CEO**

상장사 대표 프로필 조회, 정치

테마주 인맥 조회

smallcapceo.com

암호화폐

• **코인마켓캡**

암호화폐 가격 및 시가총액 확인

coinmarketcap.com/ko

코로나19

• **식품의약품안전처 코로나19 보**

도자료

코로나19 백신·치료제 정보

www.mfds.go.kr/brd/m_99/list.do

• **코로나 현황**

국내외 코로나19 실시간 통계

coronaboard.kr

과학

- **동아사이언스**
  과학, 테크, 환경 관련 뉴스
  www.dongascience.com

- **네이처·네이처코리아**
  최신 과학·의학 정보 수록
  www.natureasia.com/ko-kr/nature
  www.nature.com

- **셀**
  생명과학 특화 학술지(소개하는
  논문 수는 적지만 긴 호흡으로
  깊이 있게 다룸)
  www.cell.com

- **미국국립과학원회보(PNAS)**
  오픈액세스 방식으로 최신 연구
  결과를 손쉽게 접할 수 있음
  www.pnas.org

- **뉴잉글랜드 의학저널(NEJM)**
  의학 연구 및 정보 확인
  www.nejm.org

바이오·제약

- **FDA 업데이트**
  FDA 승인 관련 최신 뉴스 업데
  이트
  newsfilter.io/latest/fda-approvals

- **의약품안전나라 의약품통합정보
  시스템**
  - 의약품 등 정보 검색
  - 식품의약품안전처 임상시험
    허가
  nedrug.mfds.go.kr

- **KIMS의약정보센터**
  유통·생산 중이거나 생산 중단
  된 의약품 정보 검색
  www.kimsonline.co.kr/
  drugcenter/search/retotalSearch?
  Keyword=chloroquine&Page=1&
  MarketStatus=AS

- **바이오스펙테이터**
  바이오·제약산업 뉴스 확인
  www.biospectator.com

- **생물학연구정보센터(BRIC)**
  생물학 연구 정보, 바이오 뉴스

검색

m.ibric.org/trend/news

법률

- **법률신문 한국법조인대관**

  법조인 정보 검색

  www.lawtimes.co.kr/lawman

- **로이슈**

  법조·정치·경제·산업 실시간

  뉴스(보도자료가 가장 빠른 곳)

  www.lawissue.co.kr

음악

- **빌보드 핫100**

  빌보드 음악 차트

  www.billboard.com/charts/hot-

  100

중국

- **중국 신문출판총서**

  온라인 게임 판호(서비스 허가

  번호) 발급 기관

  www.nppa.gov.cn

- **한주TV 중국 뉴스**

  중국 뉴스 확인

  m.hanjutv.cc

고수가 되기보다 고수를 곁에 둘 것

월급 독립에서 돈 독립까지

제가 첫 책인 『나의 월급 독립 프로젝트』를 쓴 때는 2017년 말이었어요. 그로부터 5년이 지났습니다. 이 기간에 가장 크게 바뀐 건 사실 '건강'이에요. 상장 주식 매매를 줄이고 펀드나 다른 대체 투자를 더 늘린 이유도 건강 악화 때문이었습니다.

2018년 4월에는 왼쪽 눈이 안 보이는 사태를 겪었습니다. 애초에 왼쪽 눈이 심한 난시여서 모니터 보는 게 많이 힘들었습니다. 이 글을 쓰는 2022년 3월의 어느 날에도 리포트를 작성하다 눈이 시려서 한바탕 눈물을 쏟았습니다. 병원에서는 "노안이 빨리 왔네요" 하더군요.

양쪽 어깨가 다 고장 났어요. 무려 3년 이상 재활을 할 정도로 심각했어요. 오른팔은 지금도 옆으로 잘 못 올립니다. 대학병원부터 한의원까지 안 가본 병원이 없었습니다. 다들 똑같은 처방을 주더군요. "원인 행위를 없애야 합니다"라고요. 주식을 하지 말라는 거죠. 그래서 주식을 줄였어요.

너무 아파서 우울한 날도 종종 있고, 불면증도 심해요. 수면 시간을 늘렸지만, 2~3시간 자던 습관 때문인지 2시간마다 깨고 잠들고를 반복하죠. 전부 주식하다가 얻은 부산물들입니다.

그렇다고 건강했던 과거로 돌아가고 싶냐고 묻는다면, 물론 '아닙니다'. 전쟁터에 나가면 총상을 입을 수도 있고, 팔다리가 잘려나갈 수도 있죠. 심지어 죽을 수도 있고요. 그런 일 없이 생채기 정도만 입고 귀환한다면 정말 다행이겠죠. 가진 것 하나 없던 개미 투자자가 주식시장이라는 전쟁터에서 이 정도 부상만 입고 살아 나온 거라고 생각합니다. 500만 원으로 시작해서 가족과 형제, 자매를 건사할 수 있는 자산을 일궜으면 만족해야죠.

저는 확실히 월급에서 독립했고, 나아가 돈에서도 독립한 것 같습니다. 어느 순간부터는 돈이 제 목표에서 지워지기 시작했어요.

언젠가 이런 가정을 해보았습니다. 일주일마다 계좌에 천만 원이 생기지만, 일주일이 지나면 잔고가 0이 되기 때문에, 무조건 다 써야 한다면 어떨까 하고요. 갖고 싶은 차가 있으면 할부로 사면 되고, 집은 사지 않고 월세로 살아도 충분합니다. 어려운 지인에게 흔쾌히 돈을 빌려줄 수 있고 기부도 맘껏 할 수 있습니다. 저는 정말 일주일에 천만 원이면 충분할 것 같아요. 그래서 계산해봤더니, 156억이 있으면 되더라고요. 156억을 가지고 연 4% 수익을 거두면 연 6억 원(세후 5억 원) 정도가 벌립니다. 매주 천만 원을 써도 원금이 줄지 않아요.

어찌 보면 단순한 발상이었지만, 이걸 깨달은 다음부터 제 투자 스타일이 정말 많이 바뀌었어요. 단타는 거의 하지 않게 됐고, 스윙이나 장기 투자, 비상장과 펀드의 비중이 압도적으로 높아졌습니다. 무엇보다 가족들과 보내는 시간을 늘렸습니다. 2020년 말에는 교외 지역으로 이사했습니다. 조용한 마을에 오고 난 후 많은 것이 달라졌어요. 무엇보다 경쟁과 비교에서 벗어난 게 가장 컸습니다. 저는 무리하지 않고 아이들은 뛰어놀며 지내니 됐습니다. 학습지로 공부하고, 학원은 태권도 학원만 보냅니다.

투자요? 열심히 하고 있습니다. 현물은 조금씩 거래하고 있어요. 제가 매매하지 않더라도 리포트를 통해 인사이트를 제공하면 많은 사람이 도움을 받고 투자자로 성장해가는 것에 큰 보람을 느낍니다. 여전히 새벽 4시에 일어나 시장을 읽고 리포트를 발행합니다. 단순히 돈을 벌기 위함이라면 이렇게까지 공부하고 리포트를 만들고 책도 쓰면서 끊임없이 열정을 쏟지 못할 것 같아요. 이제 주식은 제 삶의 일부가 되었습니다.

지금은 주로 사모펀드나 직접투자를 통한 비상장사 투자에 집중하며 좋은 스타트업을 찾는 데 심혈을 기울이고 있습니다. 또 제가 재직 중인 회사의 상장, 제가 투자한 회사의 성장을 도우면서 사업이 이렇게 재미있구나 느끼고 있고요.

이달부터는 중소기업벤처부에서 진행하는 전문 엔젤투자자 교육을 받고 있습니다. 엔젤투자자로서의 삶을 시작하려고 준비하는 거죠.

시간이 지나면서 저도 변해가고 제 투자 스타일도 변해갑니다.

이 책이 출간되고 시간이 지나면, 다시 저도 변하고 제 투자 스타일도 변할 겁니다.

아무것도 아닌 개미 투자자에서 시작해 꾸준히 다음 스텝을 걸어보고 있습니다.

먼저 좋은 동료가 될 것

투자는 누구나 성공할 수 있는 영역이 아닙니다. 투자로 성공하는 사람은 극소수에 불과합니다. 1%? 아니 0.1% 이내 아닐까요? 투자로 성공하기 위해서는 무엇보다 남들과 비교되지 않는 노력이 기본입니다. 하지만 노력한다고 성공적인 투자자가 되는 건 아닙니다. 진정한 투자자는 노력은 기본이고 재능, 전문 지식, 경험, 정신력이 모두 필요합니다. 이 중 하나라도 부족하면 성공 가능성은 어마어마하게 낮아집니다.

이 모든 것을 갖추어도 또 필요한 요소가 있습니다. 시장에 휩쓸리지 않는 강한 마음가짐이 있어야 합니다. 모두가 "예"라고 할 때 "아니요"라고 말할 수 있어야 하고, 모두가 "아니요"할 때 "예"라고 말할 수 있는 용기도 있어야 합니다. 인내심도 있어야 합니다. 자기가 생각한 계산이 시장에 반영되는 데는 시간이 필요합니다. 시장이 비합리적으로 흐르더라도 기다리고 인내할 수 있어야 합니다.

정말 쉽지 않죠. 수도승과도 같은 길입니다. 저도 누구나 투자로 성공할 수 있다고 말할 수 있으면 좋겠어요. 물론 수도승처럼 자신을 갈고 닦으면 분명 어느 정도 수준에 오르고 수익도 거둘 수 있습니다. 하지만 그 돈이 수백만 원이 아니라 자기가 생각지도 못했던 레벨까지 간 후에는 정말 운도 필요하고 타고난 담력도 필요합니다.

제가 주식을 잘할까요? 절대 아니라고 생각합니다. 저는 지금도 제가 부족하고 매매 성공률도 낮다고 생각합니다. 트레이딩하다가 실수하는 경우도 많아요. 하지만 저에게는 조언을 구할 사람이 정말 많습니다. 제가 잘하는 것 못지않게 주식을 잘하는 사람들을 옆에 두는 게 중요하다고 생각합니다. 제가 한 선택이 맞는지, 더 좋은 방법은 없는지 서슴없이 물을 수 있는 사이인 동료와 지인들이 저를 이렇게 성장시켜준 거예요.

이 책에서 소개한 것들은 한 사람이 성공적으로 해내기에 버겁습니다. 하지만 같은 뜻을 가지고 함께할 수 있는 사람, 분업할 수 있는 사람이 있다면 정말 든든하지 않을까요? 마음 맞는 동료를 찾으세요. 그리고 누군가에게 그런 동료가 되어주세요.

이미 성장이 끝났거나 끝나가는 완성형 사람에게 도움을 청하지 마세요. 이미 그들에겐 파트너들이 있습니다. 인간관계는 윈윈입니다. 서로 윈윈이 되지 않는 인간관계는 한두 번으로 끝날 수밖에 없습니다. 오래가는 관계는 반드시 윈윈입니다.

자신보다 한 단계나 반 단계 정도 앞서 있는 사람과 친해져야합니다. 이미 두세 단계 높은 사람은 당신과 친해져도 당신에게 얻을 게 없어요. 물론 가끔 기연이 있기도 합니다. 몇 단계 혹은 몇 십 단계나 앞선 사람과 친해지는 경우도 있죠. 하지만 겉으로 드러나지 않은 당사자끼리의 윈윈이 반드시 숨어 있는 겁니다.

영화 〈타짜〉에 나오는 것처럼 고니와 스승의 관계는 영화에서만 가능합니다. 영화는 2시간이면 끝나지만 인생은 길면 130년이죠. 그 긴 세월을 함께해야 하는데 고작 몇 시간, 며칠 문 두드린다고 인연이 열리는 일은 세상에 없어요. 스스로 먼저 줄 수 있는 무언가를 가질 때 윈윈이 열립니다. 그게 뭔지 항상 생각한다면 진정한 '인맥'의 길이 열릴 것이라 생각합니다.

혼자서는 절대로 멀리 가지 못합니다. 멀리 가려면 함께 가야 합니다. 하지만 저 혼자 잘났다고 뻐기는 사람은 곁에 좋은 사람이 남지 않아요. 겸손하고 남을 빛내줄 수 있는 사람 옆에 좋은 사람들이 모입니다. 그래서 저는 제 아이들이 스스로 경쟁력을 갖추는 것도 중요하지만, 자신을 도와줄 많은 사람과 함께할 수 있는 인성으로 이끌어주는 게 중요하다고 생각합니다.

투자요? 돈에만 하는 게 투자가 아닙니다. 사람에게 하는 게 진짜 투자입니다. 하지만 뭔가를 얻으려고 인간관계에 힘쓰지 마세요. "내가 너에게 어떻게 해줬는데 이럴 수 있니"라는 말만큼 공허한 것은 없습니다. 이런 말 하는 사람들이 특히 '의리'를 찾죠. 의리로 관계를 이어가야 한다면 이미 소진된 관계 아닐까요?

눈을 감고 자신의 일주일을 떠올려보세요.

그 일주일간 만난 사람들을 생각해보세요.

그 사람들이 당신의 꿈과 미래와 닿아 있나요?

이 책을 읽는 당신이 투자뿐 아니라 인간관계에서도 행복하고 성공적인 삶을 살기를 기원합니다.

유목민 드림

주식 공부 100일 챌린지

많은 분이 제게 주식 공부를 어떻게 해야 하느냐고 물어봅니다. 저는 매일 리포트를 만드는 것이 제 공부이고, 그것 덕에 주식을 잘하는 거라고 생각합니다. 매일 새벽에 데일리 리포트를 만들고 장이 끝나면 이브닝 리포트를 만들어서 당일 어떤 것이 이슈가 됐나 체크해요. 시장에서 일어나는 유의미한 변화의 '팩터'를 찾기 위해 매일 관찰하는 거죠.

무식한 방법이지만 그래도 제 방식을 비슷하게라도 시도해보고 싶어 하시는 분들을 위해 안내 겸 챌린지를 마련해보았습니다. 100일간의 기초 훈련이라고 생각해주시면 좋겠습니다.

처음에 여러분이 할 일은 잠들기 전에 상한가와 거래량 천만 주 기록한 종목을 찾고 그 이유를 찾아 상세하게 정리하는 것입니다. 저는 에버노트에 각종 자료와 기사 링크를 북마크하고 코멘트

하는 방식으로 기록했습니다. 각자에게 맞는 방식으로 정리하시면 됩니다.

처음 주식을 시작하는 분, 손실을 많이 본 분, 뭔가 뜻대로 되지 않아 답답한 분, 여전히 감이 안 잡히는 분들에게 두루 추천해 드립니다. 어렵겠지만 분명 얻는 게 있을 거라고 생각합니다.

단, 작심삼일로 멈추면 오히려 손해를 볼 수 있습니다.

먼저 수면 시간을 조절하셔야 합니다. 충분히 자기보다는 오히려 줄여야 할 겁니다. 저녁 일정을 잡지 마세요. 웹툰이나 드라마? 끊어야 합니다. 연예인 가십이나 SNS에도 관심을 끊으세요. 모든 유흥과 거리를 둬야 합니다. 심지어 친구들도요. 100일간 모든 신경을 주식과 연결되는 것들에만 써야 합니다. 돈과 연결된 정보만 유의미하게 해석하려고 노력해야 합니다.

애인이 없는 게 좋고, 결혼했다면 그건 숙명입니다. 페널티 안고 시작한다고 생각하면 됩니다.

후회하지 않을 만큼 놉니다. 원래 하던 대로 즐기세요. 영화, 음악, 웹툰, 드라마, 콘서트 뭐든 좋아하는 것 보시고, 친구들과도 마음껏 놀거나 술도 드세요. 공부는 전혀 안 합니다.

매매도 하지 않습니다.

첫째 날보다 더 높습니다. 후회가 남지 않게 놀수록 효과가 더 큽니다. 확실하게 놉니다. 공부는 절대 하지 말고 주식도 보지 말고 노세요.

오늘은 딱 한 가지만 하세요. 주식 계좌를 0으로 만드는 겁니다. 물린 게 있으면 손절하세요.

새로운 매매는 하지 않습니다.

에버노트(원하는 프로그램을 쓰면 됩니다)를 열고 자신의 이력을 쭉 적어봅니다. 이름, 나이, 고향, 학력, 전공, 경력, 직업, 회사, 부서 등 모든 것을 적어봅니다. 그중에 주식과 연결될 수 있는 것을 찾아보세요. 게임, IT, 화학, 반도체, 바이오, 제조, 엔터테인먼트 등등 어떤 영역이든 주식과 연결시킬 수 있다면 그걸 자신의 주력 포트폴리오로 삼겠다는 계획을 짜세요. 저는 게임지 기자로 일했던 만큼, 처음 관심을 가진 분야도 게임이었습니다.

매매는 하지 않습니다.

전날 상한가를 간 종목과 거래량 천만 주 이상을 기록한 코스피와 코스닥 종목을 찾아봅니다. 생소한 종목은 네이버에서 검색해보고 홈페이지를 방문해서 어떤 사업을 하는지 체크해보세요. Day 3에 주력으로 삼겠다고 계획한 영역과 맞는 종목은 보다 집중적으로 공부하세요. 에버노트에 그 종목의 페이지를 만드세요. 프로텍이라는 코스닥을 예로 들어보겠습니다.

프로텍(053610)

◎ **요약**
▶ 시총 3003억 (2021.8.6.)
▶ 최대주주 및 특수관계인 지분 29.9%
▶ 10년 이상 연속 흑자, 탄탄한 재무 추이
▶ 반도체 장비 사업
▶ 메타버스 기기 생산량을 100배 늘릴 수 있는 장비의 생산 기술 보유
▶ 프로텍이 개발한 '갱본더(Gang-Bonder)'는 반도체 생산량을 100배 높일 수 있는 장비로, 웨어러블 기기, 마이크로LED, AI 분야에 활용할 수 있다.
▶ 프로텍은 이미 삼성전자에 반도체 장비를 공급하고 기술 개발을 함께 해온 만큼 삼성이 메타버스 진출 시 협력을 충분히 기대할 수 있다.

◎ **관련 기사**
반도체 칩 생산성 100배 높일 대면적 조립 장비 개발
한국기계연구원과 반도체 장비 제조업체 프로텍은 반도체 칩을 대면적으로 조립할 수 있는 '갱 본더(Gang-Bonder)' 장비를 개발했다고 11일 밝혔다.
기존 공정보다 반도체 생산량이 100배 이상 증가한 것으로 나타났다.
송준엽 기계연 부원장은 "이번에 개발한 장비는 유럽, 일본의 반도체 장비보다 앞선 세계 최고 수준의 기술"이라며 "웨어러블 기기, 마이크로 발광다이오드(LED) 디스플레이, 인공지능(AI) 반도체 패키징 등 분야에 활용할 수 있을 것"이라고 말했다.
출처: 연합뉴스, 2020.6.11.

열·압력 전달 방식 바꿨더니… 반도체 조립, 생산성 100배
해당 기술을 적용할 수 있는 분야는 다양하다.

AI 반도체 패키지부터 웨어러블 디바이스, 스마트카드, 메디컬 디바이스, 마이크로-LED (Micro-LED) 디스플레이 등이 있다. 이미 삼성전자와 SK하이닉스에서 이 기술을 눈독 들이는 것으로 알려졌다.

출처: 헬로디디, 2020.6.11.

프로텍, 반도체 품귀에 생산 100배 증대 장비개발… 삼성·SK하이닉스 공급 가능성 부각

반도체 품귀 현상이 예견되고 있는 가운데 이 회사가 개발한 반도체 생산을 100배까지 증대할 수 있는 장비를 삼성전자와 SK하이닉스 등에 공급할 수 있다는 가능성이 부각된 것으로 보인다.

1997년 설립된 프로텍이 이미 삼성전자, LG전자, SK하이닉스 등에 제품을 공급한 이력이 있는 만큼 이들 회사에 갱본더 장비를 공급할 수 있다는 기대감이 커지고 있다.

출처: 아시아경제, 2021.1.26.

프로텍, 마이크로프랜드 이사진 교체

프로텍 핵심 제품은 반도체 제조, 표면 실장 공정에서 원하는 물질을 정량 토출하는 디스펜서다. 삼성전자, LG전자, SK하이닉스 등이 주요 고객이다.

출처: 더벨, 2021.3.12.

프로텍, LED장비 테마 상승세에 16.27%

LED 장비 테마가 전일 대비 3.21% 상승하면서 강세를 보이는 가운데 관련주로 주목받고 있는 프로텍이 전일 대비 16.27% 상승하며 급등하고 있다.

출처: 아시아경제, 2020.7.3.

프로텍, 삼성전자와 163억 원 공급계약에 상승

프로텍은 삼성전자와 163억 원 규모의 자동화 장비(HANDLER) 공급계약을 했다고 이날 오후 공시했다.

출처: 서울경제TV, 2019.1.28.

프로텍, 삼성과 아이폰용 낸드 개발 '강세'

프로텍은 삼성전자와 함께 낸드플래시 전자파간섭(EMI) 차폐 공정을 개발 중이다. EMI 차폐 기술이 적용된 낸드플래시는 애플의 아이폰에 탑재될 가능성이 높다.

출처: 이데일리, 2016.4.19.

삼성전자, 핵심기술 공동개발로 협력사에 새 수익원 창출

삼성전자는 협력사 경쟁력 강화와 성장을 지원하는 '희망의 선순환' 구조를 강화하기 위해 선택과 집중을 통한 글로벌 강소기업 육성, 핵심 기술 보유업체 지원 확대 및 공동 개발 강화, 오픈소싱 확대 등도 함께 추진하기로 했다.

삼성전자는 지난 2월에는 45개 후보사 중 범진아이엔디, 에이테크솔루션, 파버나인, 동양이엔피, 디에이피, 멜파스, 이랜텍, 케이씨텍, 테라세미콘, 프로텍 등 10개사를 2014년 강소기업으로 선정했다.

삼성전자는 선정된 10개사에 총 309억 원의 자금을 지원했으며 개발·구매·제조기술 관련 내부 전문가와 외부 컨설팅 전담 인력을 파견해 협력사의 경쟁력을 높이고 혁신 활동이 성과를 거둘 수 있도록 다양한 지원활동을 펼쳤다.

출처: 서울경제, 2014.3.24.

[특징주] 프로텍, 증권사 LED 장비 국산화 수혜주 분석 '급등'

"프로텍이 지난 9월에는 LG이노텍과 50.8억 원 규모의 LED 디스펜서 장비 공급 계약도 체결했다"며 "일본 장비를 빠르게 국산으로 대체하고 있는 것으로 파악되고 있으며 작년 4분기부터 서울반도체, 루멘스 등에 공급하고 있다"고 분석했다.

출처: 이투데이, 2009.10.30.

◎ 재무 추이

결산년도	주가	자본총계	매출액	영업이익	당기순익	BPS	PER	EPS	부채율	영의률	세전손익
2020년	27,400	2,067	865	154	111	19,847	26.36	1,040	10.03	17.80	146
2019년	16,100	2,076	1,798	460	374	19,242	4.60	3,502	12.01	25.59	489
2018년	12,800	1,661	1,540	321	254	16,896	4.68	2,572	19.68	20.86	334
2017년	20,300	1,456	1,498	301	254	14,674	7.29	2,617	20.85	20.08	324
2016년	11,400	1,213	948	150	123	12,249	7.98	1,343	22.93	15.81	162
2015년	8,310	1,080	751	123	107	11,178	6.99	1,117	26.10	16.40	131
2014년	8,650	980	925	167	149	10,207	5.25	1,547	26.39	17.99	184
2013년	8,500	841	661	93	74	8,793	10.34	772	26.65	14.05	87
2012년	8,840	778	811	178	150	8,145	5.31	1,564	15.69	22.02	181
2011년	6,700	656	545	122	189	6,866	3.19	1,973	21.71	22.46	243
2010년	10,950	487	833	194	147	5,107	5.82	1,529	24.59	23.29	177
2009년	7,520	333	515	112	86	3,636	6.58	929	36.08	21.80	109
2008년	2,225	254	298	46	65	2,785	2.59	700	32.66	15.47	73
2007년	2,135	193	262	38	32	2,125	5.08	342	37.17	14.66	35
2006년	1,930	162	223	22	12	1,784	12.45	126	37.67	10.05	12
2005년	3,725	156	332	58	45	1,710	3.61	560	48.27	17.41	49
2004년	990	86	167	15	11	1,117	3.68	137	60.79	9.00	11
2003년	970	78	110	11	1	992	43.00	11	37.34	10.07	1
2002년	990	77	81	5	3	980	13.46	38	93.00	5.81	3

△ 2002~2020년 프로텍 재무 추이.

◎ 전자공시

▶최대주주 및 특수관계인 현황

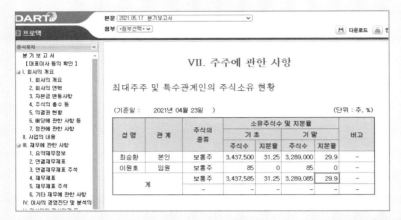

△ 프로텍 최대주주 현황.

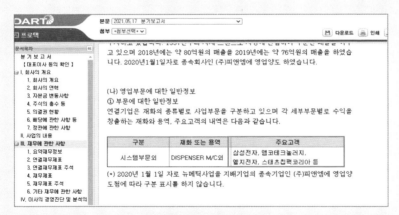

△ 프로텍의 주요 고객으로 삼성전자, 앰코테크놀로지, LG전자, 스태츠칩팩코리아 등이 보인다.

►주요 고객사 및 매출 현황

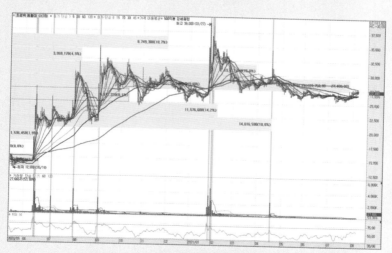

구분	매출 유형	품 목	구체적용도	주요상표 등	매출액(비율)
프로텍, 미나미, 스트라토아 이티.	제품	Dispenser M/C (Semicon용) (LED용) Die Bonder	Mobile Phone용 Underfill 작업부터 최첨단 Package인 CSP용 Molding공정. LED Package공정까지 적용할 수 있는 Resin및형광체 도포 시스템으로서 Package의 종류 및 공정에 따라 기계의 종류도 다양함	1. FDS-1000 System (EBGA, EPBGA, TBGA, STBGA, Micro-BGA, FBGA) 2. FDS-1300 System 3. FDS-1500 System (EBGA,EPBGA, TBGA, Micro-BGA) 4. INNOVATION Series (LED)	14,576,241 (44.3%)
	제품	HEAT SLUG M/C (Semicon용)	PBGA(Plastic Ball Grid Array)제조에 사용되는 장비로 Plastic 위에 에폭시 용재를 Dotting하고 그 위에 Heat-Slug라는 알방출체를 Attach 하는 작업수행	•PRO-1010 •PRO-2010 •PRO-1020 •PRO-2030 •PRO-3000 •PRO-400 •PRO-2020	4,161,876 (12.6%)
	제품 및 상품	기타장비 및 부품	기 타	절밀가공부품, 기타주문품	10,615,804 (32.3%)
피앤엠, 프로텍옐앤	상품 &	공압실린더외	공장자동화,반도체장비, 표면실장 시스템,	General Hand, Block CYL,	3,568,503 (10.8%)

△ 프로텍의 주요 제품 품목.

◎ 차트

△ 프로텍 차트. 끼가 좋아서 거래량이 받쳐줄 때 상한가에 도달하는 형태를 보인다.

프로텍 하나만으로 참 긴 내용이 나오죠? 시간이 걸릴 겁니다. 저는 이런 요약 노트가 수천 개에 달합니다. 이제 첫발이에요. 할 일이 많지만 시작이 반입니다. 이렇게 한 번 정리하면 향후 프로텍 이슈가 나올 때 수익을 내기 더 쉽지 않을까요?

여전히 매매는 하지 않습니다.

어제 했던 일을 반복합니다. 핵심은 지쳐서 쓰러질 때까지 한다는 겁니다.

할 수 있는 최대한의 물량을 정리해나갑니다. 더 이상 못 하겠다고 짜증 내며 그만하는 게 아니라, 정리하다가 나도 모르게 책상에 엎드려 잠들 때까지 정리하는 겁니다.

주력 분야 종목만 정리하면 생각보다 빨리 끝날 수도 있습니다. 그렇다면 이제 구분 없이 전부 다 체크하세요. 왜 상한가와 천만 거래량을 기록했는지 정리하는 겁니다. 그리고 해당 상황의 차트도 함께 정리합니다.

이렇게 매일 상한가와 천만 주 종목을 정리해나갑니다. 사람마다 다르지만 하루하루 지날수록 속도가 붙는 자신을 발견할 겁니다.

여전히 매매는 하지 않습니다.

반복합니다. 10일 정도 성실하게 했다면 이런 생각이 들 수 있습니다. '와, 내가 이렇게 공부했으면 서울대 갔다.' 이런 생각이 들지 않으면 부족한 겁니다. 그렇다고 진짜 쓰러지면 안 됩니다. 체력도 다 실력입니다.

　매매는 아직 하지 않습니다.

계속합니다. 힘들어서 못 하겠다 생각이 들면 이쯤에서 멈춰도 됩니다. 주식은 원래 아무나 못 합니다. 돈 버는 게 그렇게 쉽지 않습니다. 20일 가까이 쓰러질 만큼 정리하고도 일종의 '즐거움'이 느껴지지 않는다면 더 유지 못 합니다. 이건 각오로 하는 게 아니에요. 죽을 만큼 고통스러우면서도 그 과정 자체에서 분명 즐거움을 느끼기 때문에 계속할 수 있는 겁니다.

　공부만 하는 거지 매매는 하지 않습니다.

　아직 준비되지 않았습니다.

계속 상한가와 천만 주 종목을 정리합니다. 한 달 넘게 하고 있자니 좀 수월해졌다고 느껴지나요? 그럼 허들 하나를 넘은 겁니다. 허들을 넘었다면 이제 분량을 늘릴 때가 왔다는 겁니다.

매매는 하지 않습니다.

이제 상한가와 천만 주 정리는 자기 전에 완료합니다.

이제부터는 새벽 4시에 일어나 자리에 앉습니다. 네이버와 다음, 구글 등 포털의 뉴스는 물론 경제 전문 매체와 해외 매체의 뉴스를 읽습니다. 특히 네이버 랭킹 뉴스나 메인에 나오는 뉴스는 트렌드에 대한 감을 잃지 않기 위해서라도 모두 읽어봅니다. 주식은 '모두' 하는 거지, 하고 싶은 것만 하는 게 아닙니다.

지난 40일까지가 주식에서 복습의 영역이었다면, 이제는 예습의 영역입니다. 그리고 이쯤에서 아마 높은 확률로 신기한 경험을 합니다. 겨우 50일 지켜본 것뿐이지만, 주식시장이 '반복'되고 있다는 게 보입니다. 아침에 뉴스를 읽다 보면 일전에 상한가와 천만 주 정리로 복습했던 종목이 다시 등장하는 겁니다. 원래 상한가와 천만 주는 재료 없이 나오지 않아요. 상한가를 만들 정도의 재료는 어지간해서는 일회성이 아닙니다. 주기성을 갖고 반복되거든요.

이제부터가 진짜 주식이죠.

그래도 매매는 하지 않습니다.

Day
51~60

지난 50일간 '복습'했던 것 중 어느 하나가 새벽 '예습' 내용과 연결되기 시작할 겁니다. 예를 들어 에스엠랩이 세계 최초 니켈 기술을 구현해서 그 지분을 가진 DSC인베스트먼트가 상한가를 기록했음을 정리한 적이 있다고 해보죠. 그런데 어느 새벽, 에스엠랩이 폭스바겐과 배터리 합작사를 설립했다는 외신을 확인한 겁니다. '그러면 DSC인베스트먼트나 SV인베스트먼트 같은 투자사가 오를 수 있겠다'라고 추정하는 단계가 시작되는 거죠.

자기가 추정한 대로 움직이는지 관찰하고, 결과를 기록하세요.

추적 관찰만 하지, 매매는 하지 않습니다.

Day
61~70

60일간 상한가와 천만 주 정리로 '지식'이라는 데이터를 쌓았죠. 그리고 반복되는 히스토리를 보면서 '어? 일전에 정리한 게 또 나왔네?' 하며 시그널을 확인했죠. 그리고 실제로 그 시그널이 자기 추정대로 시장을 움직였나 관찰까지 하고 기록합니다.

지식 → 시그널 → (실행 전략 결정) → 주시 → 변화 감지 → 대응 → 반성 → 반복

저의 투자 메커니즘에 따라 하고 있는 겁니다.

실제 매매만 빼고요.

자신의 지식에 바탕한 트래킹과 추정까지 맞아떨어진다면 이제 소액으로 매매를 시작할 때입니다.

딱 1주만 매수해봅니다. 그 돈이 본인의 전 재산이라고 생각하세요. 전 재산이기 때문에 함부로 사는 게 아니라 거래량, 차트, 재료, 시황 등 모든 것을 고려하고 모든 역량을 총동원해서 가장 싸게 삽니다.

그리고 1주라고 그냥 팔지 말고 자신의 마음속에 '더 가면 좋겠다'라는 마음이 들면 그 즉시 팝니다. 수익을 내는 게 중요합니다. 욕심이 드는 순간 매도 시그널이라는 걸 알아주세요.

여기서 잠깐

사실 매매하는 행위 자체는 누가 가르쳐줄 수 없는 영역입니다. 젓가락을 쥐는 걸 가르쳐줄 수 있지만, 뭘 어떻게 언제 먹을지를 매번 알려줄 수는 없어요. 2300개 종목 중 몇 개를 고르는 것도 자신의 '지식' 총량에 따라 달라지죠. 어느 정도의 수익을 욕심낼지, 어느 정도에서 매도할지 등등 모든 것이 자신의 인생과 그릇에 따라 달라집니다. 이건 배울 수 없는 영역이에요. 야생에서도 어미 사자가 사냥하는 방법을 알려주지만, 실제로 사냥을 몸에 익히고 살아남는 건 아기 사자에게 달렸죠.

여기에 제가 제 방법을 쓰는 것도 조심스럽습니다. 왜냐, 저와

378

여러분이 쌓아온 시간과 지식의 양이 다르기 때문이에요. 잘 모르면 오해하기 쉽습니다. 같은 사건을 보더라도 저는 때에 따라 다양한 방법으로 추론을 하고 종목을 선택하고 매수를 할 겁니다. 이보다 더 중요한 건, 저는 이렇게 선택한 제 매수가 틀렸다고 생각되면 즉시 제 의견을 철회하고 매도에 나선다는 겁니다. 이렇게 철회하는 것도 수많은 요소를 보고 결정하는 행동일 겁니다.

그런데 대다수의 초보자들은 제가 100가지 팩터를 보고 결정한 하나의 행동에서 오로지 그 행동만 보려고 합니다. 100가지의 고려 사항을 보려고 하지도 않고 '지식이 없다 보니' 그 요소가 보이지도 않습니다.

여기까지 책을 읽으셨죠?
다시 1페이지부터 읽어보세요.
바로 가서 읽기 시작하세요.
어차피 책이 거의 끝나갑니다.

* * *

다 읽고 오셨나요? 어떤가요?
처음 읽었을 때와는 완전히 다른 내용들이 보이죠? 자신의 지식이 쌓인 만큼 같은 텍스트에도 다른 내용이 보이는 겁니다. 『나의 월급 독립 프로젝트』를 읽은 분은 그 책도 다시 한 번 읽어보세요. 처음과는 아예 다른 내용이 보이기 시작할 겁니다.

그래서 이 부분에 매매에 대한 이야기를 자세히 쓰면 초보자들에게 독이 될 거라고 믿어 의심치 않습니다.

다만 제가 매일 쓰는 방법은 나쁘지 않을 것 같아요. 위험성도 조금 적고요. 저와 동료들은 매일 새벽 4시부터 리포트를 만든다고 말씀드렸습니다. 당일 주식시장에 영향을 미칠 만한 모든 국내외 외신을 살펴보죠. 바로 당일 리포트에서 아이디어를 얻을 수도 있지만, 며칠 전 혹은 몇 주 전 리포트에서 '오늘' 주식시장에 영향을 줄 사건이 연결되기도 합니다.

이렇게 지식을 쌓으면, 당일 새벽에 준비하다가도 딱 '어? 이거 다른 종목에도 그때 급등했었는데, 혹시 오늘도?' 등의 느낌이 들 때가 있을 겁니다. 그런 종목을 한번 매수해보세요.

매수도 처음에는 어디서 사야 할지, 얼마에 사야 할지 아무런 감이 없이 망망대해에 있는 느낌일 겁니다. 그런데 말이죠…. 지지선에서 사야 한다, 거래량이 감소하는 곳에서 사야 한다, 음봉에 사야 한다, 10일선에서 사야 한다, 시초가에 사야 한다… 이런 거 자세히 교육받는다고 정말 그 사람이 주식을 잘할 수 있을까요? 정말로? 아마 주식은 잘할지도 모르겠습니다. 이론만요. 돈을 못 벌어서 그렇죠. ^^;;

중요한 건 일단 한번 사보는 겁니다. 1주잖아요. 모든 역량을 동원해서 제일 싸게 사보려고 노력하고, 가장 비싸게 팔려고 노력해보세요. 하루에도 여러 번, 수십 번, 수백 번 모든 역량을 동원해서 해보세요.

그렇게 해봐야만 깨닫는 영역이 있거든요.

아마 여러분이 그토록 우습게 여기던 '1% 수익'도 정말 어렵다는 걸 깨닫게 될 겁니다. 주식을 하면서 기본적으로 '20%만 먹어야지, 10%만 먹어야지'라고 생각했던 자신이 참 어리석었구나 깨닫게 되고요. 이걸 깨닫게 되면 다음 스텝으로 나갈 수 있습니다. 여기서 영원히 못 나가는 분들도 계실 거고요.

다음 스텝으로, 개별 종목에서 같은 호재라고 하더라도 차트를 대응해보기 시작합니다. 다양한 차트 이론을 접목해서 자신이 생각하기에 최적의 순간을 좀 더 연구하게 되고요. 매수, 매도의 방법도 자신만의 것으로 아주 조금씩 체화됩니다.

극히 조금이라도 괜찮아요. '아! 이건가?' 하는 이 느낌이 중요합니다.

느낌으로 충분해요. 어차피 수도 없이 부서지면서 좌절과 실패를 겪게 될 테니까요. ^^;; 저는 지금도 매일 좌절과 실패를 겪는데요? 계속해서 무언가 깨달으면 다른 시도를 해보고 싶고, 그 시도에서 큰 손실을 보기도 하고, 또 큰 수익을 보기도 합니다. 그런데 그 큰 수익을 얻은 방법을 다음번에 써먹으면 이상하게 실패도 종종 하거든요. 그때마다 '내가 무슨 부귀영화를 누리려고 여기서 또 무리해서 이 고생을 사서 하나, 흑흑' 후회를 수도 없이 합니다. 하지만 이게 재밌는걸요. 비록 나이가 들며 점차 비중을 줄여가고 있지만, 매일 자유롭게 시험을 칠 수 있는 이 주식시장을 떠나지는 못할 것 같습니다.

Day 81~85

이제 10주로 늘립니다.

늘리다 보면 1주 때랑 10주 때는 또 다르구나 알게 될 거예요. 마찬가지로 10주에서도 '아!' 하는 느낌이 올 때까지 합니다.

Day 86~90

이제 100만 원으로 늘립니다.

또 100만 원은 10주 때랑 차원이 다름을 알게 됩니다. 앞선 단계에서 깨달음 없이 금방 오신 분들은 여기서 오래 헤매는 경우도 많아요.

Day 91~99

이제 500만 원으로 늘립니다.

지식 → 시그널 → 실행 전략 결정 → 주시 → 변화 감지 → 대응 → 반성 → 반복

이 과정이 모두 지켜지고 있는지 확인하세요.

이 단계까지 오셨으면 이미 아마추어는 벗어난 겁니다. 500만 원을 시드머니로 삼아서 지지 않는 매매를 시작하길 기원합니다. 당분간 돈을 추가로 넣지는 말고 꾸준하게 불려나가세요.

자신이 얼마나 달라져 있는지 확인해봅니다.

'해냈다'라는 마음이 들면 성공입니다.

언제나 '할 만하다'라는 마음이 들면 허들을 하나씩 넘은 겁니다. 거기서 안주하는 게 아니라 하나를 더 붙여서 언제나 '죽겠다'라는 마음이 들어야 합니다. 근육운동을 할 때도 무거워야 효과가 있죠. 주식 공부도 인생도 마찬가지입니다. 할 만한 수준으로는 현상 유지밖에 안됩니다.

이제부터는 자신의 한계를 더 시험할 수 있도록 같이 투자하는 마음 맞는 친구를 찾는다거나 지인들과 함께 분업하는 것도 생각해보세요. 중요한 건 같은 방식으로 열심히 공부하는 사람이어야 한다는 것입니다. 윈윈이 되지 않고 한쪽만 주는 관계는 오래갈 수 없습니다.

당신만의 챌린지를 이어가세요.

나의 투자는 새벽 4시에 시작된다

초판 1쇄 발행 2022년 4월 15일
초판 9쇄 발행 2023년 12월 11일

지은이 유목민

발행인 이재진 **단행본사업본부장** 신동해
책임편집 김경림 **편집** 송보배 **교정** 강진홍
디자인 김덕오 **마케팅** 최혜진 백미숙
홍보 반여진 허지호 정지연 송임선 **제작** 정석훈

브랜드 리더스북
주소 경기도 파주시 회동길 20
문의전화 031-956-7429(편집) 031-956-7129(마케팅)
홈페이지 www.wjbooks.co.kr
인스타그램 www.instagram.com/woongjin_readers
페이스북 https://www.facebook.com/woongjinreaders
블로그 blog.naver.com/wj_booking

발행처 ㈜웅진씽크빅
출판신고 1980년 3월 29일 제406-2007-000046호

ⓒ 유목민, 2022
ISBN 978-89-01-25970-3 03320